1+X 职业技术·职业资格培训教材

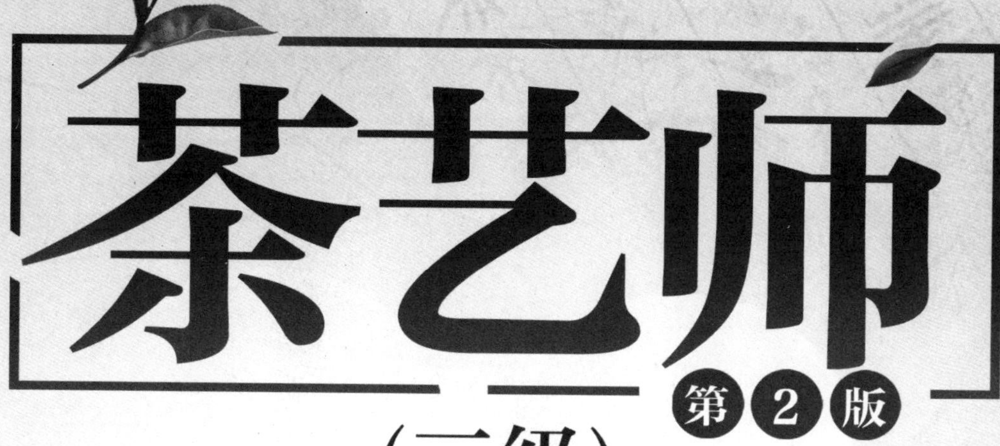

茶艺师

第2版

(三级)

第2版

编写单位 上海市茶叶学会
修订人员 卢祺义 张小霖 刘钟瑞 高文娟 郭 勤 闻 芳
审 稿 周星娣

第1版

编写单位 上海市茶叶学会
主 编 刘启贵
副主编 周星娣
执行主编 乔木森
编 者 乔木森 卢祺义 方振翔 汪 瓅 夏 倩 金惠芳
主 审 刘修明

中国劳动社会保障出版社

图书在版编目（CIP）数据

茶艺师：三级 / 人力资源和社会保障部教材办公室等组织编写．—2 版．—北京：中国劳动社会保障出版社，2016

1+X 职业技术 · 职业资格培训教材

ISBN 978-7-5167-2731-7

Ⅰ．①茶…　Ⅱ．①人…　Ⅲ．①茶文化－职业培训－教材　Ⅳ．① TS971.21

中国版本图书馆 CIP 数据核字（2017）第 005292 号

中国劳动社会保障出版社出版发行

（北京市惠新东街 1 号　邮政编码：100029）

*

北京北苑印刷有限责任公司印刷装订　　新华书店经销

787 毫米 ×1092 毫米　16 开本　15 印张　244 千字

2017 年 7 月第 2 版　　2017 年 7 月第 1 次印刷

定价：56.00 元

读者服务部电话：（010）64929211/64921644/84626437

营销部电话：（010）64961894

出版社网址：http://www.class.com.cn

内 容 简 介

本教材由人力资源和社会保障部教材办公室、中国就业培训技术指导中心上海分中心、上海市职业技能鉴定中心依据上海 1+X 茶艺师（三级）职业技能鉴定细目组织编写。教材从强化培养操作技能、掌握实用技术的角度出发，较好地体现了当前最新的实用知识与操作技术，对于提高从业人员基本素质、掌握茶艺师（三级）核心知识与技能有直接的帮助和指导作用。

本教材在编写中根据本职业的工作特点，以能力培养为根本出发点，采用模块化的编写方式。全书共分为 7 章，内容包括：茶叶感官审评、茶文化艺术作品赏析、紫砂壶工艺与鉴别、茶保健养生、时尚茶艺、茶艺英语、茶馆经营等。

本教材可作为茶艺师（三级）职业技能培训与鉴定考核教材，也可供全国中、高等职业技术院校相关专业师生参考使用，以及本职业从业人员培训使用。

改版说明

《1+X 职业技术 · 职业资格培训教材——茶艺师（初级）》《1+X 职业技术 · 职业资格培训教材——茶艺师（中级）》《1+X 职业技术 · 职业资格培训教材——茶艺师（高级）》自 2008 年正式出版以来，受到广大读者的普遍好评，已经多次重印。全国，尤其是上海的中等职业学校、社会办学学校等茶艺师培训多采用此教材开设相关课程，一些社区茶艺师培训班也将此教材用作培训教材或参考资料。2008 版茶艺师教材为上海乃至全国茶艺师培训做出了一定贡献。

近年来，我们在茶艺师教学实践中收集和积累了一些新的内容和素材，同时，伴随着茶文化事业的不断发展，书中有些数据、图表和文字表述等均有不同程度更新修改的必要。为此，我们在广泛收集读者反馈意见和建议的基础上，依据上海 1+X 职业技能鉴定考核细目，结合这些年的教学实践，对书稿进行了全面的改版。第 2 版教材涉及结构调整、资料更新、错误纠正、内容扩编等，从强化培养操作技能、掌握一门实用技术的角度出发，较好地体现了本职业当前最新的实用知识和操作技能。

第 2 版教材由卢祺义、张小霖、刘钟瑞、高文娟、郭勤、闻芳共同完成，周星娣组织编写团队并统稿。姚建静参与了部分图片的摄制。

第 2 版教材虽经广泛收集和征求读者的意见，但因时间仓促，不足之处在所难免，欢迎读者提出宝贵意见和建议，以便重印或修订时改正。

周星娣

2017 年 5 月

职业培训制度的积极推进，尤其是职业资格证书制度的推行，为广大劳动者系统地学习相关职业的知识和技能，提高就业能力、工作能力和职业转换能力提供了可能，同时也为企业选择适应生产需要的合格劳动者提供了依据。

随着我国科学技术的飞速发展和产业结构的不断调整，各种新兴职业应运而生，传统职业中也愈来愈多、愈来愈快地融进了各种新知识、新技术和新工艺。因此，加快培养合格的、适应现代化建设要求的高技能人才就显得尤为迫切。近年来，上海市在加快高技能人才建设方面进行了有益的探索，积累了丰富而宝贵的经验。为优化人力资源结构，加快高技能人才队伍建设，上海市人力资源和社会保障局在提升职业标准、完善技能鉴定方面做了积极的探索和尝试，推出了 1 + X 培训与鉴定模式。1 + X 中的 1 代表国家职业标准，X 是为适应经济发展的需要，对职业的部分知识和技能要求进行的扩充和更新。随着经济发展和技术进步，X 将不断被赋予新的内涵，不断得到深化和提升。

上海市 1 + X 培训与鉴定模式，得到了国家人力资源和社会保障部的支持和肯定。为配合 1 + X 培训与鉴定的需要，人力资源和社会保障部教材办公室、中国就业培训技术指导中心上海分中心、上海市职业技能鉴定中心联合组织有关方面的专家、技术人员共同编写了职业技术・职业资格培训系列教材。

职业技术・职业资格培训教材严格按照 1 + X 鉴定考核细目进行编写，内容充分反映了当前从事职业活动所需要的核心知识与技能，较好地体现了适用性、先进性与前瞻性。聘请编写 1 + X 鉴定考核细目的专家，以及相关行业的专家参与教材的编审工作，保证了教材内容的科学性及与鉴定考核细目以及题库的紧密衔接。

职业技术·职业资格培训教材突出了适应职业技能培训的特色，使读者通过学习与培训，不仅有助于通过鉴定考核，而且能够有针对性地进行系统学习，真正掌握本职业的核心技术与操作技能，从而实现从懂得了什么到会做什么的飞跃。

职业技术·职业资格培训教材立足于国家职业标准，也可为全国其他省市开展新职业、新技术职业培训和鉴定考核，以及高技能人才培养提供借鉴或参考。

新教材的编写是一项探索性工作，由于时间紧迫，不足之处在所难免，欢迎各使用单位及个人对教材提出宝贵意见和建议，以便教材修订时补充更正。

人力资源和社会保障部教材办公室

中国就业培训技术指导中心上海分中心

上海市职业技能鉴定中心

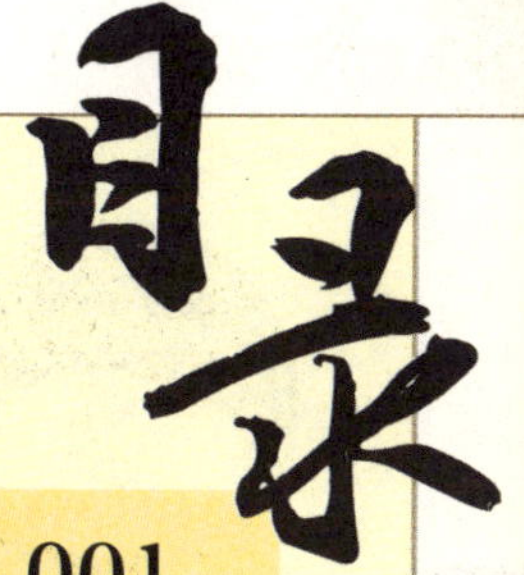
目录

第 1 章
茶叶感官审评

引导语

茶是人们日常生活中重要的饮料之一。我国生产的茶叶分为基本茶类和再加工茶类，基本茶类又分为绿茶、红茶、青茶、白茶、黄茶、黑茶等六大类。每个茶类均包含名目繁多、绚丽多彩的花色品种，这些品种各有独特的品质，并拥有一定的消费对象。各类茶叶的特征特性、品质的优次、等级的划分、价格的高低，以及是否符合消费者的需要和国家进出口的规定等，都必须通过审评与检验才能做出判定。

茶叶审评，在茶艺服务行业中应用十分广泛。茶艺师要泡好茶，首先应该学会鉴别茶，因此，掌握茶叶审评的技能是十分重要的。通过学习茶叶审评，能使我们对茶叶的外形和内质做出客观、正确的评定，这样才能选好茶、用好茶，使我们的茶艺服务游刃有余。

茶叶品质的审评包括感官审评、法定检验和理化审评三个部分，根据实际工作条件和需要，这里主要介绍感官审评的基本要求和方法。

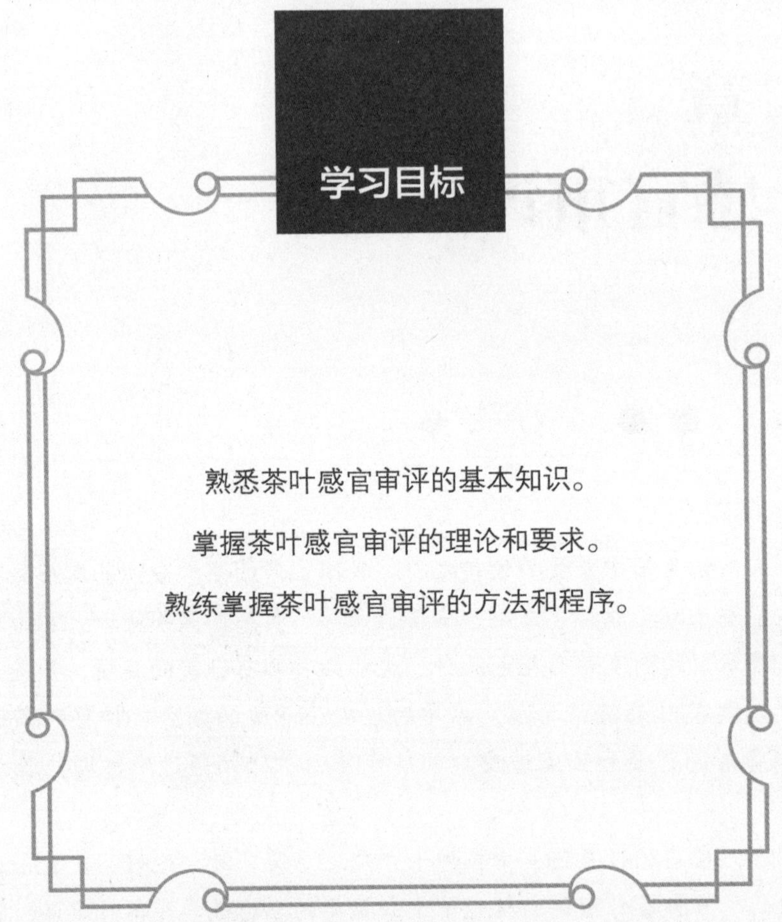
学习目标

熟悉茶叶感官审评的基本知识。

掌握茶叶感官审评的理论和要求。

熟练掌握茶叶感官审评的方法和程序。

第 1 节 茶叶审评概述

茶叶审评是鉴别茶叶品质优次的一门学科。在茶叶加工、供销、科研等方面是一项不可缺少的技术措施。

在茶叶生产、收购、供销、外贸、检验检疫、科研等单位，通常都设置了茶叶审评与检验的专门职能机构，作为鉴评与管理茶叶质量的中枢。茶叶审评与检验结果正确与否不单纯是技术问题，还会涉及政策问题。如出口茶叶是否符合出口的标准或合同规定的品质条件，必须通过检验检疫部门的审评检验来做出客观的鉴定。正确的评定结果，有利于维护我国茶叶在国际消费市场的声誉，促进茶叶对外贸易。在边销茶的审评检验上，把关是否严格不仅是工作质量问题，而且涉及民族团结问题，处理不好还会影响民族关系。

在茶叶收购、供销等环节，如毛茶的进厂验收、定级归堆、付制前拼配，以及半成品茶、精制茶的出口拼配等，都必须依靠审评与检验，使产品既符合品质标准，又发挥经济效益。又如毛茶和精制茶的定级定价，落实好茶好价的政策，也必须依靠茶叶的审评与检验。正确的定级定价，必须建立在审评与检验结果正确性的基础上。

茶叶品质的提高、生产工艺的改进与茶叶的审评、检验有密切的关系。通过审评、检验，就可以发现茶叶品质好坏以及影响茶叶品质的原因。如在审评中发现绿茶汤色发黄、叶底花杂、有红梗红叶，说明绿茶在杀青工序或揉捻工序中存在不合理的因素。又如在审评中，发现红茶滋味苦涩，说明红茶发酵不到位等。所以，通过审评与检验能发现茶叶中存在的质量问题，从而促使制茶人员改进制茶工艺，使茶叶品质得到改善和提高。

茶叶品质是茶叶的物理性状和茶叶中所含的化学成分的综合体现。概括起来，就是茶叶的色、香、味、形。茶叶的外形与色泽比较直观，可以通过人的视觉来判定。茶叶的香气是通过人的嗅觉来辨别的，茶叶的滋味则通过人的味觉来辨别。茶叶的香气与滋味刺激人的嗅觉和味觉神经，经过神经元输送到大脑，大脑根据神经元输送的信息，经过综合分析，作出判断，确定了茶叶香气的高低与香型、滋味的浓淡与强爽。所以说茶叶感官审评是唯物的，也是科学的。

茶叶的感官审评与检验方法不仅具有科学性、适用性，而且具有一定的法律性。《中华人民共和国食品卫生法》规定："食品应当无毒、无害，符合应当有的营养要求，具有相应的色、香、味等感官性状""腐败变质、油脂酸败、霉变、生虫、污秽不洁、混有异物或者其他感官性状异常的，可能对人体健康有害的"均为"禁止生产经营的食品"。《食品卫生理化检验方法》（GB/T 5009—2003）的总则规定："感官不合格产品不必进行理化检验，直接判为不合格产品。"因此，感官检验结果具有一定的法律效力，是评价和判断食品质量的重要手段之一。

茶叶感官审评主要依赖于评茶人员的经验与感受，是一门技术性、实践性较强的学科。要想学到过硬的茶叶审评本领，必须掌握基础理论，学会基本技能，同时要结合茶树栽培学、制茶学、茶叶生物化学等有关专业知识的学习，还需要实践的积累。因此，在掌握一定理论知识的基础上，应注重参加实践并不断总结经验。茶叶审评的条件和程序、审评术语的使用等，是十分严格的。

第2节　茶叶感官审评基本理论与要求

一、茶叶感官审评的概念

茶叶感官审评，是评茶人员根据感官感受来鉴定茶叶品质的一种方法，简称为茶叶审评，通常又称为评茶或看茶。

我国从20世纪50年代起对茶叶产品开展了使用仪器进行审评的研究，但结果表明物理检验和化学分析还不能作为确定茶叶等级和价格的主要依据。因此，国内外对茶叶品质的优劣和等级的鉴定，仍然是采用感官审评的方式进行判别。

茶叶审评不能与借用仪器设备对茶叶进行物理、化学、卫生、包装等检验相混淆，感官审评也是一种检验方法，但检验与审评两者的含义是不同的。

二、茶叶感官审评的有关要求

要保证评茶结果的准确性，必须尽最大可能排除干扰因素造成的影响。如光线照射的不同，就会影响评茶人员对茶叶的色泽、汤色的正确反应；评茶室的气味不正常就会影响评茶人员对茶叶香气的判定。又如，评茶用具不齐备或不完善，规格不一致，同样也会对评定结果造成误差。因此，只有建立比较完备的评茶环境条件，坚持评茶用具规格化，才能确保评茶结果的准确性。

1. 评茶室的环境要求

（1）评茶室的外部环境要求。茶叶感官审评室应建立在地势干燥、环境清静、北向无高层建筑及杂物阻挡、无反射光、周围无异气污染的地区。

（2）评茶室朝向与面积要求。评茶室的朝向，宜坐南朝北。评茶室的面积，主要依据评茶人员的多少和日常工作量的大小而定，但最小不得小于 15 m^2，否则会给审评工作的开展带来不便，影响审评结果。

（3）评茶室的内部环境要求。评茶室内除了无公害、无异味之外，还必须做到干燥清洁，空气新鲜，严禁在室内吸烟和就餐。要避免地面潮湿，地面不宜打蜡，噪声不得超过 50 dB。室内应安置温湿度调控设备，使温度保持在 15～27℃。

（4）评茶室的采光要求。墙壁、门窗及天花板均宜白色，以增加室内光线的明亮度。地板宜浅灰色。要求射入评茶室的光线柔和、明亮，无直射阳光和红、黄、紫、蓝、绿等杂色光源。

2. 评茶室内的设施

（1）干评台（见图 1—1）。干评台应设置在审评室内靠窗口的位置，用以放置茶罐、茶盘，审评茶叶的外形。台面为无反射光的黑色。

（2）湿评台（见图 1—2）。湿评台一般放置在干评台的后方，用以放置审评杯、审评碗等，泡水开汤，审评茶叶的内质。台面为无反射光的白色。

（3）样茶柜或样茶架。在评茶室内应配备足够数量的样茶柜或样茶架，用以存放样茶罐。

（4）水斗。评茶室应设有水斗，用以洗涤茶具。

评茶室内的各种设施安放，要求布局合理、美观，以不影响审评工作为原则。

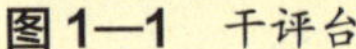
图1—1 干评台

图1—2 湿评台

3. 评茶用具

评茶用具通常有审评盘、评茶杯、评茶碗、叶底盘、天平、计时器、网匙、茶匙、汤杯、吐茶筒和烧水壶等。

（1）审评盘（见图1—3）。也称样茶盘或样盘，用于审评茶叶外形，一般用木板制成。其形状通常为正方形和长方形，涂无味白漆。审评盘的一角留有缺口，便于倒茶。正方形审评盘筛转茶叶比较方便，应用较广，长方形审评盘可节省干评台的面积。

（2）评茶杯（见图1—4）。开汤审评时，用以冲泡茶叶和审评茶叶的香气，瓷质白色。有150 mL和200 mL两种规格。150 mL评茶杯一般用于精制茶的审评。200 mL评茶杯一般用于各种毛茶的审评。杯盖上有一小孔，与杯柄相对的杯口有呈弧形或锯齿形的小缺口，便于倒出茶汤。

图1—3 审评盘

图1—4 评茶杯

此外，审评青茶（乌龙茶）用容量为 110 mL 的呈倒钟形的评茶杯，如图 1—5 所示。

（3）评茶碗（见图 1—6）。评茶碗是用于审评汤色和滋味的用具，通常为瓷质白色广口碗。一般有两种规格，为 200 mL 和 250 mL，分别与 150 mL 和 200 mL 的评茶杯配套使用。相同规格的评茶杯、评茶碗要求大小、色泽、厚薄、高低必须一致。

图 1—5 青茶（乌龙茶）评茶杯

图 1—6 评茶碗

（4）叶底盘（见图 1—7）。叶底盘是用于审评茶叶叶底的黑色小木盘，有正方形和长方形两种。

（5）天平（见图 1—8）。天平用于称量开汤茶样，感量为 0.1 g。

图 1—7 叶底盘

图 1—8 天平

（6）计时器（见图1—9）。现在一般用电子计时器记录冲泡茶叶的时间，也可用定时钟，计时要求精确到秒。

（7）其他用具。网匙用细密不锈钢网制成，用以捞取评茶碗茶汤内的碎茶。茶匙一般为纯白色瓷匙，用于取汤液评滋味。汤杯（见图1—10）用于盛放茶匙、网匙，使用时盛有白开水。吐茶筒用以吐茶及盛装已泡过的茶叶。烧水壶用来烧开水冲泡茶叶。

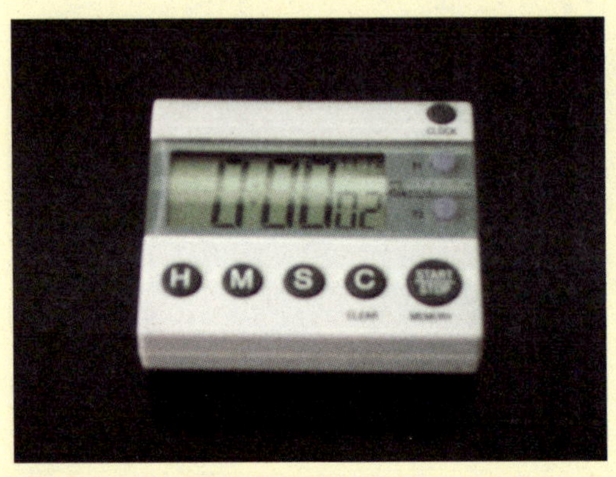

图1—9 计时器

图1—10 汤杯

三、评茶用水要求

水质的好坏对茶叶审评有很大的影响。茶叶的色、香、味通过用沸水冲泡或煮渍后才能鉴定，但水的软硬、清浊对茶叶内质有较大影响，尤其对滋味影响更大，所以，泡茶用的水质会影响茶叶审评结果。我国自古以来，便重视饮茶用水的选择，并为此作过不少研究，现就用水的选择、泡茶水温、泡茶时间、茶与水的用量等分述如下：

1. 用水的选择

（1）水的种类。水的种类很多，其性质也各不相同。主要可分为两大类，即天然水（泉水、河水、井水、江湖水、天落水等）和人工处理水（自来水、矿泉水、蒸馏水、纯水等）。根据研究结果，泡茶用水以泉水（见图1—11）、蒸馏水、纯水为好，自来水、江湖水、井水最差。自来水一般用氯化物消毒，往往带有漂白粉气味，有损于茶汤的鲜味；江湖水一般是地面水，尤其靠近城市、工矿企业、住宅区的，容易发生污染，影响水质，用来泡茶会影响茶叶品质。

图 1—11 湖州金沙泉

为了阐明水质好坏与茶叶内质的关系，茶叶专业工作者曾经用虎跑泉水、雨水、西湖水、自来水、井水分别冲泡狮峰龙井、越毛红、温炒青等茶，审评各种水对茶叶的香气、滋味、汤色的影响，试验重复三次，结果为虎跑泉水最好，雨水次之，西湖水、自来水再次之，井水最差（见表 1—1）。

表 1—1 水质与茶叶品质的关系

茶类 \ 评语 \ 水别		虎跑泉水	雨水	西湖水	自来水	井水
		评语	评语	评语	评语	评语
狮峰龙井	香气	清浓上	清浓	清浓下	尚浓	尚浓下
	滋味	鲜醇上	鲜醇	鲜醇下	尚醇	稍有碱味
	汤色	清澈绿亮	清澈上	清明下	清澈	清明
	叶底	黄绿欠明	尚绿明	绿明	绿明下	绿明上

续表

茶类 \ 水别 \ 评语		虎跑泉水	雨水	西湖水	自来水	井水
		评语	评语	评语	评语	评语
越毛红	香气	浓醇上	浓醇	尚浓	浓醇下	尚浓下
	滋味	鲜甜上	鲜甜	鲜甜下	醇	醇下
	汤色	红亮上	红亮	浓明下	浓明上	明亮
	叶底	红亮上	红亮下	红明	红亮下	红明下
温炒青	香气	清和上上	清和上	清和上中	清和中	清和中下
	滋味	醇和上上	醇和上	醇和中	醇和上中	醇和中下
	汤色	黄亮中	黄亮上上	黄亮中上	黄亮上	黄亮上中
	叶底	黄亮上中	黄亮上上	黄明上	黄明中	黄明中下

（2）水质的要求。水质的好坏直接影响泡茶的效果。水质好的如蒸馏水、纯水等，能泡出汤色明亮、香气鲜爽、滋味醇和的茶。水质的好坏表现为水的硬度大小，硬度大的水，水质就差，不适合饮用。卫生部对饮水卫生规定，硬水总硬度不超过 25 度，软水总硬度一般不超过 8 度。硬水分为碳酸盐硬度和非碳酸盐硬度两种，前者在煮沸时可分解而析出钙镁酸性碳酸盐沉淀，系暂时性硬水。后者在普通气压下沸腾不产生沉淀。硬水经软化处理后，适用作饮水。

一般来说，用稍偏酸性的水冲泡，有利于茶叶品质的良好表现。水的硬度影响水的 pH 值，pH 值高低对茶汤色泽很敏感。当 pH 值小于 5 时，对红茶汤色影响较小。当 pH 值超过 5 时，茶汤的色泽就相应加深。当茶汤 pH 值达到 7 时，茶黄素倾向于自动氧化而损失，茶红素则自动氧化使汤色发暗，以致失去汤味的鲜爽度。用 pH 值达到 8 以上的水泡茶，汤色显著发暗，因为 pH 值增高，产生不可逆的自动氧化，形成大量的茶红素盐。所以泡茶用水以 pH 值在 5 以下为宜，用天然软水或非碳酸盐硬度的水泡茶，都能获得同等明亮的汤色。

2. 泡茶水温

茶叶审评中，泡茶水温标准为 100℃。用沸滚过度或不到 100℃的水来泡茶，都不能达到评茶的良好效果。评茶用水应烧至沸腾起泡为度，用这样的水冲泡茶叶，才能使茶汤的香味更多地透发出来，水浸出物也溶解较多，茶汤的滋味也较醇厚。如果开水沸滚过久，冲泡出的茶汤必将失去应有的新鲜感。如果水没有煮沸而冲泡茶叶，浸出物不能最大限度地浸泡出来，影响茶叶滋味的浓度。

3. 泡茶时间

茶汤色泽的深浅、明亮和滋味浓淡爽涩，与茶汤中水浸出物的数量和质量有密切的关系。泡茶时间长短不同，茶汤中溶解物的量与质是不同的，因此泡茶时间的长短对茶叶品质审评有很大影响。

在一定范围内，冲泡时间越长，茶汤中咖啡碱和多酚类的浸出量也越多。冲泡时间过长，虽然茶汤中水浸出物的含量较多，但滋味不一定好。如泡茶时间少于 5 min，不但汤色浅，滋味淡，红茶的汤色往往缺乏明亮度。而且多酚类与咖啡碱浸出的含量须成一定的比率，以 3∶1 为最适宜。因此，一般红茶、绿茶审评冲泡时间均定为 5 min。

4. 茶与水的用量

茶叶与水用量多少，与茶汤的色、香、味有密切关系。如用茶量多而水少或用茶量少而水多，会引起茶汤色、香、味过浓或过淡，甚至达到难以辨别的程度，有碍正确的茶叶审评。根据试验，用茶量和冲泡时间相同，用水量不同，其浸出的水浸出物就不同。用水量多，茶叶中可浸出的水浸出物量就多。用水量少，茶叶中可浸出的水浸出物量就少。

假定冲泡 3 g 茶叶，用水 50 mL 茶汤极浓，100 mL 茶汤太浓，150 mL 茶汤正常，200 mL 茶汤偏淡。因此，为了正确审评茶汤的色、香、味优次或好坏，用茶量与用水量必须一致。国际上审评红茶、绿茶，一般 3 g 茶叶用 150 mL 水冲泡，茶水比例为 1∶50。

审评青茶类（乌龙茶），由于着重香味，并重视耐泡次数，其用茶量为 5 g，用水量为 110 mL，茶水比例为 1∶22。

审评紧压茶（压制茶），因销售对象或饮用方法不同，用茶量和用水量、冲泡或煮渍的时间有所不同。

四、评茶员的基本条件和要求

茶叶审评结果正确与否，关键在于人的因素。茶叶品质的色、香、味、形是依靠人的视觉、触觉、嗅觉、味觉和大脑综合分析做出判断的。如果评茶员失去各种感觉器官正常的敏感性，就无法做出正确的判断。所以在选用或培训评茶员时，首先必须考虑应有的基本条件，同时，应对评茶员提出在工作中的基本要求，否则就会影响审评结果的准确性。

1. 评茶员的基本条件

（1）评茶员必须身心健康，不得患有传染病。按有关部门规定，凡从事食品工作人员都得进行卫生体格检查，检查合格后才能上岗。

（2）评茶员的各种感觉器官应有正常的敏感性，如患有色盲、鼻炎、口臭等疾病的人员，不能当评茶员。

（3）评茶员对本职工作要有兴趣、爱好，无任何偏见，具有实事求是、认真的工作态度。对评茶工作要有钻研精神。

（4）评茶员应有一定的专业知识。否则，对产品质量的提高、技术措施的改进就无法提出合理的意见和建议。

（5）评茶员要养成良好的个人卫生习惯，无明显的个人气味，否则会影响审评结果的正确性。

2. 评茶员的要求

（1）评茶员在评茶工作前 1 h，不要吸烟，不要吃有强烈刺激性的食物或喝饮料，如辣椒、葱、蒜、酒、糖果等，以保持嗅觉器官和味觉器官的敏感性。

（2）评茶员评茶时，不能使用有气味的化妆品等。

（3）评茶员身体不适（如感冒等）或情绪不稳定时，不能参加审评工作。

第3节　茶叶感官审评方法与程序

一、制定茶叶感官审评方法的依据

茶叶品质是由茶叶的外形和内质两个方面组成的。茶叶外形与内质通常又分为评茶的八项因子，即外形因子：形状、整碎、净度和色泽四项；内质因子：香气、滋味、汤色和叶底四项。茶叶感官审评分为干评（干看）和湿评（湿看），干评主要是评外形的四项因子，湿评主要是评内质的四项因子。茶叶品质的优劣主要是针对审评茶叶的八项因子而言，所以，茶叶审评的方法是根据茶叶感官审评的原理，通过对决定茶叶品质优劣的八项因子的评定来制定的。

二、茶叶感官审评的程序

茶叶品质的好坏、等级的划分、价值的高低，主要是通过对茶叶的外形、香气、滋味、汤色和叶底等因子的评定来决定的。茶叶审评的程序通常包括四个阶段，即取样、外形审评、内质审评、评定与记录。每个阶段既是相互联系的，又具有各自的独立性。因此，茶叶审评的四个阶段缺一不可。

1. 取样

取样又称扦样、抽样或采样，即从一批或数批茶叶中取出具有代表整批茶叶品质特征的最低数量样茶，作为评定茶叶品质优劣的实物样。取样是否正确，能否代表整批茶叶的品质水平，是保证审评结果准确的关键所在。我国专门制定了关于茶叶取样的国家标准《茶　取样》（GB/T 8302—2013），详细规定了各种茶叶的取样工具、数量、方式和操作要求，以此来保证取样的规范性。

无论是审评毛茶、精制茶，还是再加工茶，取样都是一项非常重要的工作，取样工作质量的好坏，主要体现在所取样茶的代表性如何。所取样茶足以代表本批茶叶的品质水平，说明取样工作质量好；反之，如果所取样茶不能代表本批茶叶的质量水平，不管检测仪器如何精密，审评人员的技术水平如何高，经验如何丰富，都不能得出一个对本批茶叶品质水平正确的、客观的判定。

由于茶叶品质具有不均匀性，就茶叶的外形来说，有大小、长短、粗细、松紧、圆扁和整碎的差异；就茶叶的叶片来讲，也有老叶和嫩叶、芽与叶、嫩茎与老梗之分。此外，由于茶树品种、地区气候、土壤及加工技术条件的不同，茶叶的品质也都有不同的特点。因此，取样工作是一项非常认真细致的工作，同一批量对每一个水平段的茶叶都必须取到。

样品包含原始样品、混合样品、平均样品和试验样品。每种样品都有特殊的含义和不同的取样要求。

取样工作应在清洁、干燥、光线充足的场所进行，防止外来杂质混入，同时应避免阳光直射，影响取样视线。取样用具和盛器须清洁、干燥、无异味，盛器应密闭性良好。应将取得的平均样品及时装入容器。使用听罐盛装样品，应装满为度，紧密加盖，用胶带纸封口；若用塑料袋盛装应立即封口；压制茶可用防潮材料包装。

2. 外形审评

茶叶的外形审评即干评（干看），其操作步骤为取样、把盘、审评。第一，取样。即将已编好号的评茶盘及评茶杯、评茶碗，从左到右依次从小到大分别排列在干评台及湿评台上。将茶罐中的样品全部倒出，并充分混匀，通过分样，在评茶盘中留代表性茶样（150～200 g）。第二，把盘（见图1—12）。把盘俗称摇盘，是评干茶外形的首要操作步骤。评茶人员运用手势前后、左右、上下回旋转动，使评茶盘里的茶叶能按照茶叶的形状和轻重呈现出有序的排列，即评茶人员通常所讲的上、中、下三层分布。一般来说，条形或颗粒比较粗松、形状比较长大、身骨比较轻飘的茶叶浮在表面，称面张茶，或称上段茶；细紧重实的茶叶集中于中层，称中段茶；体型较小的碎茶、片茶和末茶都沉积于底层，称下段茶。把盘又可分为三个过程，即摇盘、收盘和簸盘。第三，审评。对把盘后的分层样茶与同样经把盘后的标准样茶进行对比分析，先对比面张茶（即上段茶），次看中段茶，再看下段茶。

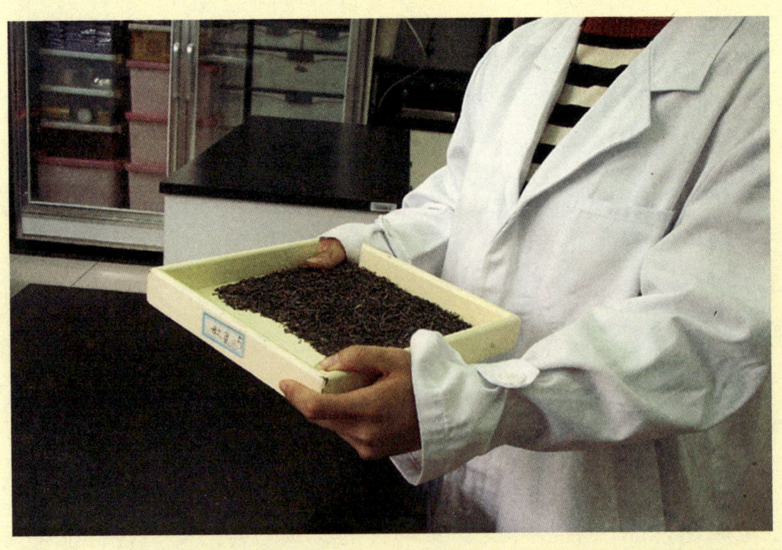

图1—12　把盘

干评主要是从外形的四项因子（即形状、整碎、净度和色泽）逐一对照标准样茶进行比较。

（1）形状。形状是指各种类型茶叶的外形规格，指茶叶外形的大小、长短、粗细、轻重等。通过对茶叶形状的评比，就可以了解制茶鲜叶的老嫩，制茶人员的技术高低。一般来讲，条形细紧、颗粒圆紧的茶叶，制茶鲜叶较嫩；外形粗松、颗粒松黄的茶叶，制茶鲜叶较老。各类茶都具有一定的外形特点，因此，形状也是区别商品茶种类和等级的依据。

（2）整碎。既看茶叶的外形是否完整，也看上中下各段茶比例。无论原料老嫩，所制茶叶都应外形完整。在外形完整的基础上如果面张茶过多，表示粗老茶叶多，身骨差。一般以中段茶多为好，如果下段茶过多，对条形茶或圆炒青而言，下段茶断碎片末含量多，表明做工、品质有问题。

（3）净度。茶叶的净度主要是指茶叶中茶类夹杂物（主要是指梗、籽、片等）和非茶类夹杂物（主要是指杂草、树叶、泥沙、石子、石灰、竹叶、麻绳和塑料绳等）含量的多少。含量多，说明净度差；含量少，证明净度好，净度好的茶叶不含任何夹杂物。非茶类夹杂物含量多，还说明茶叶的卫生质量差。

（4）色泽。色泽指茶叶表面的颜色的深浅程度，以及光线在茶叶表面反射的光亮度。茶叶色泽主要是从茶叶本身的颜色和光泽度来看，各类茶叶都有一定的色泽要求。色泽好的茶叶带有油润感，给人鲜活的感觉；色泽差的茶叶，看上去有一种枯死的感觉；无光泽的茶叶，呈暗灰色。一般嫩度好的茶叶色泽较好，嫩度较老的茶叶色泽较差。但如果加工工艺有问题，也会影响茶叶色泽。

总之，评论一盘茶叶外形的好坏，不能单从某一项因子来看，而要对四项因子进行综合评比，才能得出比较客观、正确的结论。

3. 内质审评（见图 1—13）

依次从每个评茶盘中称取 3 g 茶叶至评茶杯中，用刚煮沸的开水依次迅速冲泡，同时开始计时。冲泡时要将杯中的茶叶全部冲起翻转，开水量以满而不溢为宜。5 min 后，按冲泡顺序依次将杯内的茶汤全部倒入评茶碗中，值得注意的是，应将杯中的茶汤滤尽，因为最后的几滴茶汤浓度较高，如果不滤尽，将直接影响茶汤的浓度，造成错误的审评结果。然后看汤色，嗅香气，尝滋味和评叶底。叶底移入叶底盘中时，杯中不得留有叶底，否则将会影响叶底的审评结果。

图1—13 内质审评

（1）香气。香气是由茶叶冲泡后随水蒸气挥发出来的各种气味分子共同作用于嗅觉器官而产生的。审评香气时，一只手持杯，另一只手持盖，靠近鼻孔，半开杯盖，嗅评杯中散发出来的香气。

嗅香气可分为热嗅（杯温 75℃左右）、温嗅（杯温 45℃左右）、冷嗅（杯温接近室温）三个阶段。热嗅重点是辨别香气正常与否及香气类型和高低，热嗅时应注意，茶杯不应靠鼻孔过近，杯中散发的热气易烫伤鼻子，损坏感觉器官，影响审评结果正确性。温嗅是嗅香的最佳时期，香气的优次判定主要是在这个时候完成的。冷嗅是嗅香气的持久性，一般好的茶叶，香气维持时间长一些，差的茶叶或低档茶叶冷嗅多为粗老气。总之，茶叶的香气以鲜爽、郁香、高长持久为好，高短次之，低而粗为差，有异味的茶叶为劣质茶叶。

（2）汤色。汤色是茶叶中所含的各种水溶性物质，溶解于沸水中而反映出来的色泽。汤色审评主要抓住色度、亮度、清浊度三个方面。

看汤色要快速，因为茶汤中的化学成分和空气接触后，很容易发生变化，而使茶汤变深、变浑，特别是绿茶，变化更快。所以，有些评茶人员把看汤色放在嗅香气之前完成。此外，汤色随着温度下降，颜色会逐渐变深，红茶冷却后还会出现混浊现象，通常称“冷后浑”。

影响汤色的因素很多，如在观察汤色时，发现评茶碗中留有碎茶残叶，应用网匙将残叶捞出，否则会影响汤色的判定结果。光线的强弱、评茶碗的规格、容量大小、排列位置、沉淀物的多少、冲泡时间的长短都会对茶汤的颜色造成影响。

此外，茶汤所呈现的颜色与茶树的品种、生长环境条件、鲜叶的老嫩、茶叶的新陈以及加工方法有很大关系。所以，汤色主要评比它本身的正常色和茶汤的亮度，即评比汤色的性质、深浅、明暗和清浊。

正常色，是指茶叶通过正常的加工工艺和在良好的储藏条件下，冲泡后的茶汤应具有的各类茶的汤色。如绿茶的汤色应为绿汤或绿中略带黄、明亮；红茶的汤色则为红汤，汤色应为红艳而明亮；青茶汤色应为橙黄明亮；黄茶的汤色应为黄而明亮；白茶的汤色应为浅黄而明亮；黑茶的汤色应为橙黄而浅明。

亮度，是指茶汤明暗的程度。一般品质好的茶叶，汤色较为明亮。品质差的茶叶，汤色则较暗。

（3）滋味。不同种类、不同花色或同一种类、不同品种以及不同地区的茶叶，其滋味各不相同。因此，茶汤的滋味与茶树的品种、生长环境、生长季节以及加工工艺都有着密切的关系。

审评茶汤的滋味，在评茶汤色泽之后立即进行，审评滋味时，用茶匙取适量（约 5 mL）茶汤于口内，让茶汤在口腔内循环打转，使茶汤与舌头各部位充分接触，感受舌头不同部位的刺激。品尝茶汤滋味的适宜温度一般为 50℃左右。如果茶汤温度太高，易烫坏评茶人员的味觉器官，使之麻木，不能正常品味；如果茶汤温度太低，一方面茶汤对评茶人员的味觉器官刺激不够，影响味觉的灵敏度；另一方面茶汤中的物质随着温度的下降也会逐步被析出，汤味也会由协调变得不协调。

审评内容包括茶汤的浓淡、厚薄、醇涩、纯异和鲜钝等。首先要区别滋味是否纯正，一般纯正的滋味可以分为浓淡、强弱、鲜爽、醇和等，不纯正滋味有苦涩、粗青、异味等。好的茶叶，茶汤浓而鲜爽，有适度的刺激性，或者富有收敛性。

（4）叶底。叶底即开汤后的叶片，是通过评茶人员的视觉和触觉来区别的，是评茶不可缺少的一个环节。叶底的老嫩、匀杂、整碎、色泽的亮暗和叶片开展的程度等是评定茶叶优次的一个重要因素。同时，评茶人员通过审评叶底也能了解茶叶中是否有其他掺杂物。

审评叶底时，先将叶底全部倒入叶底盘中，拌匀、铺开、摊平，观察其嫩度、匀度和色泽。用手指按叶底，感受叶张的软硬，观察叶张的厚薄和完整性，芽头和嫩叶的含量等，通常好茶的叶底，幼嫩芽叶含量多，质地柔软，色泽明亮，均匀一致。而差的叶底表现为暗、粗老、单薄、摊张、花杂等。必要时可将叶底漂在水中观察分析，从而判定茶叶的优次。

总而言之，茶叶品质一般是通过上述的外形审评和内质审评来综合观察评定的。实践也充分说明，仅审评茶叶的某一项因子或某几项因子，是不能正确反映茶叶品质的。因为茶叶每个审评因子之间有密切的关系，不是单独形成和孤立存在的。如茶叶的外形粗松，在叶底上则反映为叶张薄、开展叶多、嫩度差。又如绿茶汤色深黄，在叶底上则反映为红梗红叶多。因此，进行感官审评时，要严格遵守评茶规则，按评茶程序操作才能得出客观、正确的结果。

4. 评定与记录

审评茶叶时，评茶人员通常使用品质记录表（又称为审评表）记录审评各因子的术语表述和评定结论。一张完整的品质记录表，除了具有各因子的术语外，还应记录与该次审评相关的工作状况，以及与茶样有关的情况。如样品编号（名称）、批次、审评人员、审评时间、对照的标准、综合评定结果等。

第4节　评茶术语

一、评茶术语的定义

评茶术语是指在茶叶品质审评中描述某项审评因子的优缺点或特点的专业性词汇。

评茶术语简称评语。评语有等级评语与对样评语之分。等级评语反映各级茶的品质要求和等级特征，对样评语是指对照某评比样或标准样，指出其品质差距的专用评语，两者是不同的。等级评语反映的是茶叶等级特征，要求上一级茶的评语一定要高于下一级。如长炒青绿茶，特级珍眉条索的评语用“细嫩多毫”，一级珍眉则用“细紧匀齐”等。因此，从评语上就可以看出各级茶叶的品质要求和等级特征。对样评茶则不同，它没有等级特征之分，只是反映被审评茶叶与对比样之间的品质差距。如果没有差距，评语一般用“相符”或“相当”，评茶术语的运用就没有等级的概念，所有评语都可以自由运用。如“粗松”这个词语，在特级茶中可以用，在最低级茶叶中也可以用，它就是对样审评的特点。

二、评茶术语的作用与应用

评茶术语的作用不仅在于说明茶叶品质在各个方面的实际情况，并作为评分的依据；而且也用于指导生产，改进加工工艺，不断提高茶叶产品的质量。例如，对工夫红茶的外形条索细紧、秀长，锋苗显露的茶叶，评茶人员通常用“紧秀”这个评语来概括其优点。又如在初制红茶的审评中，因揉捻、发酵不足，使部分叶底产生了“青斑”或“青块”，评茶人员通常用“花青”这个评语来指出其缺点。

不同的茶类、不同的因子，评语有所不同。此外，不同的评茶人员在使用评茶术语方面也不相同。例如，红碎茶滋味浓强，有的评茶人员用“浓强”，有的评茶人员则用“浓烈”，还有的用“味浓”并富有收敛性等。又如，对外形色泽不一致的茶样，有的评茶人员用“花杂”，有的则直接用“杂”，也有的用“色花”等。虽然评茶人员不同，所使用的评茶术语不同，但就内容而言都是表达了茶样的某一特征，其含义基本相同。

评定茶叶品质，通常以评分来表示其品质优次，同时辅以评语作补充。所以，评语既是评分高低的说明，又是评比产品质量的依据，是一种在专业人员中通用的技术语言。评分与评语，都是用来表达茶叶品质高低、优次的一种方法，由于表现方式不同，所以，给人们的感受也就不一样。从给分的多少，可以直接看出被审评茶叶的品质差距和级差的大小，但不能看出质差和级差的原因。评语是对被审评茶叶优缺点的描述，指出了被审评茶叶的品质高低、优次的具体原因，但它又不能反映高低、优次的程度。因此，评分和评语是相互依赖、缺一不可的，评分是茶叶品质高低的量化，评语则是茶叶品质优劣的说明。

三、评茶术语的分类

1. 评茶术语概括起来可分为两大类

一类是表达茶叶品质优点的褒义词，另一类是表达茶叶品质缺点的贬义词。

（1）表达品质优点的褒义词。描述茶叶外形的就有细紧、细嫩、紧秀、圆结、重实、匀齐等，描述茶叶香气的就有高香持久、清香、花香、板栗香等，描述茶叶滋味的就有浓、强、鲜爽、醇厚、纯厚等，描述茶叶汤色的就有清澈、红艳、红亮、绿亮等，描述茶叶叶底的就有匀嫩、厚实、明亮等。

（2）表达品质缺点的贬义词。描述茶叶外形方面的就有松黄、短碎、轻飘、花杂、脱档等，描述香气方面的就有低闷、粗老气、烟气、异气等，描述滋味的就有粗淡、苦涩、熟味等，描述汤色方面的就有泛红、混浊等，描述叶底方面的就有粗老、瘦薄、暗褐、花青等。

评茶所用术语既反映被审评茶叶的品质特点，也反映加工鲜叶原料的优次、采用的工艺以及加工人员技术水平的高低。如叶底的老嫩、厚薄、壮瘦、含芽头的多少等，都反映加工鲜叶原料的老嫩。外形的松紧、整碎，烟焦气，叶底的花青，绿茶叶底的红梗红叶等，都反映制茶方法和制茶人员的技术水平。此外，有些评茶术语反映的是茶叶包装存储条件的好坏，如失风、陈气、木气及其他异气等，反映茶叶包装存储条件较差或时间较长。

2. 评茶术语规范化

我国茶叶的品质受诸多因子的影响，等级、品质状况错综复杂，要想以非常简练、完整、完全统一的评语表述所有的品质特点，是存在困难的。即使是表述同一感知的术语，在不同茶类中也可能会表示完全不同的品质优劣结果，而且对术语的使用并不是静止、孤立和单一的，同样存在演变和更新。而评语规范化是茶叶审评工作中一个重要内容，为规范审评的感知一致性和使用术语的准确性，我国专门制定了关于茶叶感官审评术语的国家标准《茶叶感官审评术语》（GB/T 14487—2008）。这里重点介绍我国大宗产品红茶、绿茶、青茶的常用评语。

（1）外形评语

1）形状评语（见表 1—2）

表 1—2 形状评语

形状	评语	
条形	细紧：条索细长、卷紧而完整 细嫩：条索细紧显毫 紧秀：条细而紧、秀长锋苗显露 粗壮：条索粗而壮实 粗松：嫩度差，条索卷紧度差而空松 卷曲：形似螺旋状卷曲的茶条	轻飘：手感轻，茶叶粗松，一般是低级茶 重实：以手权衡有沉重感，一般是叶厚质嫩的茶叶 紧结：嫩度低于细紧，结实有锋苗，身骨重 显毫：芽尖含量高，并有较多白毫（茸毛） 弯曲：条索不直，带弓形或钩形
圆形	圆紧：颗粒圆而紧实 圆结：颗粒圆而结实 扁块：外形扁而不圆	细圆：茶条或颗粒卷得很紧，身骨重实 团块：条形结成块状或圆块
扁形	挺秀：挺直显锋苗，外形挺秀尖削 挺直：扁茶平扁而不弯曲 宽条：扁形茶中的过宽茶条	光滑：形状平整，质地重实，光滑发光 光整：表面光滑平整，质地重实 紧条：条扁而过紧过窄
碎形	末状：体形细小，呈砂粒状为好 粗糙：外形大小不匀，不整齐	颗粒状：碎形茶的外形似颗粒，身骨重实 片状：茶叶平摊不卷，身骨轻，呈片状 匀整：碎、片、末茶规格（形态）大小相近
砖形	完整：压制茶形态端正，无破损残缺 缺口：砖面边沿残缺一处或数处	平滑：砖面平整，无起层落面及茶梗刺出现象，反之称为粗糙 脱面：指饼茶、紧茶、沱茶等面茶脱落

2）色泽评语（见表 1—3）

表 1—3　色泽评语

色泽类型	评语	
绿茶色泽	翠绿：色似翠玉而富有光泽 嫩绿：浅绿嫩黄，富有光泽 绿润：色绿而鲜活，富有光泽	黄绿：绿中带黄，光泽稍差 枯黄：色黄而枯燥 灰暗：色深暗带死灰色
红茶色泽	乌黑油润：嫩度高，叶色乌黑而具有光泽 黑褐油润：嫩度较高，叶色黑褐而具有光泽	棕色（栗色）：叶质稍差，红叶带褐，似栗壳色 枯红：色红而枯燥无光泽
青茶色泽	砂绿：似蛙皮绿，即绿中似带砂粒点 青褐：色泽青褐而带灰光 乌褐：色褐而泛乌，常为重做青或陈年茶的色泽	青绿：色泽绿而带青，多为雨水叶、露水叶或做青工艺走水不匀引起“滞青”而形成 褐润：色褐而富有光泽，为发酵充足、品质较好的乌龙茶色泽
紧压茶色泽	黄褐色：褐中泛黄 青褐色：褐中泛青	猪肝色：红而带暗，类似猪肝颜色 黑润：色黑而深，如涂上一层油而发亮

（2）内质评语

1）汤色评语（见表 1—4）

表 1—4　汤色评语

汤色类型	评语	
绿茶汤色	清澈：清净透明而有光泽 嫩绿：浅绿微黄 浅黄：色黄而浅 深黄：汤黄而深，无光泽 黄暗：汤黄，无光泽	黄绿：以绿为主，绿中带黄 橙黄：汤色黄中微带红，似橙黄色 红汤：汤色泛红，失去绿茶应有的汤色

续表

汤色类型	评语	
红茶汤色	红艳：汤色红而鲜艳，有金圈，似琥珀色 红亮：汤色红而透明，有光亮 红明：汤色红而透明，略有光彩 浅红：汤色红而浅 深红：汤色红而深，无光泽 浓暗：汤色红而暗	姜黄：红碎茶茶汤加牛奶后，汤色呈姜黄明亮 棕红：红碎茶茶汤加牛奶后，汤色呈棕红明亮的咖啡色 灰白：红碎茶茶汤加牛奶后，汤色呈灰暗的乳白色 红浊：汤色不管深或浅，汤中混浊不易见底
青茶汤色	金黄：茶汤清澈，以黄为主，带有橙色 清黄：茶汤黄而清澈	橙黄：黄中微带红，似橙色或橘黄色 红汤：常见于陈茶或烘焙过度的青茶，汤色呈浅红色或暗红色

2）香气评语（见表 1—5）

表 1—5 香气评语

香气类型	评语	
绿茶香气	鲜嫩：具有新鲜悦鼻的嫩香气 清高：清香高爽，柔和持久 清香：清纯柔和，香气欠高，但很优雅 栗香：似熟栗子香味，强烈持久	高爽持久：茶香持久，浓而高爽，具有强烈的刺激性 高火：干燥温度高，时间长，干度十分充足所产生的火香，盖住了茶叶的本香
红茶香气	鲜爽：香气新鲜、活泼，具有舒服的感觉 甜和：带糖香且醇和	强烈、浓烈：香气强烈、浓郁持久，具有充沛活力的香气 甜香：香气高且具有甜感

续表

香气类型	评语	
青茶香气	浓郁：香气浓而持久，具有特殊花果香 浓烈：香气高长愉快，无明显花香 清高：香气高长，但不浓郁 甜香：香气高而具有甜感，似足火甜香 纯正：香气纯净而不高不低，无异杂气 老火：干度十足，带有轻微的焦气	岩韵：武夷岩茶特有的地域风味，俗称"岩骨花香" 音韵：铁观音所特有的品种和滋味的综合体现 焖气：烘焙后的茶叶未适当摊晾而形成的一种令人不快的火气味

3）滋味评语（见表1—6）

表1—6　滋味评语

滋味类型	评语	
绿茶滋味	鲜醇：清鲜醇爽，回甘 浓厚：入口浓，刺激性强而持续，回甘 涩：茶汤入口后，有麻嘴厚舌的感觉 醇正：茶味浓度适当，清爽正常，回味带甜	清淡：味清无杂味，但浓度低，对口舌无刺激感 回甘：茶汤饮后在舌根和喉部有甜感，并有滋润的感觉 熟味：茶汤入口不爽，带有蒸熟味或焖熟味
红茶滋味	甜醇：味醇而带甜 醇爽：醇而鲜爽毫味足 醇和：醇而平和，回味略甜	浓强：味浓，具有鲜爽感和收敛性 浓醇：口味浓，回味爽略甜，无刺激性
青茶滋味	醇厚：滋味浓醇适口，是高级青茶的滋味 清醇：茶汤入口爽适，清爽带甜 闷黄味：茶汤有闷黄软熟的气味，多为杀青叶闷堆未及时摊开、揉捻时间偏长或包揉叶温过高，定型时间偏长而引起	青浊味：茶汤不清爽、带青味和浊味，多为雨水青、晒青做青不足或杀青不匀不透而产生 淡薄：味淡而正常 平和：味正常，有一定浓度，缺乏鲜味

4）叶底评语（见表 1—7）

表 1—7 叶底评语

叶底类型	评语	
绿茶叶底	细嫩：芽头多或叶子细小嫩软 柔软：手按如绵，按后伏贴盘底 粗老：叶质粗硬，叶脉显露，按之有弹性 嫩匀：芽叶嫩而柔软，匀齐一致 杂：老嫩、大小、厚薄或色泽等不一致 开展：叶张展开，叶质柔软	靛青：叶底呈蓝绿色。由紫芽种鲜叶制成的茶常有此种叶底色泽 红茎、红梗、红叶：叶底的茎、梗、叶片变红色，是绿茶最差的叶底色泽 摊张：老叶摊开
红茶叶底	红艳：叶底红润，鲜艳悦目 红亮：红而明亮，欠鲜艳 红匀：红色深浅一致 花青：叶底色泽红里夹青，发酵不足所致	青暗：叶底欠红，青褐带暗 乌暗：似成熟的栗壳色，不明亮 暗张：叶底夹杂暗红或死红色叶片
青茶叶底	肥亮：叶质肥厚，叶色明亮 软亮：嫩度适当或稍嫩，叶质柔软，叶色明亮 绸缎面：叶肥厚，有绸缎花纹；手摸柔滑，有韧性 滑面：叶肥厚，叶面平滑无波状	暗红张：叶张发红而无光泽，多为晒青不当造成灼伤、发酵过度而产生 死张：叶张发红，夹杂伤红叶片，为采摘、运送茶青时人为损伤和闷积茶青或晒青、做青不当而产生

（3）评语中常用的副词。茶叶组成复杂，等级较多，不可能全用术语来说明茶叶品质的优次。如几个品质相近的茶叶，对照标准样都不分上下，为了使对样审评在评茶术语上运用更为确切，通常评茶人员在评茶之前加上一些表示程度上差异的副词，如稍、较、尚、欠等。如形状评语“粗松”前面加上“稍”，即“稍粗松”，

说明被评茶叶在形状方面比对比样稍微粗松。又如加“较”，即“较粗松”，则说明在程度上差异要大一些。但值得注意的是这些副词的运用也有所讲究和限制，如“尚”“欠”等副词只能用在褒义词之前，有些副词可以用在褒义词或贬义词之前，如“稍”“较”等。常用副词的含义及用法见表1—8。

表1—8　常用副词的含义及用法

副词	含义及用法	举例
尚	用于品质略低、稍低或基本接近	尚嫩、尚浓、尚紧结等
欠	指在规格要求或某种程度上还不够，且程度上较严重	欠紧结、欠亮、老嫩欠匀等
微	在某程度上很轻微时用	微扁、微黄、微苦涩等
略、稍	用在某种形态不正、稍有偏差及物质含量不多时 由于稍与略两词含义基本相同，程度上无什么区别，用时注意语气和习惯即可	略扁、略弯曲、稍苦涩、稍暗、略有浓甜、略有花香、稍有青味等
带	某种程度上轻微时用	带有花香、带有烟气、带涩等
	有时可与其他副词连用，在程度上又比单独使用时更轻些	略带花香、略带烟气、略带苦涩等
较	用于两茶比较时，表示品质基本接近，但用在褒义的品质评语上，后者比前者品质稍次	紧细、较紧细等
	用在贬义的品质评语上，表现品质稍好，前者比后者品质稍次	暗、较暗；梗朴多，梗朴较多等

评茶时为进一步明确评语，有时用四字句，如“白毫显露”“颗粒紧结”“身骨重实”“清澈明亮”“鲜洁爽口”“扁平尖削”“翠绿光滑”等。

第 5 节 茶叶标准

标准是企业生产、加工、贸易、检验和管理部门共同遵守的准则，也是促进技术进步，提高产品质量，降低生产成本，维护国家和人民利益不可缺少的共同依据。当前，我国已制定的茶叶标准有鲜叶与加工标准、贸易标准、检验标准和卫生标准等多种。

一、制定茶叶标准的意义

茶叶检验标准是各产茶国或消费国根据各自的生产水平和消费需要确定的检验项目，如品质水平和理化指标。无论是各茶叶生产国还是消费国，大都通过经济立法的手段，把茶叶检验的标准作为政府经济法律或法规予以公布，对内作为生产、加工的准绳和检验依据；对外作为双边贸易和多边贸易的品质指标和检验依据，对生产和贸易都起着提高和促进作用。

二、茶叶标准的类别

根据《中华人民共和国标准化法》（以下简称《标准化法》）可将标准统一分为四类。

1. 国家标准（GB）

对需要在全国范围内统一的技术要求应制定国家标准（含标准样品制作）。

2. 行业标准（SN）

对没有国家标准而又需要在全国某行业范围内统一的技术要求，可以制定行业标准（含标准样品制作）。

3. 地方标准（DB）

对没有国家标准和行业标准而又需要在省、自治区、直辖市范围内统一的工业产品的安全、卫生要求，可以制定地方标准。

4. 企业标准（QB）

企业生产和产品没有国家标准和行业标准的，应当制定企业标准，作为组织生产的依据。

根据《标准化法》第七条的规定，国家标准、行业标准分为强制性标准和推荐性标准。出口茶叶属于法定商品，所制定的产品标准和检验方法标准均为强制性标准。

三、上海地方茶叶内销标准

为规范上海茶叶市场，维护消费者利益和企业的合法权益，鉴于目前全国尚无统一的内销茶叶标准，上海特制定了茶叶系列地方标准。本标准由上海市茶叶学会提出，由上海糖烟茶商业行业协会归口，在上海市标准化协会指导下，邀请有关茶叶专家制定了上海市地方标准（DB31/T 215.1—5—1998），这是上海市第一次制定的内销茶标准，自公布实施后，受到了有关领导部门的关注和支持。这个标准包括五点内容：

DB31/T 215—1—1998　茶叶的检验规划、标志、标签和包装、运输、储存

DB31/T 215—2—1998　特种绿茶

DB31/T 215—3—1998　红茶

DB31/T 215—4—1998　乌龙茶（青茶类）

DB31/T 215—5—1998　茉莉花茶

四、茶叶卫生标准

茶叶是供人们饮用的饮料，茶叶质量是否符合卫生指标直接关系着人们的身体健康。早在 20 世纪 50 年代卫生部发布《食品卫生管理暂行办法》等规章。20 世纪 70 年代经国务院批准颁布了《食品卫生管理试行条例》和各类食品标准。

1982 年 11 月 19 日第五届全国人民代表大会常务委员会第二十五次会议通过了《食品卫生法（试行）》，并于 1983 年 7 月 1 日起正式实施。由此，出口茶叶加工厂（库）在全国范围内实施了“出口食品卫生注册登记制度”。凡是未经申请“出口食品卫生注册登记”或经申请未获取证件的生产厂（库），一律不得生产和储

存出口茶叶。1995 年 10 月 30 日第八届全国人民代表大会常务委员会第十六次会议通过了《食品卫生法》，自 1995 年 10 月 30 日起施行。该法强调“食品应当无毒、无害，符合应当有的营养要求，具有相应的色、香、味等感官性状”。2015 年 10 月，《中华人民共和国食品安全法》开始执行，对食品安全提出了更严的要求。

1981 年由卫生部提出，指定安徽、浙江两省卫生防疫站负责起草了《绿茶、红茶卫生标准》（GBN 144—1981），1988 年又对该标准进行了修订，发布了《茶叶卫生标准》（GB 9679—1988）。该标准适用于由茶树鲜叶加工而制成的绿茶、红茶、紧压茶、花茶等茶类。并规定了各类茶叶的感官指标：具有该茶类正常的商品外形及固有的色、香、味，不得混有异种植物叶，不含非茶类物质，无异味、无霉变。

从 2013 年起，新的茶叶卫生标准 GB 2762、GB 2763 替代了 GB 9679—1988《茶叶卫生标准》，GB 2762—2012《食品中污染物限量》、GB 2763—2012《食品中农药最大残留限量》是依据危险性评估，对应于国际食品法典委员会（CAC）标准（食品中农药最大残留限量法典），一致性程度为非等效。其中与茶叶有关的有两点：

1. GB 2762—2012《食品中污染物限量》规定

GB 2762—2012《食品中污染物限量》对 2 种污染物在茶叶中的含量做出限量规定，分别为铅（≤5 mg/kg）和稀土（≤2.0 mg/kg）。

2. GB 2763—2012《食品中农药最大残留限量》规定

GB 2763—2012《食品中农药最大残留限量》对 9 种农药在茶叶中的含量做出限量规定，分别为六六六（≤0.2mg/kg）、滴滴涕（≤0.2 mg/kg）、氯菊酯（红茶、绿茶中≤20 mg/kg）、氯氰菊酯（≤20mg/kg）、氟氰戊菊酯（红茶、绿茶中≤20 mg/kg）、溴氰菊酯（≤10 mg/kg）、顺式氰戊菊酯（≤2 mg/kg）、乙酰甲胺磷（≤0.1 mg/kg）、杀螟硫磷（≤0.5 mg/kg）。

五、标准的修订

任何标准都不是一成不变的，它是随着商品检验工作的开展和生产技术水平的不断提高以及贸易的需要而进行修订的。

我国出口茶叶实施检验最早始于 1915 年，浙江温州设立了茶叶检验机构，以查验茶叶掺假，禁止假茶出口，是一种地方性措施。1931 年正式实施出口茶叶检验。新中国成立后，于1950年3月在北京召开了第一届全国商品检验工作会议，并制定了出口茶叶暂行标准。于1952年开始分别制定了毛茶收购标准样、精茶加工验收标准样、茶叶贸易样及出口茶叶检验最低标准样等。1955年、1962年以及1981年又分别对出口茶叶标准做了修订。

出口茶叶检验方法标准，1986年由国家进出口商品检验局提出，由上海进出口商品检验局负责起草，1999年由中华人民共和国国家出入境检验检疫局提出，由中华人民共和国上海出入境检验检疫局负责修订。

1. 茶叶审评是怎样的一门学科？
2. 学习茶叶审评的意义何在？
3. 茶叶审评在方法上有哪些要求？
4. 茶叶审评有哪些主要的程序？
5. 如何掌握茶叶审评评语？

第2章
茶文化艺术作品赏析

引导语

茶在漫长的历史进程中，与人民的生活发生非常密切的关系，已成为人们日常生活中不可缺少的组成部分。特别是自唐代中期以后，一大批文人介入茶事活动，提升了饮茶的文化品位，并发展为一门生活艺术。随着茶叶生产的发展，茶税、贡茶出现，在社会经济、政治、文化生活中都发挥了一定作用。因此，也会反映到文学作品中，出现了一系列有关茶的作品。这些作品涵盖了诗、词、散文、小说及书、画、雕塑等艺术形式的多个领域，是中华文明一份积淀深厚、千古流传的精神文化遗产和智慧结晶。

本章精选一些能够显现茶文化精神的诗、词、歌、赋、散文小品、绘画作品等艺术作品，使学员更全面、更深刻地理解中国茶文化的精妙要义，认识和把握在操作茶艺过程中所追求的精神境界和道德风尚。

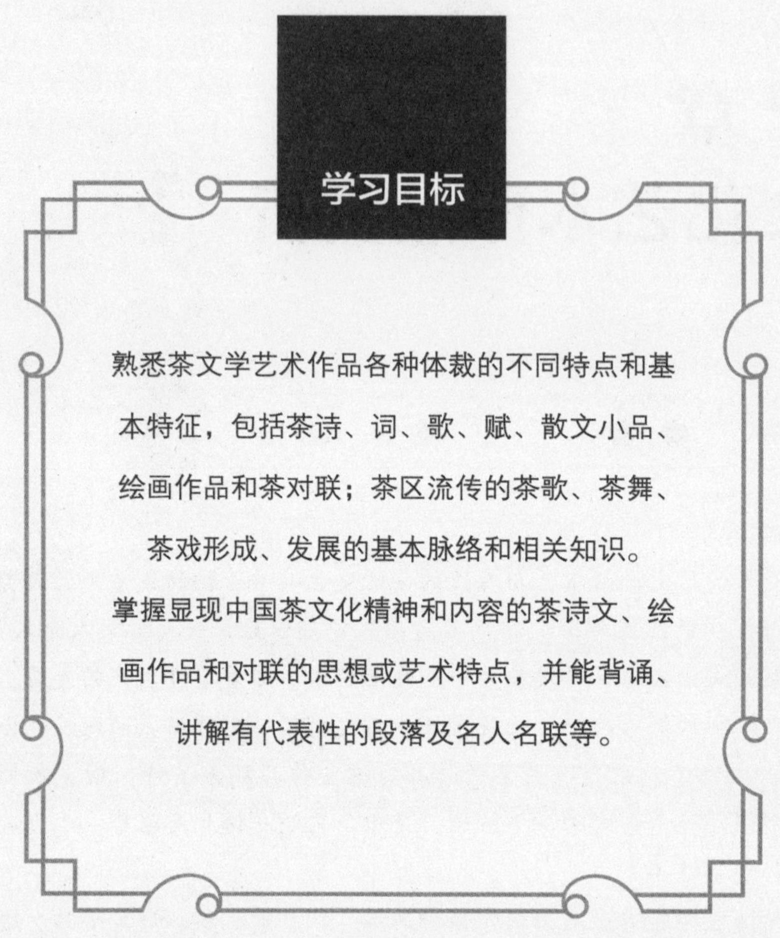

学习目标

熟悉茶文学艺术作品各种体裁的不同特点和基本特征，包括茶诗、词、歌、赋、散文小品、绘画作品和茶对联；茶区流传的茶歌、茶舞、茶戏形成、发展的基本脉络和相关知识。

掌握显现中国茶文化精神和内容的茶诗文、绘画作品和对联的思想或艺术特点，并能背诵、讲解有代表性的段落及名人名联等。

第 1 节　茶与诗词

一、茶诗词概述

在所有与茶有关的文学艺术形式中，以茶诗的成就最大。茶诗，是指以茶为题材的诗歌，或是内容涉及茶的诗歌，其文学形式与其他诗歌无不同。我国不仅是茶的祖国，也是世界茶诗的源头。在各种史籍中，大量咏茶、赞茶的诗、词、歌、赋跃然纸上。这类关于茶的诗词，可分为狭义和广义两种。狭义上指“咏茶”诗词，即诗词的主题是茶，这种茶诗词数量略少；广义上不仅包括咏茶诗词，而且包括“有茶”诗词，即诗词的主题不是茶，但是诗词中提到了茶，这种茶诗词数量就很多了。现在一般讲的，都是指广义的茶诗词。从历史发展的角度而论，茶诗词的发展有以下 5 个阶段：

1. 晋代开始从文化角度欣赏茶叶

在中国茶文化史上，真正的茶诗应该是以茶叶或茶事活动为主要描写对象的诗赋。因此，晋代杜育（?—311 年）的《荈赋》，是我们现在所能见到的最早吟咏茶事的赋。诗歌总是有艺术的夸张，但在晋代茶诗歌中可以了解到当时喝茶已经不是看中它的药效，而是注重它的芳香和滋味，也就是说，开始从文化角度来欣赏茶叶了。

2. 唐代茶诗蓬勃发展

茶诗的真正繁荣时期是唐代中期。唐代以诗称冠，又是茶文化兴起的重要时期，茶诗也得以蓬勃发展，许多著名诗人都有咏茶之作。据对《全唐诗》的统计，唐、五代描写过茶的文学家有 130 人，写有茶诗 550 余篇，诗体有古诗、律诗、绝句等，内容涉及茶圣陆羽、名茶、煎茶、饮茶、茶具、采茶、茶园及其他诸多方面。

3. 宋代茶诗词大量涌现

宋代茶叶生产空前发展，饮茶之风更盛，几乎所有诗人都写过咏茶诗词。据不完全统计，宋代茶诗词作者 260 余人，现存茶诗词逾 1 200 篇。这些茶诗词大都表现以茶会友，相互唱和，以及触景生情、抒怀寄兴的内容，如欧阳修的《双井茶》、范仲淹的《斗茶歌》、蔡襄的《北苑茶》等；也有不少忧国忧民、伤事感怀的内容，最有代表性的是陆游和杨万里的咏茶诗；还有许多论述茶的功效的诗词。而元代诗词则以反映茶的意境和感受的居多。

4. 明清时期茶诗词的成就不如唐宋

明清时期茶诗词虽然从数量上说并不少，有750多首，但总体上来看缺乏令人耳目一新、脍炙人口的诗篇。

5. 当代茶诗词数量众多

当代茶诗诗体仍以旧体诗为主，如古体诗、律诗、绝句、回文诗等，也有新体诗及汉俳；题材为名茶、茶圣陆羽、饮茶、名泉、采茶、茶园等，数量是空前的，仅茶文化学者欧阳勋就著有《茶诗八百首》一书。

二、晋、唐、宋茶诗赏析

1.《荈赋》

《荈赋》是晋代杜育以秋季的茶为题材而创作的一首赋，可惜原作已经散失，现在我们所能见到的是根据唐宋时代的类书收集起来的断简残片，并不是全貌。过去所见到的共有11句，后经关剑平先生的搜罗，又辑出3句，共成14句。

荈赋

晋・杜育

灵山惟岳，奇产所钟。瞻彼卷阿，实曰夕阳。厥生荈草，弥谷被岗。承丰壤之滋润，受甘霖之霄降。月惟初秋，农功少休。结偶同旅，是采是求。水则岷方之注，挹彼清流。器择陶简，出自东隅。酌之以匏，取式公刘。惟兹初成，沫沉华浮。焕如积雪，晔若春敷。若乃淳染真辰，色绩青霜，□□□□，白黄若虚。调神和内，倦解慵除。

赋是古代的一种文学样式，就其描写的内容而言，大体可以分为言志和体物两类。前者以写志抒情为主旨，后者则以描写具体事物为主旨。体物的赋涉及的事物极广，它除了具有文学作品所共有的思想价值、审美价值之外，还有广泛的文化史的价值。对某些赋来说，它这方面的价值甚至超过它作为文学作品的价值。

《荈赋》专门描写茶叶的生产和饮用的情形，从而成为研究晋代茶叶生产的珍贵材料。

《荈赋》是历史上第一次全面而真实地记述当时茶树生长环境、采茶、用水、茶具、茶汤、泡沫、功效各个方面的作品，流传较为广泛。后来唐代顾况著《茶赋》、宋代黄庭坚著《煎茶赋》等，都是对《荈赋》的继承和发展。《荈赋》作为现在所见最早的以茶为主题的文学作品，还影响其他文学样式的创作。

2.《饮茶歌·诮崔石使君》

唐代著名诗人、茶僧皎然所作。皎然字清昼，本姓谢，为南朝宋谢灵运十世孙，湖州人，曾与颜真卿等唱和往还。诗多送别酬答之作。有《皎然集》《诗式》等。有茶诗 28 首，其中咏陆羽诗 12 首，是历代咏陆羽最多的人。现列出《饮茶歌·诮崔石使君》全文。

饮茶歌·诮崔石使君

唐·皎然

越人遗我剡溪茗，采得金芽爨金鼎。素瓷雪色缥沫香，何似诸仙琼蕊浆。一饮涤昏寐，情来朗爽满天地。二饮清我神，忽如飞雨洒轻尘。三饮便得道，何须苦心破烦恼。此物清高世莫知，世人饮酒多自欺。愁看毕卓瓮间夜，笑向陶潜篱下时。崔侯啜之意不已，狂歌一曲惊人耳。孰知茶道全尔真，唯有丹丘得如此。

此诗最重要的贡献是首次准确而深刻地揭示了饮茶的 3 个层次：涤寐、清神、悟道，并且最早提出“茶道”的概念，在茶文化史上具有很大意义。

3.《喜园中茶生》

唐代诗人韦应物（约 737—792 年）所作。韦应物，京兆长安（今陕西西安）人。少年时以三卫郎事玄宗，后为滁州、江州、苏州刺史，世称“韦江州”或“韦苏州”。有《韦苏州集》。有茶诗 3 首。

喜园中茶生

唐·韦应物

洁性不可污，为饮涤尘烦。
此物信灵味，本自出山原。
聊因理郡余，率尔植荒园。
喜随众草长，得与幽人言。

此诗借茶言志，饮茶修身，种茶育德。开头一句“洁性不可污，为饮涤尘烦”

是著名诗句，通过赞茶的纯洁和功效，比喻人品的高洁、高雅。全篇讲茶，也是讲人，希望通过饮茶、种茶，培养自己一生淡泊、不图名利、勤劳廉政的道德情操。

4.《走笔谢孟谏议寄新茶》

唐代诗人卢仝（约775—835年）所作。卢仝自号玉川子，范阳（今河北涿州）人，年轻时隐居少室山，家境贫困，刻苦读书，不愿仕途。曾作《月蚀诗》讥讽当时宦官专权。“甘露之变”时，因留宿宰相王涯家，与王涯同时遇害。有《玉川子诗集》。有茶诗3首。

走笔谢孟谏议寄新茶

唐·卢仝

日高丈五睡正浓，军将打门惊周公。
口云谏议送书信，白绢斜封三道印。
开缄宛见谏议面，手阅月团三百片。
闻道新年入山里，蛰虫惊动春风起。
天子须尝阳羡茶，百草不敢先开花。
仁风暗结珠琲瓃，先春抽出黄金芽。
摘鲜焙芳旋封裹，至精至好且不奢。
至尊之馀合王公，何事便到山人家。
柴门反关无俗客，纱帽笼头自煎吃。
碧云引风吹不断，白花浮光凝碗面。
一碗喉吻润，两碗破孤闷。
三碗搜枯肠，唯有文字五千卷。
四碗发轻汗，平生不平事，尽向毛孔散。
五碗肌骨清，六碗通仙灵。
七碗吃不得也，唯觉两腋习习清风生。
蓬莱山，在何处？
玉川子，乘此清风欲归去。
山上群仙司下土，地位清高隔风雨。
安得知百万亿苍生命，堕在巅崖受辛苦。
便为谏议问苍生，到头还得苏息否？

诗中描写连喝七碗茶的不同感受最为后世传颂，故也有人将这首诗称为“七碗茶诗”。皎然曾将饮茶分为 3 个层次，卢仝将饮茶细分为 7 个层次，更为细腻生动。此诗成功之处，主要是将品茶的审美体验的奥妙之处描绘得出神入化、淋漓尽致，你看那一碗到七碗品茗感觉，是每饮完一碗，即开拓出一层极为愉悦的审美天地，就这样层层递进，从口腹之欲升华到精神享受，从世俗红尘展翼飞翔到幻想王国。百虑千愁、万种情结在这里都得到化解，变成了习习而生的清风，飘飘欲仙。这是一种对宇宙生命的总体感悟，人的情感彻底净化。这种纯洁灵魂的神奇之饮的全过程，在卢仝的笔下得到充分展现。卢仝烹茶图（局部）如图 2—1 所示。

图 2—1 卢仝烹茶图（局部）

5.《品令·咏茶》

北宋诗人、书法家黄庭坚（1045—1105 年）所作。黄庭坚字鲁直，号山谷道人，涪翁，分宁（今江西修水）人。治平进士，以校书郎为《神宗实录》检讨官，迁著作佐郎，后以修实录不实的罪名遭到贬谪。与苏轼齐名，世称“苏黄”。论诗提倡“无一字无来处”和“夺胎换骨，点铁成金”，开创了江西诗派。又能词，兼擅行草书，书法为“宋四家”之一。有《山谷集》。有茶诗词 127 首。

品令·咏茶

宋·黄庭坚

凤舞团团饼，恨分破，教孤令，金渠体净，只轮慢碾，玉尘光莹。汤响松风，早减了两分酒病。

味浓香永，醉乡路，成佳境。恰如灯下，故人万里，归来对影，口不能言，心下快活自省。

这首词的上阕写龙凤团贡茶碾碎烹煮的过程。下阕写品茗之后的感受。作者将品饮后那种味浓香永的审美体验，比作故人万里归来，与友人共剪西窗烛影的那种快活之景，比喻极为奇特，也极为贴切。

6.《和章岷从事斗茶歌》

北宋政治家、文学家范仲淹（989—1052 年）所作。范仲淹字希文，苏州吴县（今属江苏）人，大中祥符进士。少时贫困力学，出仕后有敢言之名。仁宗天圣中任西溪盐官。与韩琦同任陕西经略副使，改善军事，巩固边防。庆历三年任参知政事，后出任陕西四路宣抚使。后在赴颍州途中病死。工诗词散文。有《范文正公集》。有茶诗 4 首。

和章岷从事斗茶歌

宋·范仲淹

年年春自东南来，建溪先暖冰微开。
溪边奇茗冠天下，武夷仙人从古栽。
新雷昨夜发何处，家家嬉笑穿云去。
露芽错落一番荣，缀玉含珠散嘉树。
终朝采掇未盈襜，唯求精粹不敢贪。
研膏焙乳有雅制，方中圭兮圆中蟾。
北苑将期献天子，林下雄豪先斗美。
鼎磨云外首山铜，瓶携江上中泠水。
黄金碾畔绿尘飞，碧玉瓯中翠涛起。
斗茶味兮轻醍醐，斗茶香兮薄兰芷。
其间品第胡能欺，十目视而十手指。
胜若登仙不可攀，输同降将无穷耻。
吁嗟天产石上英，论功不愧阶前蓂。

众人之浊我可清，千日之醉我可醒。
屈原试与招魂魄，刘伶却得闻雷霆。
卢仝敢不歌，陆羽须作经。
森然万象中，焉知无茶星。
商山丈人休茹芝，首阳先生休采薇。
长安酒价减百万，成都药市无光辉。
不如仙山一啜好，泠然便欲乘风飞。
君莫羡花间女郎只斗草，赢得珠玑满斗归。

《斗茶歌》以夸张的手法描述了当时的斗茶情况。诗的开头先讲了茶的采制过程，然后便讲斗茶："北苑将期献天子，林下雄豪先斗美。"斗茶包括斗味和斗香等，因为在众目睽睽之下进行，所以茶的品第高低都有公正的评价。斗茶的胜利者很得意（如登仙），而失败者则感到一种耻辱（如同降将）。这首诗以生动形象的手法描述了当时斗茶的情况，整首诗飘溢着茶味的芬芳，是斗茶之风普及全国的艺术写照，因此有人将这首诗和卢仝的"七碗茶"诗相媲美。

由于宋代认为极品茶以"白色"为佳，蔡襄不赞成"绿尘""翠涛"的提法，认为要改成"玉尘""素涛"才对。南宋陈鹄辑《耆旧续闻》："范文正公茶诗云：'黄金碾畔绿尘飞，碧玉瓯中翠涛起'，蔡君谟谓公曰，今茶绝品者甚白，翠绿乃下者尔，欲改为玉尘飞，素涛起，君谟之说固然。"

三、元、明、清茶诗赏析

1.《西域从王君玉乞茶因其韵七首》（选二首）

元代耶律楚材（1190—1244 年）作。耶律楚材元代大臣。字晋卿，契丹族，辽皇族子孙。太宗即位后，为之定策立仪制。破金汴京时，废屠城旧制，重视文教建设。又开科取士，释放被俘为奴的汉族儒人。在朝三十年，官至中书令。有《湛然居士集》。有茶诗 10 首。

其一

积年不啜建溪茶，心窍黄尘塞五车。碧玉瓯中思雪浪，黄金碾畔忆雷芽。卢仝七碗诗难得，谂老三瓯梦亦赊。敢乞君侯分数饼，暂教清兴绕烟霞。

其二

厚意江洪绝品茶，先生分出蒲轮车。雪花滟滟浮金蕊，玉屑纷纷碎白芽。破梦一杯非易得，搜肠三碗不能赊。琼瓯啜罢酬平昔，饱看西山插翠霞。

耶律楚材在西北任职期间对茶的需求迫切，甚至要主动向好友们讨茶喝，并为此写下了这一组七首有名的茶诗。第一首诗明确表示乞茶之意。第二首诗是说喝完琼浆般的茶汤满足了往昔想喝茶的愿望，于是就心满意足地观赏西山插入暮色霞光中的美丽景色。一股久旱逢甘雨般的满足感跃然纸上。

2.《次夜会茶于家兄处》

明代书法家文徵明（1470—1559年）作。文徵明初名壁，后更字徵仲，号衡山居士，长洲（今属江苏）人。年轻时与祝允明、唐寅、徐祯卿并称“吴中四才子”。54岁才以岁贡生荐试礼部，任翰林院待诏。书画与沈周、唐寅、仇英合称“明四家”。亦能诗，有茶诗150多首，其中专写茶的诗有30多首，是明代写茶诗最多的一位。

次夜会茶于家兄处

明·文徵明

慧泉珍重著《茶经》，出品旗枪自义兴。
寒夜清谈思雪乳，小炉活火煮溪冰。
生涯且复同兄弟，口腹深惭累友朋。
诗兴扰人眠不得，更呼童子起烧灯。

一个寒冷的冬夜，诗人与家兄围坐在小火炉旁，敲冰煮茗。茶为宜兴紫笋，水为慧泉寒冰，长夜清谈，促膝相叙，相伴唯有香茗。雪乳浮香，茶烟飘馨，温暖了寒冷的冬夜，沟通了脉脉亲情。于是诗人夜不能寐，诗兴大发，写下了这首充满茶香亲情的诗。在文徵明之前，有许多待客以茶的诗篇，现在文徵明家兄以茶待弟，茶礼已深入亲情之中，看似淡泊，实为浓情，以茶会弟，淡而弥亲，茶谊长存。这正是此诗的价值所在。文徵明惠山茶会图如图2—2所示。

3.《竹枝词》

清代书画家、文学家郑燮（1693—1765年）作。郑燮字克柔，号板桥，江苏兴化人。乾隆进士，曾任范县、潍县知县，因得罪豪绅而罢官，在扬州卖画。擅画兰花，工书法，能诗文。郑燮为“扬州八怪”之一，著有《板桥全集》。有茶诗20多首，茶联多副。

图 2—2 文徵明惠山茶会图

竹枝词

清 · 郑燮

溢江江口是奴家，

郎若闲时来吃茶。

黄土筑墙茅盖屋，

门前一树紫荆花。

《竹枝词》所描绘的是：一位天真大胆的民间少女，以吃茶作为爱情的信息，传递给爱慕已久的情郎。“吃茶”是中国民俗婚姻茶礼的习惯用语，那位少女的情哥哥当然懂得其中的含义。黄土墙、茅盖屋和门前一树紫荆花的描写，更表现出这是一位劳动人家的普通少女，她对爱情追求的大胆和执着是那些大家闺秀不敢企求的。在这迥然有别的茶事天地，飘洒而出的是一种别样的生活情趣。

4.《茶喜》

明末清初杜濬（1611—1687 年）作。杜濬湖北黄冈人。明末清初为逃避战乱，流寓于金陵（今南京）四十余年。为明末清初的著名诗人。生逢改朝换代的战乱年代，杜濬穷困潦倒，经常以茶浇愁，与茶相依为命，饮苦茶、筑茶丘、写茶诗、刻茶铭、著茶论，在古今文人中确实是少有的，被人称为“茶癖”。

茶喜

夫予论茶四妙：曰湛、曰幽、曰灵、曰远。用以澡吾根器，美吾智意，改吾闻见，导吾杳冥。

维舟折桂花，香色到君家。露气澄秋水，江天卷暮霞。南轩人去尽，碧月夜来赊。寂寂忘言说，心亲一盏茶。

此诗所描绘的意境正是“湛、幽、灵、远”的体现。“寂寂忘言说，心亲一盏茶”，正是“导吾杳冥”的形象写照。

第2节　茶与散文

一、茶散文概说

中国是散文大国，历代描写茶事的散文佳作自然不少。然而，真正以茶事为主题的散文佳作是从唐代开始的，历宋元明清而不衰。这些散文不但寄托着作者借茶而抒发其内心世界的种种感怀，也记录着当时茶事活动的许多具体事物和现象，使我们在古代的茶书和茶诗之外，得以了解更多的茶史资料。

茶散文的繁荣是在近现代，当白话文兴起之后，作家们就更能得心应手地抒发他们对茶的种种感受，形成一篇篇咏茶的佳作。著名作家鲁迅、周作人、梁实秋、林语堂、冰心、老舍以及当代许多作家都写过很多咏茶美文，曾多次结集出版过专书，如袁鹰主编的《清风集》（中外文化出版社，1990 年），凯亚主编的《西湖茶思录》（浙江文艺出版社，1991 年），余悦主编、郑云云选编的《茶情雅致——茶文散记粹编》（光明日报出版社，2002 年）等。

由于有关茶的散文实在太多，只能选择古代几篇艺术性、学术性较强，具有一定代表性的文章加以赏析。

二、茶散文赏析

1.《三月三日茶宴序》

三月三日茶宴序

唐·吕温

三月三日，上巳禊饮之日也。诸子议以茶酌而代焉。乃拨花砌，憩庭阴，清风逐人，日色留兴。卧指青霭，坐攀香枝。闻莺近席而未飞，红蕊拂衣而不散。乃命酌香沫，浮素杯，殷凝琥珀之色。不令人醉，微觉清思。虽五云仙浆，无复加也。座右才子，南阳邹子，高阳许侯，与二三子顷为尘外之赏，而曷不言诗矣。

唐代歌咏茶宴茶会的诗歌很多，但反映茶宴的文章却极为罕见，《全唐文》中仅存一篇，这就是吕温《三月三日茶宴序》。作者吕温（约 774—813 年），字和叔，河中（今山西永济）人，贞元十四年（798 年）进士。此文所记的茶宴属于最富于情趣的野宴的形式，唯其这样的茶饮，人生才见真谛，自然才显风韵，天人方能合一。真是神醉情驰的茶宴。

2.《叶嘉传》

叶嘉传

宋·苏东坡

叶嘉，闽人也，其先处上谷，曾祖茂先，养高不仕，好游名山，至武夷，悦之，遂家焉。尝曰："吾植功种德，不为时采，然遗香后世，吾子孙必盛于中土，当饮其惠矣。"茂先葬郝源，子孙遂为郝源民。

至嘉，少植节操，或劝之业武，曰："吾当为天下英武之精。一枪一旗，岂吾事哉！"因而游，见陆先生，先生奇之，为著其《行录》，传于世。方汉帝嗜阅经史，时建安人为谒者，侍上。上读其《行录》而善之，曰："吾独不得与此人同时哉！"曰："臣邑人叶嘉，其味恬淡，清白可爱，颇负其名，有济世之才。虽羽知，犹未详也。"上惊，敕建安太守召嘉，给传遗诣京师。

郡守始令访嘉所在，命赍书示之，嘉未就，遣使臣督促，郡守曰："叶先生方闭门制作，研味经史，志图挺立，必不屑进，未可促之。"亲至山中，为之劝驾，始行登车，遇相者揖之曰："先生容质异常，矫然有龙凤之姿，后当大贵。"

嘉以皂囊上封事，天子见之曰："吾久饫卿名，但未知其实耳。我其试哉！"因顾谓侍臣曰："视嘉容貌如铁，资质刚劲，难以遽用，必槌提顿挫之乃可。"遂以言恐嘉曰："砧斧在前，鼎镬在后，将以烹子，子视之如何？"嘉勃然吐气曰："臣山薮猥士，幸惟陛下采择至此，可以利主，虽粉身碎骨，臣不辞也。"上笑，命以名曹处之，又加枢要之务焉。因诫小黄门监之。有顷报曰："嘉之所为犹若粗疏然。"上曰："吾知其才，第以独学，未经师耳。"嘉为之屑屑就师，顷刻就事，已精熟矣。上乃敕御使欧阳高、金紫光禄大夫郑当时、甘泉侯陈平三人与之同事。欧阳嫉嘉初进有宠，曰："吾属且为之下矣！"计欲倾之。会天子御延英，促召四人，欧但热中而已，当时以足击嘉，而平亦以口侵凌之。嘉虽见侮，为之起立，颜色不变。欧阳悔曰："陛下以叶嘉见托吾辈，亦不可忽之也。"因同见帝，欧阳称嘉美，而阴以轻浮訾之。嘉亦诉于上，上为责欧阳，怜嘉，视其颜色久之，曰："叶嘉真清白之士也，其气飘然若浮云矣。"遂引而宴之。少选间，上鼓舌欣然曰："始吾见嘉，未甚好也，久味之，殊令人爱，朕之精魂不觉洒然而醒。"乃曰："启乃心，沃朕心，嘉之谓也。"于是封嘉为钜合侯，位尚书。曰："尚书，朕喉舌之任也。"由是宠爱日加，朝廷宾客，遇会宴享，未始不推于嘉。上日引对，至于再三。后因侍宴苑中，上饮逾度，嘉辄苦谏，上不悦，曰："卿司朕喉舌，而以苦辞逆我，我岂堪哉！"遂唾之。命左右仆于地。嘉正色曰："陛下必欲甘辞利口，然后爱耶？臣言虽苦，久则有效。陛下亦尝试之，岂不知乎？"上顾左右曰："始吾言嘉刚劲难用，今果见矣。"因含容之，然亦以是疏嘉。嘉既不得志，退去闽中。既而，曰："吾未如之何也已矣。"上以不见嘉月余，劳于万机，神苶思困，颇思嘉，因命召至，喜甚，以手抚嘉曰："吾渴见卿久矣。"遂恩遇如故。上方欲以兵革为事，而大司农奏计国用不足。上深患之。以问嘉。嘉为进三策：其一曰榷天下之利、山海之资，一切籍于县官。行之一年，财用丰赡，上大悦，兵兴有功而还。上利其财，故榷法不罢。管山海之利，自嘉始也。

居一年，嘉告老，上曰："钜合侯，其忠可谓尽矣。"遂得爵其子，又令郡守择其宗支之良者，每岁贡焉。嘉子二人，长曰抟，有父风，袭爵。次曰挺，抱黄白之术，比于抟其志尤淡泊也。尝散其资，拯乡闾之困，人皆德之，故乡人以春秋伐鼓大会山中，求之以为常。

赞曰：今叶氏散居天下，皆不喜城邑，惟乐山居。氏于闽中者，盖嘉之苗裔也。天下叶氏虽多，然风味德馨为世所贵，皆不及闽。闽之居者又多，而以郝源之族为甲。嘉以布衣遇天子，爵彻侯位入座，可谓荣矣。然其正色苦谏，竭力许国，不为身计，盖有以取之。夫先王用于国有节，取于民有制，至于山林川泽之利，一切与民。嘉为策以榷之，虽救一时之急，非先王之举也。君子讥之，或云：管山海之利，始于盐铁丞孔仅、桑弘羊之谋也。嘉之策未行于时，至唐，赵赞始举而用之。

苏轼（1037—1101 年），字子瞻，号东坡居士，眉山（今属四川）人，是宋代杰出的文学家，同时也是一个种茶、烹茶、品茶样样精通的著名茶人。苏东坡生性聪慧，22 岁便进士及第，可以说是少年得志，但因秉性正直，所以仕途坎坷，屡遭贬谪，受尽磨难。在他宦海沉浮的一生中，茶始终是润泽他人生的甘露。他一生写有近百首茶诗词，还用拟人的笔法写了这篇千古奇文《叶嘉传》。在此文中，苏东坡凭借其生花妙笔，以滑稽有趣的独特手法，把茶拟人化，叙述了茶的历史和茶的德行，既描写了宋人的饮茶方式和对茶的认识，又刻画了“叶嘉”淡雅清高的品德。同时，《叶嘉传》也是苏东坡个人终生郁郁不得志的写照。

比如，文中说，“叶嘉真清白之士也，其气飘然若浮云矣”“臣邑人叶嘉，其味恬淡，清白可爱，颇负其名，有济世之才”。裴汶《茶述》称茶“其味淡洁”，赵佶《大观茶论》称茶“冲淡简洁”，茶味淡泊，故称“其味恬淡”。蔡襄《茶录》认为“茶色贵白”“建州人斗试，以青白胜黄白”。故称为“清白可爱”。气质高雅，飘然若浮云。茶可养生祛病，利国利民，故称茶“有济世之才”。

又说：“嘉子二人，长曰抟，有父风，袭爵。次曰挺，抱黄白之术，比于抟其志尤淡泊也。”抟者，团也，指龙团茶。挺者，铤也，指京铤茶。京铤茶始制于五代南唐，北苑龙凤团茶始制于北宋太平兴国初，入宋以后，以龙凤团茶最贵，赐执政、亲王、皇族、学士、将帅，京铤茶次之，赐舍人、近臣。故“长曰抟”“次曰挺”。“黄白术”为道教的“炼丹术”，喻其潜心修道，虚静恬淡，不事王侯，高尚其志，故谓“抱黄白之术，比于抟其志尤淡泊也”。

《叶嘉传》通篇没有一个“茶”字，但细读之下，茶却又无处不在，其中的茶文化内涵丰厚。苏轼巧妙地运用了谐音、双关、虚实结合等写作技巧，对茶史、茶的采摘和制造、茶的品质、茶的功效、茶法，特别是对宋代福建建安龙团凤饼贡茶的历史，宋代典型的饮茶法——点茶法有着具体、生动、形象的描写。叶嘉其实是苏轼自身的人格写照，更是茶人精神的象征。《叶嘉传》是苏轼杰出的文学才华和丰富的茶文化知识相结合的产物，是茶文学中的一篇奇文。

3.《煮茶梦记》

煮茶梦记

元·杨维桢

铁龙道人卧石床，移二更，月微明及纸帐，梅影亦及半窗，鹤孤立不鸣。命小芸童汲白莲泉，燃槁湘竹，授以凌霄芽，为饮供。道人乃游心太虚，雍雍凉凉，若鸿蒙，若皇芒，会天地之来生，适阴阳之若亡，恍兮不知入梦。

遂坐清真银晖之堂，堂上香云帘拂地，中著紫桂榻，绿琼几。看太初《易》一集，集内悉星斗文，焕煜爚熠，金流玉错，莫别爻画，若烟云日月，交丽乎中天。欻玉露凉，月冷如冰，入齿者易刻。因作《太虚吟》，吟曰："道无形兮兆无声，妙无心兮一以贞，百象斯融兮太虚以清。"歌已，光飚起林末，激华氛，郁郁霏霏，绚烂淫艳。乃有扈绿衣若仙子者，从容来谒云："名淡香，小字绿花。"乃捧太玄杯，酌太清神明之醴，以寿予。侑以词曰："心不行，神不行，无而为，万化清。"寿毕，纾徐而退，复令小玉环侍笔牍，遂书歌遗之曰："道可受兮不可传，天无形兮四时以言，妙乎天兮天天之先，天天之先兮复何仙？"

移间，白云微消，绿衣化烟，月反明予内间，予亦悟矣。遂冥神合元，月光尚隐隐于梅花间。小芸呼曰："凌霄芽熟矣！"

杨维桢（1296—1370年），著名文学家，此文记叙道教与茶、茶道一体，是显示本土宗教思想绚丽之花的代表作之一。作者以优美的文字描绘出一个茶人缥缈而美妙的梦，表现出茶人拓落出尘，以明月为伴，与仙子为友，在太空中无拘无束漫游的精神追求。这种人、茶、境、思浑然一气，在品茶过程中，空灵虚静、心驰宏宇、神冥自然的境界正是老庄道学所追求的"含道独往，弃智遗身"的境界，也正是茶道的最高境界。

4.《陶庵梦忆·闵老子茶》

陶庵梦忆·闵老子茶

明·张岱

周墨农向余道，闵汶水茶不置口。戊寅九月，至留都，抵岸，即访汶水于桃叶渡。日晡，汶水他出。迟其归，乃婆娑一老，方叙话，遽起曰："杖忘某所。"又去，余曰："今日岂可空去。"迟之又久，汶水返，更定矣。睨余曰："客尚在耶，客在奚为者。"余曰："慕汶老久矣，今日不畅饮汶老茶，决不去。"汶水喜，自起当炉，茶旋煮，速如风雨。导至一室，明窗净几，荆溪壶、成宣窑瓷瓯十余种，皆精绝。灯下视茶色，与瓷瓯无别，而香气逼人。余叫绝。余问汶水曰："此茶何产？"汶水曰："阆苑茶也。"余再啜之，曰："莫绐余，是阆苑制法，而味不似。"汶水匿笑曰："客知是何产？"余再啜之，曰："何其似罗岕甚也。"汶水吐舌曰："奇！奇！"余问："水何水？"曰："惠泉。"余又曰："莫绐余！惠泉走千里，水劳而圭角不动，何也？"汶水曰："不复敢隐。真取惠泉，必淘井，静夜候新泉至，旋汲之，山石磊磊藉瓮底，舟非风则勿行，故水不生磊，即寻常惠水，犹逊一头地，况他水耶？"又吐舌曰："奇！奇！"言未毕，汶水去，少顷，持一壶满斟余曰："客啜此。"余曰："香扑烈，味甚浑厚，此春茶耶。向瀹者是秋采。"汶水大笑曰："予年七十，精赏鉴者无客比。"遂定交。

自称为"茶淫橘虐"的张岱（1597—1689 年），字石公，号陶庵，山阴（今浙江绍兴）人，可以说是明代末年茶文化终结式的人物。其所著《陶庵梦忆》是一部随笔杂著，其中的《兰雪茶》《闵老子茶》《王月生》《露兄》等都是反映晚明时期茶事生活的重要文献。此文是一篇令人叫绝的小品文。这种既有实事，又有对话，更有情节的茶文献比较少见。

5.《随园食单·茶酒单·武夷记》

随园食单·茶酒单·武夷记

清·袁枚

余向不喜武夷茶，嫌其浓苦如饮药然。丙午秋，余游武夷，到曼亭峰、天游寺诸处，僧道争以茶献。杯小如胡桃，壶小如香橼，每斟无一两。上口不忍遽咽，先嗅其香，再试其味，徐徐咀嚼而体贴之。果然清芬扑鼻，舌有余甘。一杯之后，再试一二杯，令人释躁平矜，怡情悦性。始觉龙井虽清，而味薄矣；阳羡虽佳，而韵逊矣。颇有玉与水晶，品格不同之故。故武夷享天下之盛名，真乃不忝。且可以瀹至三次，而其味犹未尽。

袁枚（1716—1798 年），浙江钱塘（今杭州）人，字子才，号简斋，随园老人。平时习惯饮江浙绿茶阳羡、龙井，初时不习惯饮青茶类的武夷岩茶。乾隆丙午（1786 年），袁枚上武夷山，僧道献以武夷岩茶，小壶，小杯，嗅香，试味，徐徐咀嚼。龙井虽清，不如岩茶醇厚；阳羡虽佳，不如岩茶韵致。袁枚此文最早记录了武夷岩茶的泡饮方法及品质特征。文中特别指出饮茶能令人释躁平矜，怡情悦性。

第 3 节　茶与绘画

一、茶画概述

中国古代绘画中，有一些作品是以茶事活动为题材的，有一些作品则是表现其他主题，但在画面上局部出现有关茶事（主要是烹茶）的内容，这两者都属于“茶画”的范畴。中国传统绘画中本来没有“茶画”这种艺术分类，是现代茶文化界为了研究茶文化史的方便根据绘画内容而创造出来的名词。与茶诗相比，无论是历史、数量、影响，茶画都处于劣势。一是本来作品就不多，因为绘画需要专业技巧，不像写诗那么易学。二是不易保存，因都是画在纸上或是绢上，年代久远易于腐朽，所以，有一部分作品早已毁灭。三是古代绘画都成为珍贵文物，多被藏在深宫大院，古代又无摄影技术可印刷出版，一般人很难看得到作品，因而其影响力和知名度都受到局限。但是毕竟有一部分古代茶画被保存下来，又是形象的艺术作品，让我们可以直观地了解古代茶事活动的具体情况，对研究古代饮茶历史具有极为珍贵的科学价值，它同时也是中国茶文化宝库中的有机组成部分，自然受到人们的钟爱。据统计，至今能查证的清代以前的茶画在 120 幅以上，但是有很多原画见不到，只是根据古籍著录才得知作者、题目和简要内容。如中国轻工业出版社出版的《中国茶叶大词典》“茶事绘画”条目中记录的清代以前的茶画有 75 幅，其中就有 35 幅注明“原画未见”。现在对传世的一些较为重要的茶画做一概述。

二、茶画作品赏析

1. 唐 · 阎立本《萧翼赚兰亭图》（局部）（见图 2—3）

阎立本（？—673 年），雍州万年（今陕西西安）人，贵族出身，唐代早期画家。此画描绘了唐太宗派萧翼去越州山阴（今浙江绍兴）从辨才和尚手中诱骗晋代书法家王羲之书《兰亭集序》真迹的故事，客观上不仅记载了古代僧人以茶待客的史实，而且再现了 1 000 多年前饮茶所用的茶器茶具以及烹茶方法。

图 2—3 唐 · 阎立本《萧翼赚兰亭图》(局部)

2. 宋 · 刘松年《撵茶图》(局部)(见图 2—4)和《茗园赌市》

刘松年是浙江杭州人，为宋代孝宗、光宗、宁宗三朝的宫廷画家，尤善人物画，后人把他与李唐、马远、夏圭并称为“南宋四家”。其所作《撵茶图》为人们了解宋代制茶的历史、碾茶的工具和方法提供了形象资料。《茗园赌市》一画则再现了宋代民间品茶情景和“斗茶”的习俗。

图 2—4 宋 · 刘松年《撵茶图》(局部)

3. 元·赵孟頫《斗茶图》（见图2—5）

赵孟頫（1254—1322年），元代书画家，字子昂，号松雪道人，是我国画史上影响较大的山水、人物、花鸟、书法无所不能的大艺术家和文艺理论家。《斗茶图》中的人物造型、用笔线条展现了他古朴、自然、简率的绘画风格。斗茶始于唐末，盛于宋，至元代始衰，而作者用心作的这幅民间农夫《斗茶图》，则是他身在朝廷心在野的真实写照。可以说此幅《斗茶图》倾注了作者对旧日山河的怀念之情。

图2—5　元·赵孟頫《斗茶图》

4. 明·唐寅《品茶图》（见图2—6）

唐寅（1470—1523年），初字伯虎，后更字子畏，号六如居士，江苏人。其所作《品茶图》表露作者在尝尽了世态炎凉后追求以青山为依，以香茗为伴，自己种茶、制茶、饮茶的隐逸生活。

图2—6　明·唐寅《品茶图》

5. 清·王树穀《四友图》（见图2—7）

王树穀（1649—？年），字原丰，号无我，又号鹿公，晚号栗园叟，杭州人。所作《四友图》（故宫博物院藏）描绘文人品茶吟诗作画的情景。四位头戴官帽、身着官服的文人品茶吟诗作画的情景被画家描绘得栩栩如生。

图 2—7 清 · 王树榖《四友图》

6. 清末民初 · 吴昌硕《花开茶熟图》和《品茗图》（见图 2—8）

吴昌硕（1844—1927 年），原名俊，字昌硕，浙江安吉人。他一生爱梅、嗜茶、嗜壶，创作了多幅梅花、茶具题材的作品，如《花开茶熟图》，几枝梅花纵横恣肆，枝头几点红梅，枝下一把提梁泥壶，一个带把茶杯，构图极其简单，然而笔力却深厚老辣。其上有题画诗一首："折梅风雪润衣裳，茶熟凭谁火候商；莫怪频年诗难作，冷清清地不胜忙。"《品茗图》亦描绘梅花和茶壶，题画诗："梅梢春雪活火煎，山中人兮仙乎仙。"

图 2—8 清末民初 · 吴昌硕《品茗图》

第4节　茶与对联

一、茶联概述

茶联是楹联的一个分支，是专指以茶事为题材的对联。楹联也叫楹贴、对联、对子、联语，是悬挂或粘贴在柱身、门框、墙壁上的联语，是中国汉字文化独特的艺术表现形式，由上下两联组成，讲究平仄、对仗和艺术韵味，实际上是诗词形式的一种变体，特别是律诗中间的对仗句，本身就是对联的雏形，因而，有很多诗句就直接被集为对联。

茶联丰富多彩，艺术性最强，运用面也最广，举凡茶艺馆、茶叶店、茶庄、茶馆、茶楼、茶坊、茶室、茶亭、楼台、庭阁、书斋、门院等，处处都可见到茶联在大放异彩。它丰富了这些地方的文化内涵，提高了其文化品位，升华了饮茶的意境，拓宽了人们的审美视野。这里主要赏析一些有代表性的名人名联和茶馆、茶亭的名联。

二、名人名联

1. 琴里知闻唯渌水，茶中故旧是蒙山。（唐·白居易）

此联摘自白居易《琴茶》一诗中的名句。《渌水》是古琴曲名。诗人有《听弹古渌水》："闻君古渌水，使我心和平。欲识漫流意，为听疏泛声。西窗竹阴下，竟日有余情。""蒙山"是指产于四川剑南的蒙山茶。早在唐代，"蒙顶石花"就是名茶。

2. 泛花邀做客，代饮引清言。（唐·陆士修）

此联是从唐代颜真卿等人的《五言月夜啜茶联句》中陆士修的联句直接引用过来的。

3. 茶爽添诗句，天清莹道心。（唐·司空图）

司空图（837—908年）字表圣，河中虞乡人，33岁登进士第，官至中书舍人，后归隐中条山王官谷。该联反映了司空图的避世观，有澄淡精致之美。

4. 合座半瓯轻泛绿，开缄数片浅含黄。（唐·郑谷）

此联摘自郑谷的诗《峡中尝茶》。“轻泛绿”“浅含黄”六个字，清新典雅，是咏茶的传神妙笔。

5. 独携天上小团月，来试人间第二泉。（宋·苏轼）

此联摘自苏轼的《惠山谒钱道人烹小龙团登绝顶望太湖》一诗。“小团月”是指小龙团茶，这是当时的贡茶。“第二泉”是指惠山泉。此联生动地表现出了苏东坡爱茶之情，以及他不畏劳苦寻访名泉的飘逸英姿，历来被誉为咏茶或咏泉的妙联。

6. 茶笋尽禅味，松杉真法音。（宋·苏轼）

此联摘自苏东坡在宋元祐四年（1089 年）出任杭州知府不久，在知果院一次法会上所写的一首诗。上联写他对“茶禅一味”的感受；下联写风吹寺院内松杉的声音与寺内的诵经声相应和，整个太空似乎都充满着佛法的声音。

7. 欲把西湖比西子，从来佳茗似佳人。（宋·苏轼）

此联的上联摘自苏轼的《饮湖上初晴后雨》，下联摘自他的另一首诗《次韵曹辅寄壑源试焙新茶》。上下联虽不是出自同一首诗，但却对仗工整，平仄合律，珠联璧合，韵味无穷。

8. 摘带岳华蒸晓露，碾和松粉煮春泉。（唐·齐己）

此联摘自齐己的《闻道林诸友尝茶因有寄》一诗。从联中可见齐己是个精晓品茶妙谛的茶人。该联语出自然，意境幽深，读来如品佳茗。

9. 阳羡春茶瑶草碧，兰陵美酒郁金香。（唐·钱起、李白）

此联的上联出自钱起的诗，下联出自李白的诗，上下联虽出自两位大诗人，但全无拼凑的痕迹，读来妙趣天成，不失为千古佳作。

10. 寒夜客来茶当酒，竹炉汤沸火初红。（宋·杜小山）

此联是从宋代诗人杜小山《寒夜》一诗的头两句转引而成的。

11. 一杯春露暂留客，两腋清风几欲仙。（宋·翁元广）

此联是从宋代诗人翁元广《题临江茶阁》诗中摘取来的。

12. 汲来江水烹新茗，买尽青山当画屏。（清·郑燮）

郑燮（1693—1765 年）字克柔，号板桥，江苏兴化人。康熙时中秀才，雍正时中举人，乾隆时中进士，曾任山东潍县知县，因为为人正直，为官清廉，关心百姓疾苦而忤豪绅，辞官卖画于扬州，是“扬州八怪”之一。他诗词书画皆精，传世的茶联数量之多为名人之冠。

13. 其他

静院春风传浴鼓，画廊晚雨湿茶烟。（宋・陆游）

秀翠名湖，游目频来过溪处；腴含古井，怡情正及采茶时。（清・乾隆）

扫来竹叶烹茶叶，劈碎松根煮菜根。（清・郑燮）

若能杯酒比名淡，应信村茶比酒香。（清・袁枚）

竹雨松风琴韵，茶烟梧月书声。（清・傅山）

拣茶为款同心友，筑室因藏善本书。（清・张延济）

肯让湖州夸紫笋，愿同双井斗红纱。（当代・郭沫若）

美酒千杯难成知己，清茶一盏也能醉人。（当代・方毅）

三、茶馆、茶亭中的名联

1. 浙江杭州茶人之家的名联

得与天下同其乐，不可一日无此君。

这副佚名茶联，虽然全联没有一个“茶”字，但是它写出了茶人对茶的酷爱之情，使人读后产生“无茶胜有茶”之感。

2. 广州著名茶楼“陶陶居”的茶联

陶潜善饮，易牙善烹，饮烹有度；陶侃惜分，夏禹惜寸，分寸无遗。

这是一副“嵌头联”，作者巧妙地将“陶陶居”招牌的陶陶两个字分别嵌入上下联的头一个字。同时茶联中列举了4个名人，引用了4个典故，不仅读起来流畅自然，而且能恰如其分地反映茶楼的经营特色，所以此联一出，便引来众多文人茶客，使“陶陶居”的生意由清淡变为红火。

3. 四川成都“望江楼”的茶联

花笺茗碗香千载，云影波光活一楼。

此联的上联“花笺茗碗香千载”与苏东坡的“上茶妙墨俱香”有异曲同工之妙。下联的一个“活”字可与“春风又绿江南岸”的“绿”字媲美。“云影波光活一楼”，着实令人拍案叫绝。

4. 江苏镇江京江第一楼的茶联

酒后高歌，听一曲铁板铜琶，唱大江东去；茶边话旧，看几番星轺露冕，从淮海南来。

此联中的铁板铜琶典出于宋代俞文豹《吹剑续录》，原意在赞誉苏东坡学士的豪迈词风，在此联中用来表示该茶楼格调高雅，不同凡响。下联中的“星轺”是古代帝王使者们乘的车，露冕是指达官显贵的冠盖，意为来客皆身份非凡之人。

5. 杭州西湖藕香居茶楼的茶联

藕叶藕花围曲槛，想当年苏小也向个中来，这绿水光中可余鬓影；香风香雾拍重堤，问此日放翁竟往何处去，那红霞片里应有诗魂。

此联的“曲槛”即西湖十景之一的“曲院风荷”。苏小即苏小小，是南朝时钱塘名妓，才貌双绝，葬于西湖，墓前有一联曰：“千载芳名留古迹，六朝韵事著西泠。”故作者想象在曲槛绿水中仍存佳人鬓影。下联的“重堤”是指西湖的苏堤、白堤。“放翁”即宋代爱国大诗人陆游，所以作者发出“红霞片里应有诗魂”的感慨。

6. 浙江嘉兴品芳茶园的茶联

楼上一层，看塔院朝瞰，湖天夜月；客来两地，话武林山水，泸渎莺花。

品芳茶园在嘉兴南湖畔，上联点出南湖月夜清辉满湖，“浮光跃金、静影沉璧”的优美景色。下联的“武林山水”是杭州山水之别称，表明了“客来两地”的话题。

7. 四川潜江竹仙寺茶楼的茶联

品泉茶三口白水，竹仙寺两个山人。

这副拆字联极尽汉字之巧妙。“品”是“三口”，泉是“白水”，故上联为“品泉茶三口白水”。竹是“两个”，仙是“山加单人旁”，故下联为“竹仙寺两个山人”。下联不仅写出了茶楼的名称，而且讲明了寺的性质，读起来真是妙趣横生。

8. 湖北汉口天一茶园的茶联

天然图画，一曲阳春。

这是一副简洁而内涵丰富、极耐品味的嵌头联。上下联的头一个字“天一”构成茶楼的名称。上联“天然图画”，极赞环境景色之美。下联“一曲阳春”，表明茶楼格调之高。寥寥八个字，字字珠玑，恰似一曲“阳春白雪”，韵高而醉人。

9. 湖南水州东门茶亭的茶联

世路少闲人，春帐萍飘，夏惊瓜熟，秋归客燕，冬赏宾鸿。慨仆仆长征，只赢得栉风沐雨，几经历红桥野店，紫塞边关，名利注心头，到处每从忙里过。

郊原无限景，西流湘浦，南峙嵛峰，东卧金牛，北停石马。奈茫茫无际，都付诸远水遥山，止收拾翠竹香茗，缘天息影，图画撑眼底，劝君曷向憩中看？

这是一副难得的长茶联，上联写春夏秋冬四季的感受，下联写东西南北的美景，对仗工整，寓意深刻，情景交融，读起来朗朗上口，让人感慨万千。

10. 广东梅岭菱角凹茶亭中的茶联

世间重担实难挑，菱角凹中也好息肩聊坐凳；天下长途不易走，梅花岭上何妨歇脚品斟茶。

该联通俗易懂。但俗中寓有深意，讲透了人生的艰辛。

第5节　茶歌、茶舞、茶戏

一、茶歌、茶舞、茶戏概述

茶诗、茶画是文人的创作成果，而茶歌、茶舞、茶戏是劳动大众的智慧结晶。茶歌是指民间口头文学的山歌，因为诞生于茶区又是以茶事为歌咏对象，故称之为茶歌，也叫作采茶歌。茶舞是在茶歌基础上发展起来的舞蹈。而在茶歌、茶舞基础上发展起来的戏曲就是茶戏，通常被称为采茶戏。

二、茶歌

茶歌的产生应该很早，一般有茶叶生产的地方就应该有茶歌，但是目前所知文献记载最早是元代周德清《中原音韵》乐府三三五章中的《采茶歌》曲牌，说明当时民间流行的采茶歌已被收入乐府之中。明代汤显祖在浙江遂昌任县令时，写过一首赠友人的诗，诗中有两句："长桥夜月歌携酒，僻坞春风唱采茶。"所唱的应是民间的采茶歌。只是没有记载当时民间的采茶歌词，不知其具体内容，可能有一部分会沉积在近现代茶区的民歌中。在众多茶歌中，按内容可分为以下几种类型：

1. 反映茶农悲惨生活的茶歌

如现在能见到全文的最早茶歌《富阳江谣》。

富阳江谣

富春江之鱼，富阳山之茶。
鱼肥卖我子，茶香破我家。
采茶妇，捕鱼夫，
官府拷掠无完肤。
昊天何不仁，此地一何辜？
鱼何不生别县，茶何不生别都？
富阳山，何日催？
富春水，何日枯？
山催茶亦死，江枯鱼始无！
呜呼！山难催，江难枯。
我民不可苏！

富阳在浙江杭州西南部，盛产鲥鱼和茶叶，官府征敛凶残，民众苦不堪言，通过歌谣发出愤怒的呼号。据清代谈迁《枣林杂俎》记载："按察佥事朝邑韩邦奇疏载之，削籍。"这首茶歌的反抗性十分强烈，虽然感动了地方官吏韩邦奇，写了奏章给明朝正德皇帝，附上这首茶歌，请求减免茶农、渔民的一点负担，结果惹恼了昏庸残暴的正德皇帝。韩邦奇被削籍为民，还差点丢了性命。像这样反映茶农悲惨生活的茶歌，在近代茶歌中也大量存在。

2. 正面歌颂劳动的茶歌

歌唱劳动，热爱劳动，抒发茶农们对茶叶的深情厚谊，寄托他们的美好愿望，是茶歌的主流。茶农们也从歌唱这些茶歌中得到安慰、鼓舞和愉悦，如江西永新县的茶歌唱道："春天茶叶嫩又鲜，姐妹双双进茶园。喜摘新茶手不停，唱起茶歌甜津津。"中国台湾茶歌也唱道："茶花白白茶叶青，双手攀枝弄歌声。忘了日日采茶苦，眼上情景一样新。采茶山歌本正经，皆因山歌唱开心。山歌不是哥自唱，盘古开天唱到今。"

3. 歌唱爱情的茶歌

与许多民歌、山歌一样，歌唱爱情也是重要的内容。茶歌中有许多情歌也是非常优美动人的，有的还十分有趣。如武夷山有一首《为女择个做茶郎》的茶歌，以务实求真的态度为女儿选择对象。

为女择个做茶郎

为女择婿郎，莫嫁做官郎。
三年五载难见面，寒冬腊月睡冷床。
为女择婿郎，莫嫁生意郎。
只求赚钱赔笑脸，冷落妻儿丢一旁。
为女择婿郎，莫嫁读书郎。
十年寒窗一场梦，挨饿受冻号凄凉。
为女择婿郎，嫁个做茶郎。
早早晚晚常厮守，知冷知暖热情长。

另外，很多茶歌中涉及自然、气象、政治、历史以及婚丧嫁娶等日常生活的方方面面，内容极为丰富多彩。

三、茶舞

1. 茶舞是采茶舞的简称

茶舞的出现要比茶歌晚得多，大约在明末清初时期形成，目前见到的文献记载都是清代的。

2. 茶舞在江西等南方地区又称采茶灯

它是在采茶歌基础上发展起来的由歌、舞、灯所组成的一种民间灯彩，8 个或 12 个娇童饰茶女，手擎茶灯，唱《十二月采茶歌》，并做采茶等舞蹈动作。民间称之为“采茶灯”，江西赣南又称之为“茶篮灯”，它盛行于广东、广西、湖北、湖南、江西、安徽、江苏、浙江、福建等出产茶叶的地区。清代吴震方《岭南杂记》对采茶灯有生动的记载：“潮州灯节，有鱼龙之戏。又每夕各坊扮唱秧歌，与京师无异。而采茶歌尤为妙丽。饰娇童为采茶女，每队十二人，或八人，手擎花篮迭进而歌，俯仰抑扬，备极妖妍，有少长二人为队首，首擎绿灯，缀以扶桑、茉莉诸花，采女进退行止，皆视队首。”

3. 采茶灯是在采茶舞基础上发展起来的

采茶灯在表演形式上较为复杂，艺术性也较强。一是演出地点、时间和性质不同。采茶歌在平时劳动时歌唱，是自娱自乐的，采茶灯则是在新春佳节和闹元宵时演唱，是为观众表演的。二是表演形式不同。采茶歌只是在劳动过程中口头歌唱的，而采茶灯在服饰、动作、曲调上都具有更强的娱乐性和观赏性，已演变成一种表演艺术。

四、采茶戏

1. 采茶戏的由来

采茶戏是在采茶灯基础上发展起来的以歌舞演绎故事的一种地方戏曲，采茶戏产生年代大约是在明末清初。目前最早的明确记载是乾隆年间的《南安府志》(今江西省大余县）收录的陈文端《南安竹枝词》。

南安竹枝词

淫娃小唱数营前，妆点风流美少年。

长日演来三脚戏，采茶歌到试茶天。

“三脚戏”就是二旦一丑的“三脚班”，也叫“三角班”，即选择的采茶戏。当时就传播到邻境广东南雄一带。起初因内容低俗而遭到查禁。《南雄州志》记载：“乾隆年间，知州下令禁演采茶淫戏。”但是，采茶戏作为一种戏剧形式是禁不了的。采茶戏不但活跃在农村乡镇，而且进入城市官府，并分三路向外发展。一路从九龙江途经武夷山脉向福建西部、江西东部发展，一路顺千里赣江而下向赣中、赣北发展，一路经粤东、粤北向广西的桂东、桂南传播。最后，还由客家人通过粤东传至海峡对岸的台湾地区。台湾至今还按传统习惯称它为“客家采茶戏”。

2. 采茶戏的发展

采茶戏大致经过以下 3 个阶段：

(1) 灯戏阶段。灯戏是采茶戏的最初形态，其中既有灯彩，又有采茶戏，是二者合演的统称，即在采茶戏的演出中加进很多灯彩。

(2) 三脚班阶段。由两女一男组成，演出一些小型剧目，已不需要灯彩的支撑，形成了比较稳定的或具有专业性的戏班。在剧目、音乐、表演各个方面都比以前阶段更加丰富，更具戏剧性，并从“二旦一丑”派生出“生、旦、丑”组合的三脚班形式，大大丰富了采茶戏的表现力。

(3) 半班阶段。半班是从“三小”(小生、小旦、小丑）发展而来的戏班，含有生、旦、净、末、丑五个行当和两个打击乐，由 7 人组成的戏班。此时的采茶戏已经有了相应的表演程式和唱腔，演出的剧目均为以民间故事编演的古装大戏，南昌采茶戏还产生了“四大记”:《南瓜记》《鸣冤记》《辜家记》《花轿记》。

3. 采茶戏的代表

原有的“二旦一丑”的三脚班继续在民间发展，不断成熟壮大，形成众多在全国有影响的具地域特色的采茶戏，代表性的采茶戏有以下 6 种:

（1）江西采茶戏。典型的如赣南采茶戏，为了增强戏剧故事性，将原有的小戏逐渐发展成大型的歌舞采茶戏。如《九龙山采茶》最初是由茶灯演变成《九龙山摘茶》，再演变成小戏《小摘茶》，接着又以此为基础，不断充实内容，发展了“上山采茶”“大闹茶园”“炒茶”“搓茶”“选茶”，之后又增加了朝奉“上山买茶”“盘茶”“送茶”等情节，人物增加了朝奉、店主婆、茶童、茶娘和众姐妹等十余个角色，形成了一出大型采茶戏。

（2）黄梅戏。黄梅戏原称“黄梅采茶戏”。它是由黄梅县紫云、多云、垅坪等山区的山歌、畈腔、采茶小调与其他民间说唱、民间舞蹈融合而成，经过独角、三小、三打七唱、管弦伴奏 4 个阶段，并在江西湖口高腔（青阳腔支脉）、湖北汉剧的滋润下形成的民间小戏。

（3）阳新采茶戏。系黄梅戏传入阳新后，与当地花灯戏相结合的产物，形成于清道光年间，与江西武宁、瑞昌的采茶戏互有影响，后又吸收了汉剧的剧目和表演艺术。

（4）粤北采茶戏。流行于广东韶关及梅州、湛江一带，系赣南、湖南采茶戏流入粤北后，与当地民间艺术相结合而形成，具有浓厚的地方特色。

（5）桂南采茶戏。简称“采茶”“竹马”和“鹿儿剧”。有 100 多年历史，其发展经历了采茶歌舞、茶插（穿插其他民间小调等）、串古（演唱故事）三个阶段。新中国成立后正式命名为采茶戏，与桂北彩调并称南茶北调。

（6）广西采茶戏。流行于广西玉林和钦州部分地区，由赣南经广东传入桂南。经过发展，有浓郁的地方特色。

采茶戏进城不过 100 多年，但它的发展却异常迅速，在各种艺术兼容并蓄的条件下，已经发展成为独立完整的综合艺术形式，在新中国成立后更放射出灿烂光辉。早在 20 世纪 60 年代，赣南采茶戏《九龙山摘茶》就被整理、改编为《茶童哥》，后经多次修改，于 1979 年由上海电影制片厂拍摄成彩色舞台艺术片《茶童戏主》，在全国各地上映，获得广大观众的赞赏。而黄梅戏更是发展成具有全国影响的地方剧种，受到各地群众的欢迎。因此可以说，采茶戏的诞生是茶文化对我国民族戏剧艺术最突出的贡献。

1. 为什么说茶诗是成就最大的与茶有关的文学艺术形式？
2. 为什么说卢仝《走笔谢孟谏议寄新茶》一诗为“千古绝唱”？
3. 为什么说苏东坡《叶嘉传》一文为“千古奇文”？
4. 为什么说一些流传下来的茶画能弥补古代茶书记述的不足？
5. 为什么说茶对联丰富多彩，艺术性最强，运用面也最广？

第3章
紫砂壶工艺与鉴别

引导语

茶饮方法在明代中期以后，渐渐由繁到简，进步到“沏泡”阶段。在这种茶事的境界中，中国文人的风雅之举带着对器具的讲究，使之达到完美的程度。能够充分展现“茶”的真髓、完美茶事的紫砂陶，经过人们日常生活中的长时间的磨合发现，终于出现在文人的视野之中。

紫砂壶受到人们的关注和珍视，是中国茶文化和茶具文化发展到一定水平的结果。作为中国茶具的精华，紫砂壶自明代盛起以来，一直引导着茶饮形式在民族文化的艺术殿堂中蓬勃发展，折射出华夏文明的光辉。而了解紫砂壶的文化背景和文化含量，就能够理解它在提高生活质量、提升生活品位方面的重要作用；使用饮茶之器中最具文化特色的紫砂壶，则能令人更加领悟到养生之有益，安宁之可贵。在当前紫砂壶重新走进千家万户，并且赢得新的爱好者的“尚茶”时代，学习和掌握紫砂壶工艺和相应的鉴别技能，对于已有一定茶艺知识和技能的茶艺师来说，是非常必要的。

在本章中，着重介绍紫砂陶的起源与发展、紫砂壶的选择与鉴别等知识和技能，并在此基础上进行相关的使用、欣赏、鉴别紫砂壶的训练。

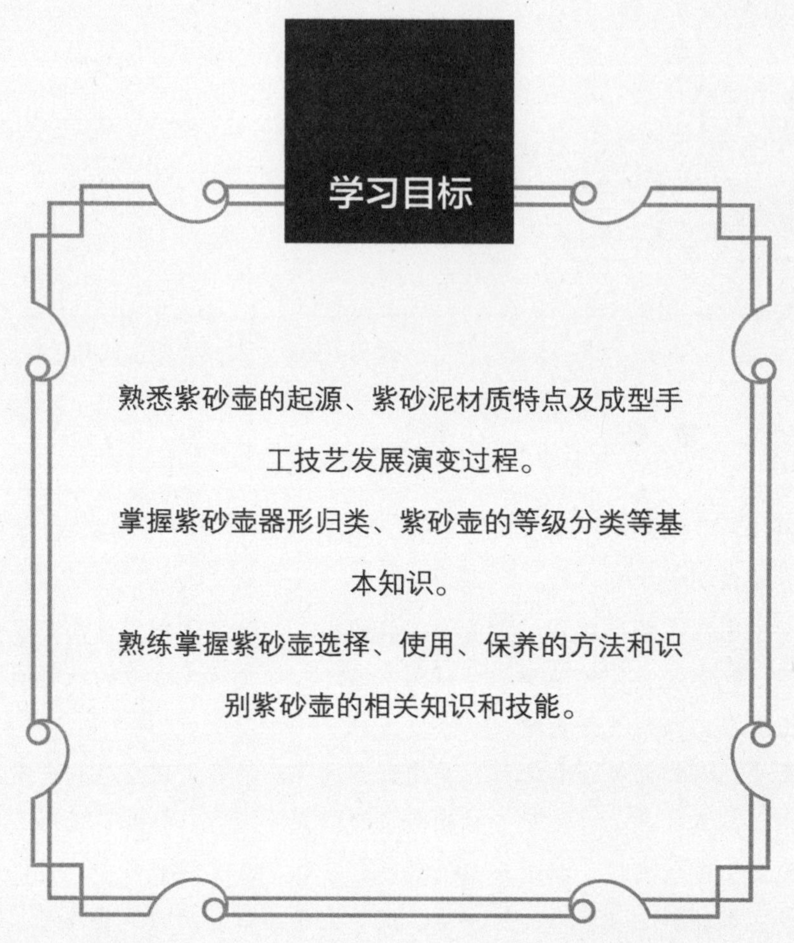

学习目标

熟悉紫砂壶的起源、紫砂泥材质特点及成型手工技艺发展演变过程。

掌握紫砂壶器形归类、紫砂壶的等级分类等基本知识。

熟练掌握紫砂壶选择、使用、保养的方法和识别紫砂壶的相关知识和技能。

第 1 节　宜兴陶瓷器起源

一、陶器概述

1. 人类发明史的重要成果

陶器的发明，是人类走出混沌状态，从原始社会的采集、渔猎向以农业为基础的经济生活过渡的划时代的标志之一，也是人类发明史上的重要成果之一，是灿烂的古代文化的重要组成部分。良渚文化红陶鬲如图 3—1 所示。

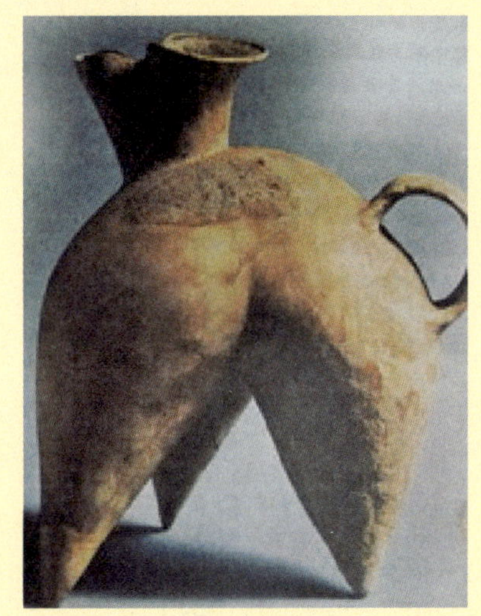

图 3—1 良渚文化红陶鬲

2. 陶器的起源是多元的

陶器是不同地区和农耕文化发展到一定阶段的产物。

（1）黄河流域是中国古代文明的摇篮，农业生产有着悠久的历史，陶器的产生和繁荣也在这里。从考古发现来看，早在 8 000 多年以前，已开始出现少量纹饰、器形简单的彩陶；5 000～7 000 年前的仰韶文化，是彩陶的鼎盛时期；4 000～5 000 年前的马家窑文化，彩陶还在继续繁荣，仍然是富有代表性的文化遗存。

（2）长江流域的新石器文化也是相当发达的，先民们以种植水稻为主，兼营渔猎，并从事制陶等原始手工业。1973 年首次在浙江余姚河姆渡村发现的河姆渡文化，是长江下游已发现的年代最早的一种原始文化，和仰韶文化的年代不相上下，它出土的陶器多是夹炭黑陶。继承河姆渡文化的因素发展起来的马家浜文化，因 1959 年首次在浙江嘉兴马家浜发现而得名，其年代比黄河流域的马家窑文化似乎还早一些，主要分布在江苏南部和浙江北部。马家浜文化的陶器以夹砂红陶为主，并有部分泥质红陶、灰陶以及少量的黑陶和黑衣陶。陶器的成型基本上采用手制，部分器物经慢轮修整，晚期灰陶增多并出现轮制，器表多素面或磨光，纹饰有弦纹、绳纹、划纹，附加堆纹和镂孔等。战国黑陶鼎如图 3—2 所示。

图 3—2　战国黑陶鼎

二、宜兴陶瓷演变

1. 宜兴陶瓷文化类型

宜兴位于长江下游的太湖之滨，宜兴陶瓷文化类型与马家浜文化一脉相承。1975 年古窑址普查，在归径乡的骆驼墩和唐南村，以及周墅的元帆村等处，找到了各种磨制的石器，还发现了许多陶器残片，大部分是红陶、夹砂红陶，还有少量灰陶等。从而证明远在 5 000 多年前，生活在宜兴的先民就在这片富饶美丽的土地上从事农业生产，烧造原始的陶器。

2. 宜兴陶瓷业的发展

宜兴陶瓷业在三国、南北朝时期迅速发展壮大。220—589 年的 360 余年中，南北方长期陷于分裂和对峙的局面。相对而言，江南广大地区战乱较少，社会比较安定，中原广大人民和士族地主大批渡江南下，寻找安身立命之地，人口激增。三国时，孙权又派大军围攻山越，迫使大批山越人民出山定居，增加大量劳动人手。人们垦荒治田，围湖修堤，开辟山林，江南经济获得迅速发展。社会经济的发展、交通便利、商业繁荣和重要都市的建立，使江南的陶瓷生产出现了遍地开花的局面。而宜兴境内山峦起伏，河湖纵横，在太湖沿岸的冲积平原上，土地肥沃，既可发展农业，又有渔捞舟楫之利；山区又盛产瓷土和竹木薪炭，为发展陶瓷业提供了有利条件。

作为发展最快、窑场分布最广、瓷器质量最高的越窑青瓷的主要产地之一的均山窑，就是以宜兴鼎蜀镇汤渡附近的均山村定名的，又因窑地在南山，所以又称南山窑。早在东汉时，宜兴鼎蜀镇与南山一带已形成一个制陶中心，烧造釉陶和灰陶，后来又吸取毗邻吴兴和上虞、绍兴的早期越窑的先进技术，烧造出具有一定质量的青瓷器。这可从周墓墩出土的大量瓷器中得到有力的佐证。周墓墩坐落在宜兴县城内东庙巷的周王庙后，是东吴、西晋时的江南豪族周屺家族墓地，有的墓经过盗掘，但仍有猛兽尊、方壶、盖砚、熏炉、鬲等精致的日用器和大量明器保存下来。东汉灰陶耳杯及案如图 3—3 所示。

图 3—3 东汉灰陶耳杯及案

3. 宜兴古窑址的分布

瓷窑遗址计有龙丫窑、六十头窑、马臀窑、碗窑墩和大松园一号、二号窑 6 处，分布在南山北麓连绵约 1 500 m 的范围内，另有隋唐、五代窑 9 处，宋元窑 20 处，明清窑 60 多处。这些都充分证明，宜兴的陶瓷业从古至今从未中断，它有源远流长的历史，积淀了丰富浓厚的陶文化传统。

宋代五大名窑的产品创造了新的美学境界，不仅重视釉色之美，而且更追求釉的质地之美，形成凝重深沉的质感，使人感觉有观赏不尽的蕴蓄。

宜兴均山窑的产品在这时已负盛誉，部分产品还为其他名窑，诸如位于河南禹县的“均窑”和位于河南临汝县的“汝窑”所仿制。

唐、五代以后，由于宜兴的陶土中铁钛氧化物含量较高，瓷胎较松，断面比较粗糙，质量不高，在胎釉、造型、装饰和烧成诸方面均不及浙江的越州窑，渐渐不再生产青瓷，而以日用陶器作为主要生产方向。现今鼎蜀和张渚地区的烧陶窑地极多，除烧造缸、碗、盆外，以生产一种俗称“韩瓶”（相传为南宋名将韩世忠部队所使用的行军壶）的储水器者较多。

三、紫砂陶

1. 北宋时作为宜兴的一个重要的陶器门类——紫砂陶，已开始登上陶瓷业的舞台，并崭露头角

这已为考古所证实。如 1976 年红旗陶瓷厂兴建隧道窑，移山整基时发现了蠡墅村羊角山早期紫砂窑址。羊角山窑址为一小型龙窑，长约 10 m，宽约 1 m。窑址旁边的废品堆，上层为近代的缸瓮残器，中层为元至清初的废品（中有细颈大腹的釉陶片壶及器肩堆贴菱花状边饰的陶瓮等），下层为早期紫砂器的废品，以各式壶类为主，有大量的壶身、壶嘴、提梁、把手和器盖发现；里外都无釉，部分壶嘴上的捏塑龙头装饰，与宋代流行于南方的龙虎瓶上的捏塑手法一致；再结合此层所掘出的宋代小砖来比对，大致可以推定为宋代产品。

2. 紫砂陶是在烧造众多的日用品时，在宜兴特有的孕育条件下，不经意出现于世的

羊角山出土的早期紫砂陶器，与明清乃至现代有较大差别，钵、罐、壶等胎质均较粗，制作也不够精细。它们的原料是深埋山腹中的、带有紫砂泥的“夹泥”（夹泥矿里常夹杂着其他不同泥质，故称其为夹泥）。夹泥是制造缸瓮等大型陶器的主要原料（宋代起才开始采用）。这就说明紫砂陶诞生是个缓慢的过程，一开始并不纯正，是伴随着大型陶器的发达而逐步发展并逐渐为陶工们所认识的。可以说，陶器生产规模的扩大、技术的进步、产品的器形遇到了天赋的优质紫泥，加上当时的煮茶和饮茶的生活习惯，用纯净的紫砂泥作紫砂陶也就应运而生。

第2节　独特五色土

一、五色土（见图3—4）传说

1. “造缸先师”的误解

宜兴是陶都。陶工们尊称范蠡为陶业祖师，奉为“造缸先师”，这多半是认为他有个“陶朱公”美号的原因。这其实是个很大的误解。鼎蜀镇产陶，始于新石器时代，而春秋时期的范蠡，在佐助越王勾践灭吴复国后，便“乘轻舟，以入于五湖”，经营农业和商业，后定居在山东肥城西北陶山。中国众多

图3—4　五色土

的手工行业都有供奉本行业祖爷的习俗，诸如木匠的始祖是鲁班，缫丝制绸则推嫘祖等。这是人们对那些为民族生存、发展做出杰出贡献人士的一种纪念方式。拂去文化面纱，它的民族心理、合理内核便显而易见。

2. “始陶异僧”的传说

紫砂陶作为陶中的一个门类，单独尊崇的是一位紫砂艺人口碑相传的“始陶异僧”。传说远古时代，鼎蜀一带只是太湖之滨的一个普通村落，人们日出而作，日落而息，农作之余抟陶土做缸瓮，以作日用之需，过着简朴的生活。忽然有一天，村里来了一位形貌怪异的云游僧人，他一边走一边喊：“卖富贵土！卖富贵土！”村里人好奇，纷纷引颈远望。僧人见人们踌躇，又高声喊：“贵不欲买，买富何如？”人们更加不知究竟，依旧呆望着他。异僧旁若无人，喊得更响，走得更快。几位智慧老人觉得奇怪，便尾随在他后面，朝黄龙山、青龙山走去。在一个拐弯处，僧人忽然不见了。老人们四下张望，忽见坡前有几个新开挖的土坑，里面有五颜六色的泥土。老人们把这些奇妙的五色土带回去捣练、烧制，竟出现了与从前迥异的、意想不到的色彩效果。于是人们纷纷仿效，世上遂有了享誉至今的紫砂陶。传说是把劳动人民长期的劳动实践及其发现归拢在一个特定的人物身上，以加强它的神奇性和独特魅力。

二、紫砂泥原料

1. 紫砂陶的原料用泥是五彩缤纷的

紫砂泥被称为“泥中泥、岩中岩”，是紫泥、绿泥（本山绿泥）、红泥三种的统称。紫泥产于宜兴市鼎蜀镇黄龙山，深藏在黄石岩下，夹存于夹泥矿层中；本山绿泥则是紫砂泥层的夹脂；红泥是泥矿里的石黄，一般在嫩泥矿的下层。

2. 紫砂泥（见图 3—5）是矿体

图 3—5 紫砂泥

一般人以为紫砂泥如同可以浸润的黄泥、黄土一般，是天成的粉末状，只要加点水就可捏塑成型。其实紫砂泥是矿体，开采时质坚如石。这种块状岩石自矿层中开采出来后，首先要经露天堆放，风吹雨打数月后，自然松散如黄豆大小，再用石磨或轮碾机碾碎，用不同规格的筛网筛选后，倒在容器中加适量的水拌匀，就地掇成湿泥块，俗称生泥。再用木槌压打，重复数十次，成为可以制作用的熟泥。现大批量生产，已改用真空练泥机练泥。

3. 紫泥矿原料色泽变化

紫泥矿原料外观呈紫红色、紫色，有细微银点闪烁，并隐现浅绿色的斑点；更有天青色的，称天青泥，只在鼎蜀镇中心的大水潭矿中有过。紫泥烧后外观为紫色、紫棕色和深紫色。本山绿泥（指出矿时呈绿色）烧成后呈米黄色。红泥亦称石黄（指出矿时呈黄色、红色），烧成后为暗红色。团泥亦称团山泥，是一个时期在团山矿层里出现的紫砂泥与星点式本山绿泥混在一起无法分开，烧成后即成了铜色的团山泥。以后把紫泥与本山绿泥拼在一起，也称之为团泥。随着科技的进步，民国初年，在本山绿泥里加入钴，便有了黑绿泥；在紫泥里加点锰便成黑料泥。现在泥色变化的科技含量不断提高，但珍贵的还是原矿源中高质精良的特有的泥原料。

4. 紫砂泥独特性能来自民间的实践的结果

宜兴的紫砂泥矿深埋于黄石矿层之下，藏在夹泥之中，其良好的独特的性能早先不为人们所认识，可谓“藏在深闺人不识”。人们在长期的制陶实践中，在开采泥矿起始时没有意识到要把紫砂泥矿分选出来。也许是在几百年漫长的时间进程中，人们在烧造日用陶器的实践中偶然采用了紫砂泥矿，而被它独特的颜色所吸引，也可能因紫砂烧成温度比夹泥低，而改变烧成温度等具体实践引发了浓厚的兴趣，并有了初步认识。这是源于生活、来自民间的实践的结果。

三、紫砂泥材质特点

紫砂泥（见图3—6）是单矿原成泥，是含铁量较高的泥矿。其原料的化学成分和物理成分都具有先天的优良

图3—6 整块的紫砂泥

条件，可以说是极为合理的矿物构成，这是大自然的神奇造化为人们“配制”的直接可用的泥土。据科学分析，紫砂泥属于高岭土—石英—云母类型，含有氧化硅、氧化铁、氧化钙、氧化镁、氧化锰、氧化钾等化学成分，其中含铁量较高。它的烧成温度一般在 1 120～1 150℃之间，采用氧化气烧成。红泥温度稍低些，约 1 100℃。每种泥料有一定的烧成温度，即使与最佳温度仅有高低 5℃之差，也会出现太老、太嫩的缺陷。烧成时，窑中上下之间的温差会对烧成效果有很大的影响。因此，一把好的茶壶烧到最佳效果并不是轻而易举的事。紫砂泥的材质特点归结起来有以下五个方面：

1. 可塑性好

以紫泥为例，它的液限为 33.4%，塑限为 15.9%，具有高可塑性，可任意加工成大小各异的不同造型。制作时黏合力强，但又不粘工具、不粘手。如壶嘴等均可单独制成，再粘到壶体上后可以加泥雕琢加工施艺；方形器皿的泥片接成型可用脂泥（多加水分即可）粘接，再进行加工。这样大的工艺容量就为陶艺家充分表达自己的创作意图、施展工艺技巧提供了物质保证。

2. 干燥收缩率小

紫砂陶从泥坯成型到烧成收缩 8% 左右，烧成温度范围较宽，变形率小，生坯强度大，因此，茶壶的口盖能做到严丝合缝，造型轮廓线条规矩而不致扭曲。把手可以比瓷壶的粗，不怕壶口面失圆，这样与嘴比例合度。另外，可以做敞口的器皿及口面与壶身同样大的大口面茶壶。

3. 能单独成陶

成品陶中有双重气孔结构，一为闭口气孔，是团聚体内部的气孔；一为开口气孔，是包裹在团聚体周围的气孔群。这就使紫砂器具有良好的透气性。气孔细微，密度高，具有较强的吸附力，而施釉的陶瓷茶壶这种功能就比较欠缺。同时，茶壶本身是精密合理的造型，壶口壶盖配合紧密，位移公差小于 0.5 mm，减少了混有黄曲霉菌等霉菌的空气流入壶内的渠道。因而，就能较长时间地保持茶叶的色香味，推迟了茶叶变质、发馊的时间。其冷热急变性能也好，即使开水冲泡后再急入冷水中也不炸不裂。

4. 成型后不需要施釉

它平整光滑富有光泽的外形，用的时间越久，把摩的时间越长，就会发出黯然之光。这也是其他质地的陶土无法比拟的。

5. 紫砂陶成为世界名陶

这得益于它优良的性能，加上巧夺天工的制作技艺，符合科学的生产技艺，多彩多姿的器物造型，以及它的实用功能（如泡茶、栽花、文房摆设等）。

第3节　成型手工技艺

一、成型手工技艺演变

1. 紫砂陶的成型方法

自明朝正德年间以来，通过历代艺人的摸索、改进以及科学技术的进步，其方法多样、日臻完美，概括起来，有手工成型、注浆成型、施坯成型和印坯成型等几种。其中手工成型是传统制作方法。但凡工艺品的成型，也全系手工搓制而成。这种最古老又最现代的成型方法也经历了许多变化。

2. 捏筑为胎是用建造之法筑成基本之器形

《阳羡茗壶系》在追溯紫砂陶成型工艺的历史时说，“久而逸其名”的金沙寺僧的方法是“捏筑为胎，规而圆之，刳使中空，踵傅口柄盖”，其后供春的制壶方法也大同小异：“茶匙穴中，指掠内外……胎必累按，故腹半尚现节腠。”

（1）“刳使中空”和“茶匙穴中”都是修理壶身内壁的办法。创制新产品时，在还没有形成一套完整的制作工艺和特制的工具时，用手用匙都是可行的。“腹半尚现节腠”也只是内壁所现特征，如果“规而圆之”，其外面就不能是十分粗糙的。供春和金沙寺僧的区别，仅在于用不同质地的模子。周容在《宜兴瓷壶记》中说得明白，就是“供春更斫木为模”，用木头做模。从工艺成型上来推断，用“模”的办法大多限于圆器。这个用模方法一直沿用至今，一些人仍用紫砂泥做的虚铊作为用模。这一点，从吴经墓中出土的下限为嘉靖十二年的、我们见到的最早的紫砂大壶的形制上就可以得到明证（见图3—7）。

（2）泥条镶接拍打法凭空成型是工艺革新带来的结果。金沙寺僧和供春的成型方法承袭当地日用陶的制法（见图3—8）。这种方法限制了壶器形的变化和发展。但情况不久便发生了变化，到时大彬时，这位大师出手的壶已是“千奇万状信手出”，达到“前后诸名家并不能及”的高峰。这个突飞猛进的变化是工艺革新带来的结果。新工艺不是瓷器业沿用已久的辘轳拉坯法，用这种方法生产不出“方非一式、圆不一相”的茶壶。周容的《宜兴瓷壶记》对这种新成型工艺有较详细的说明：供春用模，时大彬悟得其中道理，也学供春用模，但不久“则又弃模”，“土色五，腻密不招客土，招则火知之，时（大彬）乃故入以砂，炼土克谐，审其燥湿，展之，名曰土毡（将泥碾成块片，为毡状）。割而登（切割土毡，用来成型），诸月有序，先腹两端相见（先将陶泥片首尾两端相连接，像接合马口铁罐头情况一样，将壶身做起来），廉用媒土（接合处用媒土），土湿曰媒……”这种用泥条镶接拍打法凭空成型的新工艺就是“打身筒”的办法，被人们一直承袭沿用至今。成器工序是：“先腹……次面与足，足面先后以制之丰约定，足约则先面，足丰则先足，初浑然虚含为壶，先天，次开颈，次冒、次耳、次嘴……体成。”壶坯大体成型以后，才是精细加工，达到“脱手则光能照面”的高水平。

图3—7 吴经墓中出土的最早的紫砂壶

图3—8 供春款紫砂壶

二、常用手工制壶方法

1. 现今人们常用的手工制壶方法主要有“打身筒”和“镶身筒”两种

（1）“打身筒成型法”的操作顺序。先将练好的熟泥开成一定宽度、厚度和长度的“泥路丝”，再把这些泥路丝打成符合所制器皿要求的泥条和泥片，用墙车、规车等工具划出泥条的阔度，旋出器形的口和底以及围片，然后把围片粘贴在转盘的正中，把泥条沿着围片围好，圈接成一个泥筒，再以左手衬在圆筒内，以右手握着薄木拍子，一拍一拍很自然地向圆筒拍打过去，逐步收口。次序为一般先拍器皿的底部，待口收到与底尺寸一样时，就用脂泥（稀湿的糊状泥），把底粘接在底部上，翻身过来，用竹片拍子去掉筒底部粘接的多余脂泥。接着开始拍打器皿的上半部，拍打至口径符合要求，再用脂泥粘接好口满，这样就做成了一个球鼓形的空心壶身。待身筒晾至一定干度后再加其他附件。用泥料搓弯符合规格要求的壶嘴、壶身和壶颈等，并依次安装成型。

（2）“镶身筒成型法”的操作顺序。这种方法适用于方形器皿制品，具体方法是：先将泥路丝料切成一个个方形泥块，把方形泥块打成泥片，按产品设计要求的尺寸配制样板，依样板在泥片上裁切，把裁切好的泥片按器皿形制规格要求用脂泥粘贴镶接，直至拼镶好一件完整的方形或多边形的身筒。然后依照“打身筒”的办法配制和粘接其他附件。

2. 手工成型工艺的关键在于泥坯成型技巧的规范恰到好处及表面的精加工

精细的括平修整是提高坯体精确度的重要手段，更是充分调度和发挥紫砂材质特点，使器形结构更加严谨，轮廓线条分明得体，筋囊纹理清晰，达到珠圆玉润、浑然一体的制作要求。

三、注浆成型工艺

这种成型法是近代陶瓷生产中广泛采用的成型方法，利用石膏模型的吸水性，将泥浆注入模中后将石膏模脱开，便可得到一件中空的泥坯。紫砂陶制品注浆工艺的实验过程可分为以下两个阶段：

1. 紫砂泥注浆工艺的由来

1958年，高永君试创紫砂泥注浆，其后又有汪寅仙等人专门试验了近两年时间，实因紫砂原料不具备注浆成型的性能，提不高生产效能而告全面失败。具体原因有五点：

（1）注浆坯体表面有一层浮泥层，无法精加工。

（2）紫泥表层不能用水笔清洗。

（3）注浆法使壶体层结构松散容易渗水。

（4）紫砂注浆泥里加进水玻璃，反而不能使泥浆增加流动性，注浆时的实际水分多被石膏模吸收，这样，石膏模的使用周期率低，且容易损坏。

（5）紫砂泥对石膏有特殊的伤害性化学作用，凡注过浆的石膏模上，几小时后便会有白色的粉末堆结物。

2. 紫砂泥注浆工艺的发展

20 世纪 70 年代初期，宜兴紫砂工艺厂研究室徐秀棠出题，组织试验紫砂注浆茶壶和雕塑工艺，由吕尧臣、鲍仲梅和李碧芳率一个班组搞注浆茶壶，赵洪生负责注浆泥料的配方试验。试验中，采用川埠红泥为基泥，内加长石、石英及黏性泥料，增加注浆性能；加入水玻璃，使注浆用泥减少了实际水分，注出的坯件还可以用水笔清洗；修理加工的方法完全不同于紫砂泥，烧成后的外观效果与紫砂极相近。但仍存在五个问题：

（1）按国际惯例，注浆产品不适用于高档艺术产品的生产。

（2）紫砂多品种注浆适合于大批量的产品生产，工厂没有这么大批量的产品可供生产。

（3）注浆产品不管是茶壶或雕塑，它的模型结缝太明显，又无法彻底消除。

（4）烧成后它的属性应为炻器，断面有玻璃相，不透气，失去了紫砂壶储香透气的优良特点。

（5）注浆雕塑只能做小件的作品，因为它的收缩率太大，坯体强度差，不适宜制作大件、大型的雕塑，且废品率比较高。

在 20 世纪 70 年代早中期的试制过程中，也有部分成功作品，如雕塑《雪舟学画》《萧翼赚兰亭》等，署以“长乐”款，流向社会，为极少数人收藏。

四、石膏模的使用

石膏模完全不同于注浆成型用模。石膏模应用于复杂异形、多变和具有一定产销量的中低档茶壶、雕塑等。它只是一种整形的辅助工具，用拍打好的泥片、身筒放入模型内成型，然后取出再加工，有助于产品的型制规范。石膏模型在紫砂生产中的应用，对紫砂陶艺的发展有相当影响，客观地说，有积极的一面，也有消极的一面。从积极方面说，了解石膏模在紫砂陶上的应用情况，有助于对紫砂作品的断代，以及艺术质量的鉴别。另外，石膏模的应用，统一了生产规格，提高了形制的准确性，有利于批量生产，缩短了一般技术工人的学习周期。一些工人学会打泥片后，无须获得打身筒镶泥片的技艺，凭借石膏模，便可做茶壶。但也正是这样，茶壶的艺术生命也遭到扼杀，创新精神被阻断，手工技艺含量降低。这是其消极的一面。

20 世纪三四十年代，石膏模技术还带有相当的神秘色彩，一些敏锐而又勇于接受新事物、新工艺的紫砂艺人，如顾景舟、王寅春、邵全章、徐汉棠、邵仲和等人，也曾试而为之，但未见传器。紫砂陶生产中普遍应用石膏模，是从 1958 年开始的。所以在 1958 年以前，紫砂生产不管是粗货、细货还是特艺品，均系纯手工制作。石膏模工艺的引进，是无锡惠山泥人厂的两名翻石膏模的师傅带来的。最早的紫砂石膏模翻模权威当数徐汉棠，其后有徒弟庄济萃、乐泉生、夏沧州等。

第 4 节　器形归类

紫砂壶造型式样繁多（见图 3—9），规格齐全，千姿百态，在林林总总的工艺美术品类中，恐怕无出其右者。明末周高起在《阳羡茗壶系》一书中，记叙徐友泉的创作成绩时就指出："因学为壶，变化式土，仿古尊罍诸器，配合土色所宜，毕智穷工，移人心目。"据他的博考，有"汉方、扁觯、小云雷、提梁卣、蕉叶、莲方、菱花、鹅蛋、分裆、索耳、美人、垂莲、大顶莲、一回角、六子"诸款。泥色有海棠红、朱砂紫、定窑白、冷金黄、淡墨、沉香、水碧、石榴皮、葵黄、闪色、梨皮诸名。种种变异，别出心裁。欧正春所制紫砂造型是："多规花卉果物。"陈仲美所制紫砂造型则是："好配壶土，意造诸玩，如香盒、花环、狻猊炉、辟邪镇纸……壶像花果，

图 3—9　形态逼真的艺术壶

缀以草虫，或龙戏海涛，伸爪出目……"

紫砂壶的造型，是其特殊的制作方法所决定的。它不能用辘轳拉坯，也不能机械化流水线生产，完全用手工拍打身筒或泥片镶接成型。其型基本上非圆即方，这种“圆”和“方”经过变化、变形、装饰就大体归类为花货、光货和筋囊货三种类别的造型，即所谓的“方非一式，圆不一相”的多姿多彩的世界。

一、“花货”

把自然界、动植物界的自然形态，用浮雕、半浮雕等造型装饰设计成仿生形象的茶壶，人们称之为“花货”。“花货”是用提炼取舍的艺术手法，表现自然形态中富有美学价值的部分，并符合功能合理、视觉美观和使用安全的实用原则；或者在几何形体上运用雕镂捏塑，将自然形态变化为造型的部件，如壶的嘴、襻和盖子。例如，供春树瘿壶，是借鉴古老银杏树干上的瘿结，捏塑成壶形，成了文献记载的最早的一把“花货”。据传是明代高手时大彬做的“印包壶”，壶体为内结一枚方印、用布包扎，形体饱满挺括，布纹褶裥，反映出质感，壶盖正是一个花结的顶端，嘴鋬为方形圆角，韵致怡人。陈鸣远的“南瓜壶”则是以瓜为壶的主体，瓜柄为壶盖，瓜叶卷成嘴，瓜藤为壶鋬，叶脉藤纹刻画生动，制作入微，雅俗共赏，如图 3—10 所示。紫砂传统造型鱼化龙、藕形壶、松竹梅壶等是“花货”造型的代表作品。

图 3—10 南瓜壶

二、“光货”

“光货”又称几何体造型。

1．“光货”是根据球形、筒形、立方、长方及其他几何形变化而来

“光货”讲究外轮廓线的组合，并用各种线条作为装饰变化，壶体光洁，块面挺括，线条利落。面、线与角的表现，或粗犷，或丰腴，或刚健，或清秀，呈现出不同的造型和风格，其中又可分为圆器和方器两种（见图3—11）。圆器造型讲究“圆、稳、匀、正”，圆中要有变化，壶体本身以及附件的大小、曲直要匀称，比例要恰当。“掇球壶”“仿古壶”“汉扁壶”是其典型造型。方器造型要求轮廓线条分明，块面挺括平正，口盖规矩划一，“四方桥顶壶”“传炉壶”“僧帽壶”是其典型造型。

图3—11 明代时大彬的六方壶

2. 最早的“光货”造型

南京中华门外明代嘉靖太监吴经墓中出土的殉葬提梁壶，应是人们目前可见到的最早的“光货”造型。高庄教授与大师顾景舟共同设计的“提壁壶”，造型轮廓端庄周正，结构严谨，线面简洁明快，虚实节奏协调，附巧丽于刚健之中，成为“光货”中的上佳作品。传统产品“石瓢壶”线条流畅舒展，嘴鋬拙朴，是“智欲圆行欲方”、刚柔相济的“光货”。“虚扁”是见功底的作品，在高度有限的外轮廓线上极尽最大的转换变化，扁得有张力、有精神，不是一般水平的人所能做得出来的。在“光货”上最容易看出作者水平的高低，同一把造型同一组外轮廓曲线，便是造型者水准的体现，也就有差之毫厘、失之千里的效果。

三、筋囊货

将自然界中的瓜棱、花瓣、云水纹等形体分为若干等份，把生动流畅的筋纹纳入精确严格的设计当中，是筋囊货的基本要求。“菱花壶”“合菊壶”“半菊壶”“风卷葵”等最能体现这种风格。“菊形壶”和“瓜棱壶”，壶身是18瓣线条筋纹组成的圆体，盖和口瓣瓣相吻，筋纹表达从盖顶端放射到盖口，再舒展过渡至壶体，直到壶底，贯通一气，瓣面大小如一，腴而不肿，转角钝而不圆，呈现出匀称丰腴的宝相。乾隆年间的宫廷用壶有过精品（见图3—12）。王寅春是善做多式筋囊的作者，他的口与盖的样板很多，全是从上海带来的。筋囊壶的口盖既要吻合，又要面面可换，除了制作技巧以外样板的准确非常重要，在当时是“洋铜匠”才能做出来的。

四、水平壶

图3—12 清代宜兴胎画珐琅五彩四季花卉海棠壶

在诸多形制的茶壶中，水平壶应有特别的说明。从壶形来说，无疑应归类于“光货”造型，但它容量很小，一般只有60～80 mL，实在是个微型茶壶，但它偏偏是件实用品，即我国广东、福建一带喝工夫茶必需的茶具，市场需求很大。水平壶造型并不繁复，但工艺要求高，即壶嘴和鋬形式上要协调，且重量必须一致，这样方可在热水中保持平衡。水平壶的壶嘴以直形嘴为最多。惠孟臣做的水平壶为人称道，后人不断仿制，到目前为止，稍有模样的水平壶都底署“荆溪惠孟臣制”印章。从某种意义上说，“惠孟臣制”已成为水平壶的一种标识。

紫砂壶造型千姿百态，是几百年来紫砂艺人毕智穷工、艰苦劳动创造出来的。现实生活丰富多彩，也给艺人们创造符合现代人使用和欣赏习惯与审美要求的造型，提供了广阔的天地。“箱练壶”“劲壶”“皮革壶”“时装壶”及各式陶艺壶融会了现代生活感觉，给人别开生面的印象。

第5节　壶的鉴赏

一、鉴赏概述

1. 形象结构、文化内涵的审美差异

紫砂茶壶是有实用价值的工艺美术品，同时也是充满文化韵味的工艺品。它

从生活实用到艺术价值之间提升的档次距离特别大，与其他品类的工艺品，如玉雕、竹刻、景泰蓝、漆器、泥塑玩偶等大不相同。每个人在面对紫砂壶时，或因实用需要的不同，或因形象结构、文化内涵的审美差异而表现出不尽相同甚至迥异的兴趣。有人专爱简练，有人偏爱繁复，有人追求拙朴，有人喜求精巧，有人称颂像真，有人追求现代意识，这如同欣赏音乐、美术一样。紫砂茶壶在沏茶、泡茶的实用性上，与铜壶、瓷壶、瓦壶、不锈钢壶等相比明显具有优良的物理性能，“既不夺香，又无熟汤气”。平民百姓也了解这一点，对紫砂茶壶情有独钟。他们选购紫砂壶往往首先着眼于壶的容量大小、功能实用性，对于艺术造型及文化涵盖的考虑，则退居其次甚至不多推究。这与文化人、茶壶爱好者和收藏家的着眼点有着迥异的标准。

2. 共同点为功能标准

差异归差异，但共同点却还是有的，那就是功能标准。这是一个基本标准。在这个最基本的标准要求上，制作技艺水平、泥色选配等是必然的参照条件，依据饮茶的习惯、风俗，选择壶体的容量、壶嘴的出水、壶把的端手省力舒适等。可见，在实用方面也是仁者见仁、智者见智。

3. 各有偏好的艺术标准

至于审读紫砂壶的另一个重要因素——艺术标准，那就更加众彩纷呈，“情人眼里出西施”。在这个标准里，文化人、收藏家的文化程度、艺术修养与紫砂壶鉴赏有着相当重要的关联，会因各自的眼光不同而产生各不相同的心理效应，表现出各自的偏好。需要说明的是，当你面对一件紫砂壶时，首先要根据自己的认识去取舍它，而不应跟从宣传广告和人为炒作，要认货识货，而不是盲从跟风，一步步提高赏壶水平，一步步提高收藏档次。对于名人和名作的关系，从来都是先有名作，而后有名人的。作品好，影响大，其作者才会有名气。这不等于名人的东西件件都是佳作，且同一级职称之间，真才实技上也会有很大的距离。对名人既要推敲作品水平，又要究其技外的艺、识、品。因此，选择紫砂陶艺品时，不能迷信名人，又不能不信名人。有许多新一代艺人靠自己的作品，一级一级在名人中上升，但名人又何尝不是这样过来的呢？在市场经济大潮中，仿冒名人的“假”货泛滥，购买者比较容易上当受骗。所以，对名人之作应通过绝对可靠的途径来收藏。相信今后一定会与国际惯例接轨，通过正规展览而到收藏家手里。这与书画艺术有同一规律性。

二、等级分类

1. 等级分类概述

紫砂壶形制上分为高、矮两个类型。从泡茶沏茶的功能上考虑，壶形高者则壶口盖必稍敛，宜于沏泡红茶（见图 3—13），因为红茶是发酵茶，高壶砌泡红茶“焖”功足，更觉香浓蕴藉。矮形壶口盖稍敞，宜沏泡绿茶，因为绿茶在焙制时未经发酵，叶绿素没有被破坏，沏泡不宜深焖，倾出时澄碧新鲜，更显茶汤色、香、味的佳趣，有“壶宜小不宜大，宜浅不宜深，壶盖宜盎不宜砥”的说法。台湾人喜欢饮乌龙茶、铁观音、包种茶，现已创造出完整的茶艺茶道。他们喜用小茶壶泡茶，故最实用的容量是 200 mL。

图 3—13 高壶形的壶

2. 等级分类的内容

从商品档次的角度或制作的精粗归类紫砂壶及其他紫砂产品，大致可分三类，即粗货、细货和特种工艺品。

（1）粗货。粗货是指面向群众的大路货产品，价格低廉，经济实用，但制作简单，易于生产且成本较低。其造型多简练、大方，并一型多产。使用对象多为江南茶馆和城乡一般群众家庭。这类产品不讲“艺”，只讲“用”，历来不在赏壶、鉴壶之列。当然，以现今的观点看历史也有特殊情况，即历史上无细货市场作品，有些大路货产品系专做大路货产品而独具功力的高手所为，或名人出名之前的大路货产品。应该知道：历史上大量生产的产品流传到现在已寥寥无几，同样有收藏、研究价值。

（2）细货。细货是指经济实用的工艺美术品，有一定的工艺水平，既讲“用”也讲“艺”。其作者多为技艺娴熟的良工巧匠，以复制传统造型为主，有批量的制作出口，有相当的工艺水平，但不是精心制作，不是创新特制品。

（3）特种工艺品。特种工艺品是指出自名艺人的手制作品。它不仅讲究造型的完整，而且特别讲究制作过程中的工艺质量。名艺人的成就和名望，在这些方面都达到了与职称相等的水平。特种工艺茶壶是收藏爱好者渴求的对象，价格不菲；历史产品成为文物，其价格更为惊人。历史上出自名艺人的工艺杰作，称誉为“贵重如珩璜”“珍贵比流黄”，价值超过珠玉。明人熊飞《以陈壶徐壶烹调山岕片歌》说：“景陵铜鼎半百清，荆溪瓦注十千余。”即景陵产的铜铫五十可买到而荆溪的砂壶值一万多。周澍《台阳百咏注》讲到“供春小壶一具用之数十年则值金一笏”。到了清代康熙年间，也是“一具尚值三千缗”。《茗壶图录》中提到“明制一壶值抵中人一家产”，足见名艺人的特种工艺品价值之高。

三、鉴赏与取舍标准

1. 总体标准

紫砂壶是实用工艺美术品，装饰美化生活，适用于生活，人们在方便实用的同时，又能陶冶性情，从使用中获得美的感觉。已故紫砂工艺美术大师顾景舟在《简谈紫砂陶艺鉴赏》一文中曾经这样说过，抽象地讲紫砂陶艺的审美，可以总结为形、神、气、态四个要素。形，即形式的美，是指作品的外轮廓，也就是具象的辟面相；神，即神韵，一样能令人意远，体验出精神美的韵味；气，即气质，陶艺所包含的和谐协调色泽本质的美；态，即形态，作品的高、低、肥、瘦、刚、柔、方、圆的各种姿态。只有这几个方面贯通一气，才是一件真正完美的好作品。

图 3—14　本山绿泥壶

2. 具体鉴赏标准

（1）泥质。紫砂壶的泥是入目的第一要素。紫砂泥是红泥（朱砂泥）、紫泥、本山绿泥（呈米黄色）（见图 3—14）的总称。

这三种泥由于矿区、矿层分布不同，烧成时温度稍有交错变化，其色泽就变化多端，妙不可思。现代化工技术，在基泥里加配不同的化工着色剂，其发色效果也不同，能生成诸多泥色来，如古铜色、墨绿泥色等。泥质的高低，一是取决于本来的品质，二是烧炼的火候，三是制作者制作加工施技的作用。要知道，用同一种泥，同在一起烧，制作者技艺高低不同，则色彩感觉也不一样。泥的本来品质十分重要，如同打造家具，木质好坏是质量的第一道关口。在明清两代，艺人们并不懂得今天才知道的关于其化学构成的原理，而是凭借实践积累的经验。泥料的开采也是凭借人工，而非机械作业。这种纯粹手工操作的讲究，往往是选料精细，加工繁复，陈腐时间长，泥色温润凝重，不作任何加工，入手便光润古雅。一些存世古壶泥色极其温润，除了日加涤拭，养壶得当之功，其本来泥质好是基本原因。“天青泥”便是其佼佼者，其紫色温纯如玉，特别滋润，这种泥在出矿时，泥块的侧面已现出如天青之色，故曰天青泥（本山绿泥开出矿时呈绿颜色，并不是以烧成后的颜色定泥的名称）。可惜的是这种“天青泥”之壶现今已很难见。尽管如此，一些有追求的壶艺家仍然千方百计搜求，以把好泥质这一关。

1）肯定某种泥色的茶壶后，应再认真感觉一下泥质的高低。现今有一种调砂泥（包括粗砂、细砂）做的壶，这是表现粗犷风格的材质特点，手摸上去有颗粒不平感，与光滑平整的细腻风格相左。这种粗砂做的壶给人以新颖的艺术感觉，但这种砂调配的泥质绝不是粗制滥造的结果，其泥质同样显示出纯净湿润、凝重素朴的特点，往往粗泥细作更易显出作者的基本功力。

2）决定泥质好坏的另一个条件，就是火候，“过火则老，老不美观，欠火则稚，稚沙土气”。过去用龙窑烧造，在鳞眼里用肉眼观察火的温度，常常把握不准，产生窑变。现在烧窑，虽由温度计控制，但因每种泥料多有特定温度，故也还是常出差错。紫砂陶包括紫砂壶，一旦火烧过了头，就会发泡、变形变色，窑中气氛特变时甚至有如出笼发泡的黑馒头，全无壶形。而火候不到，往往出现“夹生”之色，无光无彩，泡茶也养不出效果。不到温度的壶现在常用再烧一次的方法来弥补，行内称复火，但容易“惊开”，出毛病。

（2）造型。紫砂壶的造型千姿百态，可谓汇集器皿造型之大全。几百年来经历代艺人的创新制作及反复提炼修改，精炼出为数众多的传统造型，如掇球壶、仿鼓壶、汉扁壶、浅云壶、鱼化龙壶、叶竹壶、竹鼓壶、集玉壶等。后人在总结、分析这些形制时，提出了花货、光货、筋囊货三种概念。这三种形态的壶，各呈风姿仪态，都蕴蓄着紫砂壶艺独特的风格和内涵。这些形态是壶外在美的体现。对于美，每个人根据自身的素养和审美情趣，有着各不相同的认同标准。有人偏好“花货”，有人喜爱“光货”，也有人对“筋囊”情有独钟。但更多的则是：不论什么形态，只要“好”的都喜爱。这就提出了一个新的标准，那就是“好”。所谓的“好”，就是从形态中所外露出的感染力。例如，有人喜欢“花货”，以竹以梅入壶的花货作品不少，但如果其竹、其梅制作都很“做作”、很“别扭”，既无神又无形，那就不会引人兴趣。爱好“光货”的，外轮廓线精细不匀，过渡马虎，高低不平，也无法让人接受。人们在选择壶形的时候，既要注意它的形式美，更要透过它的结构形式，体味它们的艺术精神。如果这种“爱”，一时表达不出来，那么就凭借自己心灵中的“意会”去理解、取舍。有一点应该肯定，人们对美丑多有共识，壶也一样。把壶放在一起，不论谁基本上都会分出好差来，上假壶当，最主要的还是真壶见得少的缘故。

（3）功能。在看好泥色和壶形后，人们往往拿起茶壶做的第一个动作，便是晃动壶盖，看看是否有过大的间隙或能否通转。这实际上就已经进入了选壶的一个重要阶段，即审视它的功能，是否达到自己基本要求。

1）紫砂茶壶是可实用可陈设的工艺品，不能不考虑它的实用性，口盖严谨与否是其功能表现之一。从壶盖上，常能端倪出做工精湛与否。据记载，明代著名制壶大师时大彬做的壶，将盖子盖上能把整个壶拎起来。这绝不是杜撰出来的稀奇事，现今徐汉棠自己经常使用的一把石瓢壶，口盖稍向左或向右一转，便严丝合缝，用拇指和食指拎起来摇摆数下也无虞。此外，他和他的徒弟做的“矮石瓢”，椭圆形的壶盖一合上便能吸起全壶。当然这也有一定的偶然性，以这作为选壶的标准，又走向了另一个极端。好壶是可遇而不可求的。对于大多数圆形壶盖来说，通转不滞，盖和口之间的间隙越小越好。有的壶盖密封性很好，用手压住盖上气孔，倾壶时可以流不出水来，这也是可以称道的一个方面。其实，这也并非最重要的标准。另外，紫砂壶盖的子口一般较高，这样盖上倒水时壶盖不易外翻跌落。

2）壶嘴的出水流畅也是功能标准中的一项。壶嘴流涎是一般壶的通病，即倒茶时，嘴却余沥不尽，常令人扫兴。这是壶嘴中空及壶身通孔上的毛病。从茶壶中倾倒出来的茶水“圆柱”要光滑不散落，这种不散乱的“圆柱”越长越好。俗话“七寸注水不泛花”，就是说提起茶壶七寸高，往容器里注水不会四溅水珠，

图 3—15 流畅的壶嘴设计

表明出水顺畅有力（见图 3—15）。反之，壶嘴水出时即散落迸溅则不可取。当然直嘴、短嘴容易达到这样的效果，造型变化复杂的难度就大一些。另外倒茶一收，嘴口就应断流，这也是泡茶用壶特别讲究的。

3）壶把的端拿省力、舒适与否也是应该考虑的内容。壶把和壶嘴对全壶均衡起着很大的调节作用。若壶身、壶嘴、壶把三者之间失去均衡，整个造型就会显得不舒服，视觉上也不美观。以往紫砂壶比较讲究三平的造型标准，即壶口与壶把的最高点及壶嘴的最高点在一个水平上，这主要是由于倒过来放在转盘平面上制作比较方便。而对把手的高低则没有必要强求一致，只要构图完整即可。这样的认识可以扩大造型思路（扁形壶的壶把不能太低，否则不便拿取，会使壶变得很不实用）。

（4）装饰。对于一件好的紫砂壶，除了审美部分，即形、态、功用外，还必须讲究它的形神兼备与否。也就是说，要考虑其形式和内容的统一和谐，即在其所拥有实体形态美的同时，能否拥有相应的装饰内容。因为装饰内容主要体现出它的艺术气质，能使人对器物的欣赏玩味无穷。这些装饰内容，包括花货类的浮雕、贴雕，光货类的线条，筋囊类的纹样，镶嵌作品的材质、位置；陶刻装饰的铭文内容、款识水准，文学内涵的隽永，书法、金石、绘画艺术功力及谋篇布局、镌刻用力韵味的精到等。

（5）功力。讲究传统功力的传统壶，会源远流长地不断发展，代代有人做，也各有各的面貌与性格，没有功力的艺人是不敢涉足的。这应该是紫砂的本体。

（6）创新变化。讲求紫砂的新发展，与讲求传统是既对立又统一的发展观。没有发展，就没有传统。没有传统，发展也无所依附。

第6节　选择、使用和保养方法

一、一般选用方法

选用紫砂壶，在参照相关标准时，还需要根据自己的经济实力而定。茶壶的好坏和其价位一般来说是成正比的。壶艺爱好者和收藏家拥有较强的经济实力，收藏名家选稀贵茶壶（即具有文物历史收藏价值的）时，其标准自然和一般选用不同。选用时要注意以下 4 点：

1. 看造型、外观

不论是什么形状的茶壶，要注意嘴、把、体的均衡，最要紧的是自己要认同、满意或者接受。因为自己的选择，即使是参考了别人的意见，也无例外地包容了你的审美观点和态度。如果拥有一定数量的藏品，就会在泥色的变化、造型的类别变化上有扩展地选择。

2. 看质地

其颜色不管是哪种泥色，一定要温润（见图 3—16）。对温润的感觉往往多有共识，即好看的，大家一致认为舒服。有的色彩一看就是死色不活，或差一点点，即烧高几度或低几度就好了。如靠人为加工打磨抛光，或用皮革油擦出来就不可取。胎骨要适宜养壶。新壶本身无异味，有带鞋油等味的皆不可取。当然要查一下有没有毛病疵点，包括盖子内外子口，壶里壶外，尤其重要的是壶嘴内的畅通及与壶身相接处的内孔是否阻水。

图 3—16　泥色温润的提梁壶

3. 看功能

注意出水是否流畅，看壶嘴内是否畅通，以及与壶身相接处的内孔是否阻水，并检查壶嘴是否流涎。另外，壶盖紧密不紧密，倾倒时有无落帽之忧。

4. 看工艺

从目前的紫砂市场情况看，全手工制作的茶壶远比模具成型的茶壶更具工艺性，如图 3—17 所示。对于壶艺爱好者、收藏家或有经济实力欲购特种工艺茶壶的人来说，要注意手工制作和模具制作的区别，要注意制作者的水准与所制壶的整体质量。这也是选壶时要注意的。全手工制作的圆壶，因为采用打泥片的成型法，只有一道泥接头，故在壶身的装把处有一条并不明显的竖接线，不细心观察就不容易看出。而用模具制作烧造出来的壶，在壶嘴和壶把处各有略明显的一条接缝，这种接缝不论在烧造前如何用刀修平，出炉后均会从里向外显现出来。要说明的是，一些异形复杂的壶，借助模型作雏形，这是属于技术发展的进步。对模型应用也不能绝对化，否则又要钻牛角尖。历史作品没有模子，全是手工的，连最普通的日用品，也是用全手工制作的。模型的使用应该说对紫砂壶的造型准确起到了规范的作用。不过应该肯定制作技艺水平的高低还是在于有没有手工制作技能。如果只能用模具制作，只能说明制作者技艺低下。

图 3—17 全手工制作的茶壶

二、用壶、养壶方法

紫砂壶的使用，因材质的特点，表现出一种其他器皿所无法企及的优点，就是在于它与使用者能进行感情交流。对它倾注的感情越多，常加摩挲保养，它对你的回报也越深沉，越发可爱，光润古雅，故最好的茶壶不要束之高阁，而应该经常使用把玩。明人周高起就说过："壶经用久，涤拭日加，自发黯然之光，人手可鉴。"这句话实际上是用壶、养壶的根本之法。

1. 一般做法

（1）新壶购置回来后，可用细砂布稍加摩擦，千万不要用粗砂布打磨，以伤表皮（有的壶作者在出手时已做处理），先用水或布洗擦去表面的尘灰和内里的陶屑，然后放入较浓的茶叶水锅里，或者连同茶叶小火煮沸，沸后不久即可熄火，用余热焖壶直到茶水稍凉，再点火煮沸。如此再三，可使新壶土味尽去，也使新壶初次受到滋养。待完成此工序后，取新壶自然晾干便可沏茶使用。但这并不是必要的程序，其实新壶到手，洗净后用开水泡上两次，即可沏茶。

（2）不论新壶、旧壶，用开水沏茶后，壶体表面温度较高，此时可用湿毛巾或干净湿布擦抹壶体，水印旋擦旋干，反复多次，壶温稍降后，亦可用手摩擦，因手掌有油汗，有利壶体光润。如此坚持三四个月后，新壶大体可发“黯然之光”。

（3）茶壶长期不用，或因疏忽未及时将茶渣倾出，发生霉变或产生异味，可在消除霉变异味茶渣后，注满开水，稍晃数下倾出，旋即没入凉水之中，异味可除。若一次不行，可反复2~3次，总会有满意效果，且不用担心茶壶会因热凉急变而发生爆裂。这就是古人所说：“壶宿杂气，满贮沸汤，倾即没冷水中，亦急出水泻之，元气复矣。”

（4）茶壶最怕沾上油污。明人周高起就指出：“若腻滓烂斑，油光烁烁，是曰和尚光，最为贱相。”如果这样，就如同让西施蓬头垢面一样。壶体若沾上油污，可用手摩挲擦去。若油污过重，亦可用细布稍蘸洗涤剂轻轻擦拭，然后再用手摩挲，让壶体发光，出现本质美感。但古壶古物就没有必要去改头换面，留下积古美感也是体现年龄的具证。总之要对具体对象做具体正确处理。

（5）不要用将茶渣长期存放在壶内的方法来养壶。虽然紫砂茶壶有越宿不馊之说，但时间稍长，仍然会发生异味，特别是夏天茶叶更易发酸发馊，会影响壶内茶山的形成和积累。把茶汤留在壶内阴干，日久累积茶山，也要注意适时适度分寸掌握，以茶汤不变质为宜。

2. 台湾养壶、用壶方法

台湾已有一套完整的符合台湾茶道的养壶、用壶方法，黄墩岩编著的《中国茶道》一书就有如下文字：壶的保养通称为“养壶”，养壶的目的在于使其能善于“育香”，并使壶能焕发本身浑朴的光泽。此乃由于陶壶有吸水性，若是长久吸附茶渍，确有“助茶”的功能。

对于茶道中人而言，养壶绝不是品茗的目的，但一把维护得法的茶壶，能够提升品茗目的之实践，却是被肯定的。

养壶就如培养树苗般，揠苗助长则难免有失自然形成之功，所以养壶也不必急于一时，只要平常多加使用并维护得法，就能如同接受天地自然滋养的幼苗，不必人为附加补养也可成器，而且更加珍贵。

具体方法是：

（1）新壶新泡

1）先决定这把壶将用来配泡哪种茶？譬如是重香气的茶，还是重滋味的茶，甚至日常品用的各种成茶，都有专立备泡的壶等；但是如果不讲究的话也无妨。

2）使用前，用茶汤烫煮一番，不仅有去除土味的作用，也可使壶接受第一趟较浓重的滋养。方法是用干净且无异味的锅器盛水，将新壶置于内，然后用小火加热，一直到将滚未滚时，再把茶叶（最好是焙火程度较高的）放入锅中同煮；等滚开后，捞出茶渣，再继续以小火加温或熄火亦可，然后再待一些时候，取出新壶置于干燥且无异味的地方，让壶自然阴干即可。在倒弃茶汤后，锅里的茶色就已直接显示养壶的道理了。一般而言，如此便可派上用场了。

（2）旧壶重泡

1）每次泡完茶后，将茶渣倒掉，并用热水涤去残汤以保持清洁。

2）注意“壶里茶山”的人，往往在泡完茶后，只除去茶渣，而将茶汤留在壶内让其阴干，因此累积茶山的速度相当快，若维护不当，易生异味，所以在泡用前应加滚沸的开水冲烫一番。

3）以上两种方式，随个人喜好参考应用，至于说把茶渣摆存在壶里来养壶的方式，一方面茶渣闷在壶里易有酸馊异味有害于壶，另一方面是壶乃吸附热香茶味之质，残渣剩味实也无益于壶。

4）壶应经常擦拭，才能焕发出本身泥质的光泽，一把浑朴润雅的壶确实比呆滞无泽的壶来得美观。但如果揠苗助长而用油剂或茶水涂之，则所产生的光泽或垢泽，俗称为“和尚光”。

5）清洗壶的表面时，可用手加以擦洗，洗后再用干净的细棉布或其他较柔细的布擦拭，然后放于干燥通风且无异味的地方阴干，久而久之，自会与这把壶产生感情。

第7节　壶的作伪

一、作伪原因和现象

1. 作伪有历史传统

艺术品的作伪是世界文化史上的通病，在中国文化发展史上，赝品的充斥更是屡见不鲜。古籍、陶瓷、书画等文化艺术品假冒仿制，竟会演绎出某种特殊的工艺手段，甚至形成作坊，还有师授徒习，成为专门的行当和学问。可以说作伪是有历史传统的。紫砂陶作为古工艺品中的一类，自然也不例外。奥兰田在《茗荧图录》中说："壶有真赝，犹书画之有真赝，不可以不辨焉。"在某个阶段，甚至伪作猖獗，泛滥到无以复加的地步。不管历史的、现代的，越是名人名作，赝品也越多。这是因为假冒名人名作，可以轻易获得更大的利益。清人陈维崧在《赠高侍读澹人以宜壶二器并系以诗》中就特别提到"时壶市纵有人卖，往往赝物非其真"。这种以不正当手段牟取经济利益的行为是令人痛恨的。

2. 作伪原因及其现象的一些探讨和说明

（1）紫砂制作技艺有着严格的师承徒习方式。徒弟跟着师傅学徒，严格遵守师傅传授的办法。学徒学习不外两个方式：一是听老师口授手教，学习基本技术、打泥片、打身筒、光明针，学习基本类型的代表造型，掌握基本功；二是临摹老师和他人作品，老师从旁指点。临摹也是学习美术的一种入门办法。陶艺学徒期间少不了临摹，满师后提高技艺，也常临摹名家之作。顾景舟大师《壶艺的形神气》中就自白过："经仿制邵大亨的作品，壶艺水平产生了飞跃。"紫砂历史名家的名作历来是后辈学习的楷模，一些真正有出息的后辈，都有临摹前辈作品的传统习惯。有的临摹作品达到甚至超过前辈的水平。这些仿制者有些另盖自己的图章，有时连印章款式也完全仿制。他们这样的仿制全在于学习，旨在追求技艺的进步，绝非经济诱惑，而是为了表达自己对传统技艺的制作学习。这样的事情可谓历来都有。据我们所知，当代的一些声名颇响的艺人，也临摹仿制过一批供春、时大彬、徐友泉、李仲芳等人的作品（据悉这些作品本身也是20世纪30年代的仿制品）。这些作品完成后部分盖上了作者的印记，有的刻上仿制人的名款。这种情况，是厂方组织的结果，其目的与做法是体现当时的紫砂技艺水平，是完全公开的。造这些壶并未有经济利益的驱动。

（2）20 世纪二三十年代出现的特有现象。当时，上海有一些专门从事紫砂生产的商人，由他们有计划、有预谋地策划制作赝品。这些人大多有一定的历史知识、艺术素养、经济实力、经营能力和社会背景，甚至能操纵宣传舆论，既能组织制造，又能操纵古玩市场。他们先后组织当时的制坯高手在沪上秘制，策划者有的以历史记述为依据；也有按仿古规律，自己设计制作，而后假充历史作品蒙人；有的则直接从《古董琐记》《名壶图录》中查找摹本。这些策划者往往给予作者较好的待遇，不计一时的成本，在讲究造型品格的同时，十分注重制作工艺。这时出现的赝品撇开真伪，仅从艺术上讲，是相当不错的。

（3）20 世纪 80 年代末期，由于台湾茶道的兴盛，带动紫砂茶壶的大量需求，在宜兴出现了以造假为目的的地下作坊。他们三两成群，有的是有人操纵，自有渠道与市场，完全以商人图利为准，内中不乏“精心谋略”之徒。他们在鼎蜀镇的附近设场，也有在苏州、无锡设点的；也有以下一等水准仿上一等水准的缺德壶手，甚至徒弟仿师父的；更有甚者，自己做自己的假，还大言不惭地说“我不做自己的假让别人做才不合算”，真真假假一人包干。为了攫取高额利润，这些人以各种“档次”水平，无所不为地造作或滥用紫砂名人的名义，大量仿制名壶或仿古代名人壶或无名氏的古壶；有的用计算机镌刻使人难辨真伪的名章；有的跟着潮流，使用只有名字的木章；有的甚至在大批低劣产品上任意盖上名人印记。旅游市场甚至有名望的商市上，多有所谓“大师高工”的作品。有的为了做旧，每月多做上几把，按一整套程序做旧，一年所得极为可观。这些造假方法无所不用其极，对紫砂艺术的破坏极大。

（4）无造作赝品意识的赝品。它们的出现并没有受人唆使，制作者也未有任何谋利目的，而且是公开的。世代相传生产着的已成为某种特定产品的代名词，如镌刻着惠孟臣印章名款的水平壶，现时生产的“君德”“思亭”等名款的小水平壶，可说代有所出，从未间断。农民用的大路货“龙蛋茶壶”上盖印，往往是“时大彬制”的正楷长方形木印款等。这些情况不能视为赝品，而只是艺人所约定俗成的一种印款标识而已。

二、真伪鉴别的一般方法

1. 对照历史资料

由于赝品的出现，也带来了鉴别真伪的问题。关于紫砂陶的文字记载不能算多，这些珍贵的记录以及相关的图片，是鉴定、考证的重要依据之一。但仅有前人各种文字记载的资料显然不够，对于器形的特征，即使是同一物体，每个人出于自己的理性认同和感性认识的不同，其描述都各不相同。有的人在叙述中还掺入大量的想象，也不乏夸张之处，这些都会影响后人的真伪判断。

2. 深入研究比较

“操千曲而后晓声，观千剑而后知器”，没有对作品的反复比较，没有深入研究，是无法对作品做出正确鉴定的。没有见到过顾景舟的茶壶真品怎么会识别出假的呢？由于历史的局限以及紫砂陶所处的民间地位，一些紫砂艺人，特别是名艺人的生卒年代失考，这就给后世的作伪者以可乘之机，让他们能在较长时间、较大空间上做文章，生产赝品，给后人的判断增加了不少困难。

3. 注意“断代”问题

对于老壶，也就是附有历史价值和文物价值的茶壶，要注意“断代”问题。即注意考证其比较确切的生卒年代或生活年代，以便判别其作品的可靠性。也有人指出，在辨真识伪的诸多因素中，亦可以壶内的出水孔的大小、多少来作为参考。民国以前的壶多数是一个孔的，后来普通中型和大型茶壶有变成多孔的，用来隔叶。20 世纪 70 年代的孔形效法日本工艺，像半个高尔夫球。

4. 已故大师顾景舟的独特发现和感受

已故大师顾景舟先生，就 19 世纪中叶以后至 20 世纪初期的仿古作伪问题，在大量比较、研究过真品赝品的风格特征和工艺水准后，有独特的发现和感受。现将其有关文字照录于此：“凡是意仿明代作家类型的壶，无论在技艺上、泥色上都远远超过历史原作，因为社会是不断地向前发展的，事物是不断进步的，科学技术更是长足地提高着，所以将摹制品与明代传器相比较，都显示出后代仿品的优越水平。至于清初延至中期的几位杰出的大家，如陈鸣远、圣思、邵大亨等的旷代佳作，尽管复制者技巧有多么精工，总觉得在神韵上有所不逮。但是这类作品流传至今日，一旦偶为好事者获得，当然还是很有赏玩珍藏价值的。它应当区别于现代的假冒伪造的赝品。亦更异于近年出现的借图伪造再仿的低劣产品的假中之假，用以自欺欺人，好事者诚然不可不谨慎辨别，以免受骗上当。”

1. 为什么称紫砂为“独特的五色土”？
2. 简述紫砂泥原料的材质特点。
3. 现今成熟的人们常用的手工制壶方法有哪两种？
4. 紫砂壶器可分为哪几类？是以什么标准归类的？
5. 紫砂壶的等级可分为哪几类？
6. 紫砂壶具体鉴赏标准有哪几项？
7. 简述符合台湾茶道的一套养壶、用壶方法。
8. 紫砂壶真伪鉴别的一般方法有哪些？

第 4 章
茶保健养生

引导语

茶是世界上饮用最广泛的饮料之一，是全球绝大多数人的生活必需品，每天饮茶人数超过 30 亿；茶不仅是生理意义上的，更是精神意义上的“绿色食品”。茶叶的成分很丰富，饮茶有益于健康已是众所周知的事实，但饮茶的种种作用并不能完全归因于某一化学成分或者某一类化合物，而是各种有效成分综合作用的结果。

本章根据历史上茶的应用以及现代科学的大量实验，对茶中的营养成分和药理成分进行了具体的分析介绍，从而系统地阐述茶叶各种保健和防治疾病作用，并介绍日常饮茶时应注意的事项。

学习目标

熟悉茶叶的主要成分。

掌握茶的药理特性与保健作用。

熟练掌握日常生活中的饮茶常识。

第 1 节 茶叶的主要成分

饮茶为什么会有那么多好处呢？长期以来，人们一直是知其然而不知其所以然。随着科学的发展，到了 19 世纪初，茶叶的成分才逐渐明确起来。经过现代科学的分离和鉴定，茶叶中的有机化学成分有 500 种之多，无机矿物元素达 40 多种。茶叶中的有机化学成分和无机矿物元素含有许多营养成分和药效成分。

一、水分

水分是茶树生命活动中必不可少的成分，是制茶过程一系列化学变化的重要介质。制茶过程中茶叶色香味的变化就是伴随着水分变化而变化的。茶鲜叶的含水量一般为 75%～78%，鲜叶老嫩、茶树品种、季节不一，含水量也不同。

二、蛋白质与氨基酸

茶叶中的蛋白质含量占干物质量的 20%～30%，能溶于水直接被利用的蛋白质含量仅占 1%～2%。这部分水溶性蛋白质是形成茶汤滋味的成分之一。氨基酸是组成蛋白质的基本物质，含量占干物质总量的 1%～4%。茶叶中的氨基酸主要有茶氨酸、谷氨酸、天门冬氨酸、天门冬酸胺、精氨酸、丝氨酸、丙氨酸、组氨酸、苏氨酸、谷氨酰胺、苯丙氨酸、甘氨酸、缬氨酸、酪氨酸、亮氨酸和异亮氨酸等 25 种以上，氨基酸，尤其是茶氨酸是形成茶叶香气和鲜爽度的重要成分，这是茶叶特有的，是形成茶叶风味的主要成分。与一般植物相比，茶叶中的蛋白质含量很高，研究证实茶叶中的必需氨基酸种类是齐全的，但比例不够合理，其中色氨酸的量很少，故可以认为茶叶蛋白为半完全蛋白质。茶氨酸含量通常占茶叶中其他氨基酸总量的 50% 以上，其含量以白茶为最多，其次是绿茶和红茶。

三、生物碱

茶叶中的生物碱包括咖啡碱、可可碱和茶碱。其中以咖啡碱的含量最多，为2%～5%，其他含量甚微，所以茶叶中的生物碱含量常以测定咖啡碱的含量为代表。咖啡碱易溶于水，是形成茶叶滋味的重要物质。红茶汤中出现的“冷后浑”就是咖啡碱与茶叶中的多酚类物质生成的大分子络合物，是衡量红茶品质优劣指标之一。咖啡碱可作为鉴别真假茶的特征之一。

四、茶多酚

茶多酚是茶叶中30多种多酚类物质的总称，包括儿茶素、黄酮类、花青素和酚酸四大类物质。茶多酚的含量为20%～35%。而在茶多酚总量中，儿茶素约占70%，它是决定茶叶色、香、味的重要成分，其氧化聚合产物茶黄素、茶红素等，对红茶汤色的红艳度和滋味有决定性作用。黄酮类物质又称花黄素，是形成绿茶汤色的主要物质之一，含量为1%～2%。茶叶中酚酸含量较低，包括没食子酸、茶没食子素、绿原酸、咖啡酸等。

五、糖类

茶叶中的糖类包括单糖、双糖和多糖三类。其含量占干物质总量的20%～25%。单糖和双糖又称为可溶性糖，易溶于水，含量为0.8%～4%，是组成茶叶滋味的物质之一。茶叶中的多糖包括淀粉、纤维素、半纤维素和木质素等物质，含量为20%以上，多糖不溶于水，是衡量茶叶老嫩度的重要成分。茶叶嫩度低，多糖含量高；嫩度高，多糖含量低。

茶叶中的果胶等物质是糖的代谢产物，含量为4%左右，水溶性果胶是形成茶汤厚度和外形光泽度的主要成分之一。

六、有机酸

茶叶中有机酸种类较多，含量为 3% 左右。茶叶中的有机酸多为游离有机酸，如苹果酸、柠檬酸、琥珀酸、草酸等。在制茶过程中形成的有机酸，有棕榈酸、亚油酸、乙烯酸等。茶叶中的有机酸是香气的主要成分之一，现已发现茶叶香气成分中有机酸的种类达 25 种，有些有机酸本身虽无香气，但经氧化后转化为香气成分，如亚油酸等；有些有机酸是香气成分的良好吸附剂，如棕榈酸等。

七、类脂类

茶叶中的类脂类物质包括脂肪、磷脂、甘油酯、糖脂和硫酯等，含量为 8% 左右。对形成茶叶香气有着积极作用。类脂类物质在茶树体的原生质中，对进入细胞的物质渗透起着调节作用。

八、色素

茶叶中的色素包括脂溶性色素和水溶性色素两部分，含量仅为 1% 左右。脂溶性色素不溶于水，有叶绿素、叶黄素、胡萝卜素等。水溶性色素有黄酮类物质、花青素及茶多酚氧化产物茶黄素、茶红素和茶褐素等。绿茶、红茶、黄茶、白茶、乌龙茶、黑茶六大茶类的色泽均与茶叶中色素的含量、组成、转化密切相关。

九、芳香物质

茶叶中的芳香物质是指茶叶中挥发性物质的总称。在茶叶化学成分的总含量中，芳香物质含量并不多，一般鲜叶中含 0.02%，绿茶中含 0.005%～0.02%，红茶中含 0.01%～0.03%。茶叶中芳香物质的含量虽不多，但其种类却很复杂。据分析，通常茶叶含有的香气成分化合物达 300 余种，鲜叶中香气成分化合物为 50 种左右；绿茶香气成分化合物达 100 种以上；红茶香气成分化合物达 300 种之多。组成茶叶芳香物质的主要成分有醇、酚、醛、酮、酸、酯、内酯类、含氮化合物、含硫化合物，碳氢化合物、氧化物等十多类。

十、维生素

茶叶中含有丰富的维生素，其含量占干物质总量的0.6%～1%。维生素分水溶性和脂溶性两类。脂溶性维生素有维生素A、维生素D、维生素E和维生素K等。维生素A含量较多。脂溶性维生素不溶于水，饮茶时不能被直接吸收利用。水溶性维生素有维生素C、维生素B_1、维生素B_2、维生素B_3、维生素B_5、维生素B_{11}、维生素P和肌醇等。维生素C含量最多，尤以高档名优绿茶含量为高，一般每100 g高级绿茶中含量可达250 mg，最高的可达500 mg。可见，人们通过饮用绿茶可以吸取一定的营养成分。

十一、酶类

酶是一种蛋白体，在茶树生命活动和茶叶加工过程中参与一系列由酶促活动而引起的化学变化，故又被称为生物催化剂。茶叶中的酶较为复杂，种类很多，包括氧化还原酶、水解酶、裂解酶、磷酸化酶、移换酶和同工异构酶等几大类。酶蛋白具有一般蛋白质的特性，在高温或低温条件下有易变性失活的特点。各类酶均有其活性的最适温度范围，一般在30～50℃范围内酶活性最强。酶若失活、变性，就丧失了催化能力。酶的催化作用具有专一性，如多酚氧化酶，只能使茶多酚物质氧化，聚合成茶多酚的氧化产物茶黄素、茶红素和茶褐素等；蛋白酶只能促使蛋白质分解为氨基酸。

十二、矿物质和微量元素

研究表明，在茶叶中含有人体所必需的微量元素有11种。茶叶中含量最多的无机成分是钾、钙和磷，其次是镁、铁、锰等，而铜、锌、钠、硒等元素较少。

不同的茶叶中其微量元素含量稍有差别，绿茶所含的磷和锌比红茶高，但红茶中钙、铜、钠的含量比绿茶高。

第 2 节　祖国医学对茶叶药理特性与保健作用的认识

数千年来，有关饮茶与健康的记载很多。特别是我国古代，茶常被当作药物使用，在祖国的医药学宝库中，茶作为单方或复方而入药的，颇为常见。

一、茶药与茶疗

茶与中医药之间有十分密切的关系。相传在距今 4 700 多年前的神农时代，我们的祖先为了生存与大自然做斗争，在寻找食品、尝试各种植物的过程中，发现了茶的解毒作用。即历代相传“神农尝百草，日遇七十二毒，得茶而解之”。因为茶树鲜叶中富含多酚类等收敛性很强的成分，有较强的灭菌和解毒作用，所以茶叶最初的用途是直接饮用新鲜的叶子，以药用为主。中医将茶叶作为药用已有悠久的历史。在历代药物专著中，就有许多饮茶与健康的记载，治疗各种疾病的茶叶单方、复方、散剂、冲剂不胜枚举。在唐代即有“茶药”的记述。宋代林洪撰的《山家清供》中也有“茶，即药也”的论断。可见，茶就是药，并为药书（古称本草）所收载。

由于茶叶有很多功效，可以防治内科、外科、妇科、儿科等各科的很多病症，所以，茶不但是药，而且如同唐代陈藏器所强调的“茶为万病之药”。

茶不但有对多科疾病的治疗效能，而且有延年益寿、抗老强身的作用。1983 年林乾良教授提出了“茶疗”这一词汇。

茶疗的实施有两个层次的含义。狭义的茶疗仅指应用茶叶，未加任何中西药。当然，这是茶疗的基石与主体，没有这一基石与主体，茶疗就不能成立。由于茶叶在传统应用上的功效已有 24 项之多，所以，光是茶叶一味也足以构成茶疗体系。广义上的茶疗，指可在茶叶外酌加适量的中、西药物，构成一个复方来应用。当然，也包括某些药方中无茶，但在煎服法中规定用“茶汤送下”的复方。这实际上是茶、药并服。

二、茶的中药学理论

关于茶的本草记述，以唐代苏敬等撰的《新修本草》（又称《唐本草》）为最早，列于本部中品，记述较为全面。正文："茗，苦茶。茗，味甘、苦，微寒，无毒。主瘘疮，利小便，去痰、热渴，令人少睡，秋（据《证类本草》与《植物名实图考长编》应作春）采之。苦茶，主下气，消宿食，作饮加茱萸、葱、姜等良。"

性味是中药的重要理论，一般又可称之为"四气五味"。四气（或四性），即寒、凉、温、热，表明药物的寒热特性。五味，即辛、甘、酸、苦、咸，表明药物的味道，这两者都与该药的功效与主治病症有着很大的关系。茶的性味，《新修本草》作"味甘、苦，微寒，无毒"，《本草纲目》改作"味苦、甘，微寒，无毒"，基本相同，只更动了两个字的位置。这比较符合茶的实际味道。中医理论一般认为：甘者补而苦则泻，可知茶叶是功兼补、泻的良药。微寒，即凉也。具寒凉之性的药性可以清热、解毒，这也与茶的实际功效相符。其他各家的论述也大体类似。例如，《本草拾遗》作"寒，苦"，《汤液本草》作"气寒，味苦"等。

"归经"理论是比较晚出现的中药理论，到金元之际才盛行起来，所以在《新修本草》中尚未述及。归经，是指药物的主要功效所属的"经络"与脏腑。例如，治咳喘者，归于肺（手太阴）经；治排尿疾病者，归于肾（足少阴）经或膀胱（足太阳）经。茶的归经，据《汤液本草》是"入手、足厥阴经"（手厥阴属"心包"，足厥阴属肝）；据《雷公炮制药性解》是"入心、肝、脾、肺、肾五经"。五脏，是中医脏腑学说（一般称为"脏象"）的核心。茶能兼入五脏，说明功效是十分广泛的。

功效与主治病症，是中药的最主要内容。没有功效与主治病症，就不能称为药物。上文曾述及"茶为万病之药"，可知茶是有很多功效与主治的。功效，亦可称之为功能、功用或效能，系指药物防治疾病的作用，是一种抽象名词，如《新修本草》正文中的"利小便""去痰"等。主治，是指所能治疗的主要病症，如同书正文中的"瘘疮""热渴"等。关于茶的功效，大致可以归纳为 24 项。

为什么茶叶有这些功效呢？本草自有它的解释，一般从气味厚薄、天人合一、升降、归经等理论加以阐述。如《本草纲目》解释茶的药理作用说："机曰：头目不清，热熏上也。以苦泄其热，则上清矣。且茶体轻浮，采摘之时，芽蘖初萌，正得春升之气。味虽苦而气则薄，乃阴中之阳，可升可降。利头目，盖本诸此。”

三、茶方与制剂

有关茶的方剂与制剂的记载，从古至今有很多文献资料。

从历史上看，最早记载茶的药用方剂的是三国魏时张揖的《广雅》。里面记载：“荆巴间采茶作饼成以米膏出之。若饮，先炙令色赤，寿末置瓷器中，以汤活覆之，用葱、姜毛之，其饮醒酒，令人不眠。”本方具有配伍、服法与功效，故属于方剂。

自唐代以来，有关茶的药用方剂有很大发展。唐代孙思邈《千金要方》记载一则单方，后代文献每有转引：“治卒头痛如破，非中冷又非中风，是痛是膈中痰厥头痛，吐之即差。单煮茗作饮二三升许，适冷暖饮二升，须臾即吐。吐毕又饮，如此数过。剧者，须吐胆乃止，不损人。”孙思邈的学生孟诜是我国第一位食疗专家，所著《食疗本草》是这一领域的一部重要著作。所记方剂，多简略易行，例如：“茶治……腰痛难转，煎茶五合，投醋二合，炖服之。”

特别值得提出的是，在宋代《和剂局方》《太平圣惠方》和明代《普济方》等中医巨著中，都有“药茶”的专篇。在《太平圣惠方》第 97 卷，有《药茶诸之》，共列 8 方。其中，有茶叶者 4 方：“治伤寒头痛壮热葱豉茶方”，配伍荆芥、薄荷、山栀、石膏等；“治伤寒头痛烦热石膏茶方”，配伍石膏；“治伤寒鼻塞头痛烦躁薄荷茶方”，配伍生姜、石膏、麻黄等；“治宿滞冷气及止泻痢硫黄茶方”，配伍硫黄、诃子皮等。另有 4 方虽无茶叶，但用萝摩、皂荚等“如造茶法”制成，并“一依煎茶”法饮服。从这 4 方看来，饮茶方式已成为较常用的治疗方法，可谓开现代“茶疗”的先河。

据《梦粱录》第 16 卷《茶肆》载，杭城茶肆，“暑天添卖雪泡梅花茶或缩脾饮暑药之属”。据李仁众考证（见《中华医史杂志》，1982 年第 1 期）：雪泡茶可以冷饮，缩脾饮中配有砂仁、乌梅、甘草等中药 6 种。乌梅，即今日一般制备酸梅汤的原料，可知，应属防、治两用的茶汤或代茶饮料。

纵观古今所有茶方与制剂，在古代方剂中最知名的应属川芎茶调散系，而近代方剂中应用最普遍的应属午时茶系。

1. 川芎茶调散

茶的药用方剂，在传统古方中以宋朝《和剂局方》的川芎茶调散最为著名。该方从名称看，即可知主药为川芎与茶叶，其组成如下："川芎、荆芥（去梗）各四两，白芷、羌活、甘草各二两，细辛（去芦）一两，防风（去芦）一两半，薄荷（不见火）八两。"其服用法为"细末，每服二钱，食后清茶调下"，所以本方为方剂组成表面无茶而实际服用有茶的类型。

本方"常服清头目"，疏风止痛，主治外感风邪头痛即症见偏正头痛或巅顶痛、恶寒、发热、目眩、鼻塞、苔白、脉浮等。本方用茶送药的目的，在于茶性苦寒而润，上可清头目，外可祛风邪而解表，又能制约方中所用风药的温燥与升散。当然是由于茶叶在本方的重要性，茶才列在方名中。还有一点需要指出，该方用量一般按一两等于 30 g、一钱等于 3 g 计，下同。

与川芎茶调散有关的方剂有以下四种，其组成与功效、主治、服用方法等，均大同小异，构成茶的药用方法的重要系列。

（1）茶调散（《赤水玄珠》方）。"治风热上攻，头目错痛及头风热痛不可忍：片芩二两（酒拌炒三次，不可令焦），小川芎一两，细芽茶三钱，白芷五钱，薄荷三钱，荆芥穗四钱，上为细末，每服二三钱，用茶清调下。"

（2）菊花茶调散（《医方集解》方）。由川芎茶散加菊花、僵蚕而成。功效与主治均同川芎茶调散。由于菊花与僵蚕均以疏风清热为主要功效，故对病症偏于风热者较为适宜。

（3）苍耳子散（《重订严氏济生方》方）。"辛夷半两，苍耳子（炒）二钱半，香白芷一两，薄荷叶半钱。上并晒干，为细末，每二钱，用葱、茶清食后调服。"本方功效为祛风通窍，主治鼻渊，症见鼻塞，流浊滋而不止，前额疼痛。

（4）川芎茶（《简便单方》）。由川芎 3 g、茶叶 6 g 组成，共研细末，和匀，开水泡饮。功能是祛风止痛。适用于诸风上攻，头目昏重，偏正头痛，鼻塞身重，肢体烦痛。本方可视为川芎茶调散的最简衍变方。

2. 午时茶

茶的药用方剂在近代应用最广泛的应推午时茶。午时茶和叶的配方不尽相同，剂型略有差异（块状或粗粒），名称也有不同，但有以下各点相同：第一，以茶为主；第二，组方庞杂，总以芳香、辛温的健脾、化湿、辟浊、理气、疏散、解表药为主；第三，炒制最宜天中、午时；第四，是已经制剂成型的中成药；第五，其功效与主治近似。故同属一类，现介绍两种。

（1）午时茶（《中国医学大辞典》方）。组成：茅术（苍术）、陈皮、柴胡、连翘、白芷、枳实、山楂肉、羌活、前胡、防风、藿香、甘草、神曲、川芎各 300 g，厚朴、桔梗、麦芽、苏叶各 450 g，红茶 10 kg，生姜 2.5 kg，面粉 3.25 kg。制法：将生姜刨丝打汁候用。上药除应炒者外其余生晒，研成粗末。将姜汁、面粉打浆，和药为块，每块约干重 15 g。应用：本方功能是发散风寒、和胃消食；适用于风寒感冒、寒湿内滞、食积不消；症见寒重热轻、胸闷、恶心，不思饮食，身困乏力，头痛体痛等。每用 1～2 块，水煎热服，盖被取汁。如药汁太凉，或服后外出吹风，则疗效稍差。

（2）天中茶（《上海市中药成药制剂规范》方）。组成：制川朴、制半夏、杏仁（去皮）、炒茶菔子、陈皮各 90 g，荆芥，槟榔、香薷、干姜、炒车前子、羌活、薄荷、炒枳实、紫苏、大腹皮、炒青皮、炒白芥子、猪苓、防风、前胡、炒白芍、独活、炒茅术、炒白术各 60 g，炒麦芽，炒六神曲、炒山楂、茯苓各 120 g，白芷、甘草、炒草果仁、秦艽、川芎各 30 g，红茶叶 3 kg。制法：除大腹皮外余药共研粗粉，将大腹水煎汁，过滤去渣，取汁拌入药粉内，晒或烘干，用纸袋盛装，每袋 9 g。应用：本方功能疏散风寒，健脾和胃，适用于四时感冒、寒热、头痛、胸闷、呕恶、咳嗽、鼻塞、便泻、腹痛等。每次 1 袋，1 日 2 次，用纱布袋包煎或开水泡汤服。

四、茶的二十四功效

关于茶的传统用法的功效，不但在历代茶、医、药三类文献中多有述及，而且在经史子集中也散见不少，近人的文章也每有论之。

我国学者根据 500 种左右的有关资料，将其中有茶叶医疗效用的内容总结成茶的传统功效 24 项。

现将茶的 24 功效阐述如下：应当指出，在中药文献中有两种叙述方式。一种是从功效而言，偏于“药”这方面；另一种是从所治的疾病或症状而言（中医多用“证”来概括），偏于“病”这方面，后者多用“主治”这两个字引出。例如，关节疼痛，中医属“痹证”，认为是由风湿外袭所致，从功效而言就是“祛风湿”，从主治而言是风湿外袭所致，从功效而言就是“祛风湿”，从主治而言是“主（或治、疗，意同）痹痛”。茶的 24 功效都有这两种类型的内容，比例多少不定。同一种功效，每书的用词多有衍变，系文字上的同义词一类。这 24 功效，单用茶叶一味即有效，为加强疗效，还可复方应用。有关方剂即附于该功效之后，这就是大型“本草”文献中的“附方”体例。有些功效，前人还附有典型病例，今亦广予搜罗附于其后。

1. 少睡

从功效而言者，共27条。称“令人少睡”者有《神农食经》《新修本草》《千金翼方》和《本草经疏》，称“令人少眠”者有《博物志》和《三才图会》，称“令人少寐”者有《本经逢原》，称“令人不寐”者有《调燮类编》，称“不寐”者有《续博物志》，称“令不眠”者有《古今合璧事类外集》，称“不睡”者有《本草拾遗》和《本草纲目》，称“少睡”者有《茶谱》（毛氏）、《茶经》（张氏）和《饮膳正要》，称“睡少”者有《老老恒言》，称“醒睡眠”者有《本草图解》，称“醒睡”者有《随息居饮食谱》和《中国药学大辞典》，称“破睡”者有白居易的诗与《茶寮记》，称“不昏”者有《本草纲目》，称“兴奋神经”者有《中国药学大辞典》。中医理论认为“心主神明”，故“令人少睡”，现代有“提神”之称，属于神经兴奋的结果。

从主治而言者，共计3条。称“除好睡”者有《食疗本草》，称“治中风昏愦、多睡不醒”者有《汤液本草》，称“治神疲多眠”者有《药材学》。所以，茶叶的“令人少睡”功效，除对生理、病理的睡眠与好睡有良好的清醒疗效外，还可治因疾病所引起的昏迷、昏愦等。《中国医学大辞典》中有一则治“痰热昏睡方”，即用茶叶同川芎、葱白用适量水煎服。

关于茶的少睡功效，在古代文人的诗文中每有论及。例如，明代陆树声《茶寮记》称茶“除烦雪滞，涤醒破睡。谭（即谈的古体）渴书倦，此时勋策”，唐代郑遨《茶诗》称“最是堪珍重，能令睡思清”，吕岩《大雪山下》称“断送睡魔离几席，增添正仰茶料理，急遣溪童破玉尘”，陆游《昼卧闻碾茶》称“玉川七碗河须尔，铜碾声中睡已无”。

2. 安神

以从功效言为主，共21条。称“清心神”者有《随息居饮食谱》，称“清神”者有《饮膳正要》《本草纲目拾遗》和《中国医学大辞典》，称“除烦”者有《东坡杂记》《茶谱》（钱氏）、《本草纲目拾遗》《随息居饮食谱》和《瓯江逸志》，称“涤烦”者有《茶经》《唐国史补》和刘禹锡《代武中丞谢新茶》。中医理论认为“心主神明”，因心火旺盛或心气虚则“阳浮于外”，遂出现烦、闷等症状；严重者，惊、厥、癫等也会发生。又，神不安于宅，则意乱、健忘，故称“悦志”者有《神农食经》和《千金方》，称“久食益意思”者有《华佗食论》，称“益思”者有《茶谱》(毛氏)和《茶经》(张氏)，称“能诵无忘”者有《述异记》，称“使人神思闓爽”者有《本草纲目》，称“破孤闷”者有唐代卢仝诗，称“醒神思”者有《调燮类编》。

从主治言者有“体中烦闷”者，见于晋代刘琨《与兄子南兖州刺史演书》与唐代温庭筠《采茶录》，仅此 2 条。

古代诗文中，亦多论及茶的安神功效。如宋代赵佶《大观茶论》之“祛襟涤滞，致清导和”，明代许次纾《茶疏》之“常饮则心肺清凉，烦郁顿释”，宋代苏轼《寄周字孺茶》“意爽飘若仙，头轻快如沐”与沈辽《谢德相惠新茶》“一泛舌已润，载啜心更惬，不唯豁神观，亦足畅烦”等。

茶的安神方剂有 4 种。

(1)《圣济总录》姜茶散方。“治霍乱后烦躁、卧不安，干姜(炮为末)二钱七，好茶末一钱七，上二味，以水一盏，先煎茶未令熟，即调干姜末服之。”

(2)《周益生家宝方》。“治羊痫风，经霜老茶叶一两，为末，用生明矾五钱为细末，水泛丸，朱砂作衣。每服三钱，白滚汤送下。”

(3)《摘玄方》。“风痰癫疾，茶芽、栀子各一两，煎浓汁一碗，服良久，探吐。”

(4)《孺子方》。“疗小儿无故惊厥，以苦茶、葱须煮服之。”

3. 明目

茶的明目功效，自古以来就为人乐道，故多从功效而言。称“明目”者有《本草拾遗》《茶经》(张氏)、《调燮类编》《茶谱》(毛氏)和《随息居饮食谱》；称“清于目”者有《食物本草会纂》。

从主治言者，共有 2 条。称治“目涩”者有《茶经》，经疗“火伤目疾”者有《本草求真》。另外，在下文“清头目”中，另有数条与明目有关。

明目药茶方的数量很多，以几部眼科名著而论，《银海指南》有 3 方，《医宗金鉴·眼科心法》有 24 方，《银海精微》有 32 方，《审视瑶函》有 36 方，以上四部书即有 95 方之多。

从应用方法看，绝大多数是用茶汤送下丸散。

(1)《银海指南》补肝散。治肝虚羞明，流泪，用蜡茶调服。

(2)《医宗金鉴·眼科心法》还睛丸。治绿风内障，用茶清送下；护睛丸，治胎患内障，空心茶清送下；涩瞖还睛散，治眼生涩瞖，用细茶入药煎；止痛没药散，治血灌瞳神，食后热茶清灌下。

（3）《银海精微》神清散。治眼生瞖膜，食后清茶送下；肝连丸，治肝虚眼痛，茶汁送下；菊花散，治眼部流泪，用茶汁送服。

（4）《审视瑶函》救睛丸。治青盲，食后茶清送下；石决明散，治白内障，用茶清调下；滋阴地黄丸，治少血劳神，眼目昏暗，食后茶汤送下；消凝大丸子，治目中瘀血，用茶汤嚼下。

当然，明目方中用茶也并非仅限于送服的，有些方剂的处方中即有茶。例如，《沈氏尊生方》中的“蜡茶饮”，“治目中赤脉：芽茶、白芷、附子各一钱，细辛、防风、羌活、荆芥、川芎各五分，加盐少许，清水煎服”；又如，《眼产要览》载治“烂眼皮；甘石、黄连、雨前茶共研极细，点”。

4. 清头目

从功效言者仅“清头目”一项，有《汤液本草》《本草图解》《本经逢原》《中国医学大辞典》和《中药大辞典》。比较具体的内容见于从主治言的部分。称“头目不清”者仅有《本草求真》，其余均与头痛有关。有关清头目的方剂，亦多与头痛有关。称“治头痛”者有《茶谱》（毛氏），称“理头痛”者有《古今合璧事类外集》，称治“脑疼”者有《茶经》，称“俞头风”者有《岭外代答》，称治“头痛目昏”者有《药材学》。

茶叶是治头目不清特别是头痛的方剂，历代方书多有记载。例如，“合芎䓖、葱白煎饮，止头痛”，见于《日用本草》，在《中国医学大辞典》中也有引用，特称可治“热毒头痛”，恐未当。除了前述川芎茶调散系列可治头痛以外，还有四方。

（1）《医方大成》方。“治气虚头痛，用上春茶末调成膏，置瓦盏内复转，以巴豆四十粒作二次烧烟熏之。晒干，乳细，每服一字。别入好茶未食后煎服，立效”。

（2）《医方集论》方。“治偏正好风，升麻六钱，生地五钱，雨前茶四钱，黄芩、黄连各一钱，水煎服”。

（3）《千金要方》。“治卒头痛如破，非中冷又非中风，是痛是膈中痰厥气上冲所致，名为厥头痛，吐之即差。单煮茗作饮二三升许，适冷暖，饮二升，须臾即吐；吐毕又饮，如此数过；剧者，须吐胆乃止，不损人而渴则差”。

（4）《本草纲目》方。“气虚头痛，用上春茶末调成膏，置瓦盏内复转，以巴豆四十粒作两次烧烟熏之，晒干乳细，每服一字。别人好茶末，食后煎服，立效”。

5. 止渴生津

从功效言者，共12条，称“止渴”者有《茶经》(张氏)、《调羹类编》《神农食经》《本草拾遗》《茶谱》(毛氏)、《饮膳正要》和《中国医学大辞典》，称“疗渴”者有《唐国史补》，称“解渴”者有《随息居饮食谱》，称“止渴生津液”者有《食物本草会纂》，称“清胃生津”者有《本草纲目拾遗》，称“润喉”者有卢仝诗。

从主治言者，共9条。称“热渴”者有《千金翼方》《新修本草》《在三图会》，称“烦渴”者有《药材学》《中药大辞典》，称“作渴”者有《本草经疏》，称“消渴不止”者有《本草求真》，称“渴喜一碗绿昌明”者有白居易诗。

6. 清热

从功效言为主，共8条。称“清热解毒”者有《本草求真》，称“清热降火”者有《中国药学大辞典》，称“降火”者有《本经逢原》，称“去热”者有《食疗本草》，称“涤热”者有《随息居饮食谱》，称“泻热”者有《中国医学大辞典》，称“破热气”者有《本草拾遗》，称“清热不伤阴”者有蒲辅周用药经验。

从主治言者，共2条。称“疗热证最效”者有《台湾使槎录》，称“可除胃热之病”者有《广阳杂记》。

关于茶叶的清热功效，可从茶的性味上看。上文曾述及茶的药性是“寒”。据中医理论“寒可清热”“疗热以寒药”，故茶可以清热。热证的范围与衍变最广，暑证与热毒亦属于热，故又可与下文消暑、解毒合参。

关于茶的清热方剂，可以《太平圣惠方》的《药茶诸方》(卷97)为例。诸章共列有药茶方与非茶之药茶方各4种。其药茶之4方中，有3方幸免治热证，例如，“治伤寒头痛、壮热葱豉茶方”“治伤寒头痛、烦热石膏茶方”与“治伤寒鼻寒、头痛、烦躁薄荷茶方”。3方中所用药物，除方名中的葱白、豆豉、石膏与薄荷以外，尚有荆芥、栀子、生姜、麻黄等。

7. 消暑

茶既可清热，又可止渴生津，故亦兼消暑、解暑之功效。古代文献言及此者不多。从功效上言，仅《仁斋直指方》与《本草图解》两条称“消暑”。从主治上言，也仅有两条，即《本草别说》的“治伤署”与《台游日记》的“可疗暑疾”。

8. 解毒

中医药书籍的“毒”，从病证方面言看“热毒”占重要位置。所以，从药治方面多称“清热解毒”。此外，咽喉、皮肤诸以及瘟等，亦多与热毒有关，今亦附此。

茶的解毒功效，文献上所见共有7条。从功效言者有《本草求真》称“清热解毒”；《中药大辞典》称“解毒”；《本草逢原》称“辟”，称“解诸中毒”，皮日休《茶中杂咏序》称“除而去疠”；《岭南杂记》称“利咽喉之疾”。

现将茶的解毒方剂附三则。

（1）《简便方》载“解诸中毒，芽茶、白矾等分、研末、冷水调下”。

（2）《万氏家抄方》茶柏散方“治诸般喉证，细茶三钱（清明前者佳），黄柏三钱，薄荷叶三钱，硼砂（煅）二钱，上各研极细，取净末和匀，加冰片三分饮之”。

（3）《保和堂秘方》载“诸毒，努力不退，硫黄研细末敷上即退。再用收口药，烂茶叶五钱，乌梅三个烧灰，共为末，再敷上即消”。

9. 消食

茶的消食功效，从主治言者仅“食积不比”1条，见于《本草求真》。而从功效言者则有19条之多，称“消食”者为最多，有《茶经》（张氏）、《调燮类编》《茶谱》（毛氏）、《饮膳正要》《本草经疏》《本草图解》《本草纲目拾遗》《本经逢原》《中国药学大辞典》《中国医学大辞典》和《中药大辞典》，称“消突食”者有《新修本草》《食疗本草》和《瓯江逸志》，称“消饮食”者有《古今合璧事类外集》，称“消积食”者有《三才图会》《黎岐纪闻》和《瓯江逸志》，《滴露漫录》则称“消腥肉之食，解青稞之热”，称“解除食积”者有《本草纲目拾遗》和《广东新语》，称“解酒食之毒”者有《仁斋直指方》和《本草纲目》，称“去胀满”者有《黎岐纪闻》，称“去滞而化食”者有《山家清供》，称“去积滞秽恶”者有《食物本草会纂》，称“养脾，食饱最宜”者有《聪训斋语》，称“芳香微甘，有醒胃养脾之妙”者如蒲辅周经验，称“甚有助胃力”者有《一研斋日记》。

关于茶的消食功效的附方也不少，如《串雅补》中治虫积、虫胀方“茶叶五钱，青盐一钱，洋糖、雷丸各三钱为末，将上盐、糖煎好后，入三味调匀，每服三钱，白汤送下”。

关于临床特异的验例，莫过于《医方集论》上所载的一例，“人肚（腹）胀，不思饮食，用五虎汤治之：核桃、川芎、紫苏、雨前茶，以上药行煎，好时加老姜、砂糖在汤内，即服”。

10. 醒酒

从功效言者，共计6条。称“醒酒”者有《广雅》《采茶录》《本草纲目拾遗》

和《瓯江逸志》，称“解酒”者有《仁斋直指方》，称“解酲”者有《续茶经》。

从主治言者，共计 4 条。称治“酒毒”者有《本草图解》和《药材学》，称“醉饱后饮数杯最宜”者见于《仁斋直指方》和《本草纲目》。

文人每兼好茶与酒，故唐宋诗中多言及茶之醒酒功效。例如，白居易《萧员外寄新蜀茶》“满瓯似乳堪持玩，况是春深酒醉人”，徐铉《和门下殷侍郎新茶》“解渴消残酒，清神感夜眠”，陆游《谢王彦光提引送茶》“遥想解酲须底物，隆兴第一壑源春”。

11. 去肥腻

茶的去肥腻功效自古受到人们的推崇。若从文献观察，全部均从功效言，未有主治立条者。称“去肥腻”者有《檐曝日记》，称“饭后饮之可解肥浓”者有《老老恒言》，称“去腻”者有《东坡杂记》《茶谱》(钱氏)、《茶经》(张氏)，称“解油腻、牛羊毒”者有《本草纲目拾遗》，称“去人脂”者有《本草拾遗》和《食物本草会纂》，称“解荤腥”者有《饭有十二合说》，称“去腥腻”者有《瓯江逸志》，称“解炙 18 毒”者有《食物本草》和《本草图解》，梅尧臣《答宣城张主簿遗鸦山茶》称“尝闻茗消肉，应亦可破瘕”。

去肥腻，自然可以避免肥胖，与近代的“减肥”相类似。《本草拾遗》称之为“久食令人瘦”。中医药有关去腻解肥、去脂转瘦的作用，尚未受人重视。古本草常有“轻身”“换骨”“延年”之句，其实，也是去腻解肥之意。

关于茶的去肥腻功效，《秋打丛话》载有一则十分生动的验例：“北贾某，贸易江南，善食猪首，兼数人之量。有精于岐黄者见之，问其仆，曰：每餐如是，已十有余年矣。医者曰，病将作，凡药不能治也。俟其归，尾之北上，居为奇货。久之，无恙。复细询前仆，曰：主人食后，必满饮松萝茶数瓯。医爽然曰：此毒唯松萝茶可解，怅然而返。”

12. 下气

茶的“下气”功效在文献中论及者较多。称“下气”者有《新修本草》《食疗本草》《三才图会》《本草经疏》《饮善正要》《本草图解》《本草纲目拾遗》和《中国医学大辞典》。“下气”一词与消食相连，自属与消胀、降逆、止暖呃有关；如广其义，则可泛及于下文之通利大、小便。

此外，称“通利肠胃”者有《竺国纪游》，称“消胀”者有《续茶经》，称“消膨胀”者有《本草纲目拾遗》，称“开郁利气”者有《要经逢原》。

茶的下气功效，有关方剂如《串雅补》治虫积、虫胀，“茶叶五钱，青盐一钱，洋糖、三棱、雷丸各三钱，为末。将上盐、糖煎好后，入三味调匀，每服三钱，白汤送下”。

不但茶叶有下气的功效，茶籽也有。《本草纲目》载“上气喘急，时有咳嗽，茶籽、百合等分，为末，蜜丸梧子大，每服七丸”。又载治喘嗽“不拘大人、小儿，用糯米泔少许磨茶籽，滴入鼻中，令吸入口服之”。

13. 利水

从功效言者占绝大多数，从主治言者仅《圣济总录》称治“小便不通”与《药材学》称治“小便不利”。称“利水”者有《本草拾遗》和《本草求真》，称“利水道”者有《茶谱》（毛氏）和《茶经》（张氏）2条，称“利尿”者有《中药大辞典》和《中国药学大辞典》，称“利小便”者有《神农食经》《新修本草》《千金翼方》《饮膳正要》和《三才图会》。此外，以下文“利大小肠”等尚有3条，如《圣济总录》海金砂散方“治小便不通，脐下满闷，海金砂一两，蜡茶半两，上二味捣罗为散，每服三钱。煎生姜、甘草汤调下不拘时。未通，再服”。《验方新编》载“治尿不通，茶清一瓶，入砂糖少许，露一夜服”。

14. 通便

从主治言者仅《本草求真》1条，称“二便不利”，其余均从功效言。称“利大肠”者有《食疗本草》，称“刮肠通泄”者有《本草纲目拾遗》，称“利大小肠”者有《本草拾遗》，称“利二便，通大小肠”者有《中国医学大辞典》。

《郭中妇人方》载“产后秘塞，以葱调蜡茶末，丸百丸，茶服，自通，不可用在黄利药”。

《慈惠小编》载“治产后便秘，用松萝茶叶三钱，米白糖半盅，先煎开，入水碗半，用茶叶煎至一碗服之，即通”。

15. 治痢

言功效者仅《本经逢原》一家，称“止痢”，其余均从主治言。称“姜茶治痢，不问赤白冷热，用之皆宜”者有《仁斋直指方》，称“合醋治世痢甚效”者有《本草别说》，称“治热毒赤白痢”者有《日用本草》，称“同姜治痢”者有《本草图解》，称“治血痢”者有《本草求真》。

绿茶治痢在民间与中西医学界均有盛名，单方已可取效。复方配伍方面，较多的是与生姜同用。《本草图解》与《日用本草》均有茶“同姜治痢”的记载，《仁斋直指方》强调指出“姜茶治痢……不问赤白、冷热，用之皆良。先姜细切，与真茶等分，新水浓煎服之”。《上医本草》亦载“赤白冷热痢，生姜细切与真茶等分，新水浓煎服之，甚效”。

（1）《食疗本草》：“治热毒下痢，好茶一斤，炙，捣末，浓煎一二盏服。久患痢者，亦宜服。”

（2）《圣济总录》：“治血痢，盐水梅（除核研）一枚，合蜡茶加醋汤沃服之。”

（3）《普济方》：“大便不利清血，脐腹作痛，里急后重，及酒毒一切下血并皆治之，用细茶半斤碾末，川百药煎五个烧存性，每服五钱，米饮下，日二服。”

（4）《本草别说》：“合醋治泻痢甚效。”

（5）《慈惠小编》：“治五色痢，陈年年糕，陈雨前茶，冰糖，茉莉花，共煎药一碗，服之立愈。”

（6）《凤联堂秘方》：“远年痢疾，用雨前茶合臭椿皮、扁柏叶、乌梅、枣仁适量，水煎服。”

关于茶叶治痢的验例，据宋代《仁斋直指方》载“苏东坡以此治文潞公有效”。近代的临床报告中，亦多有之，且多指明系用绿茶。

16. 去痰

去痰，今作祛痰。茶的去痰功效在文献中，系以从功效言者为主，占 18 条之多。称“去痰”者有《千金翼方》《新修本草》和《三方图会》，称“除痰”者有《本草拾遗》《茶经》（张氏）、《茶谱》（毛氏），称“解痰”者有《食疗本草》；称“逐痰”者有《本草纲目拾遗》，称“化痰”者有《本草纲目拾遗》和《中药大辞典》，称“消痰”者有《本经逢原》，称“去痰热”者有《神农食经》和《饮膳正要》，称“吐风热痰涎”者有《神农食经》和《饮膳正要》，称“吐风热痰涎”者有《本草纲目》，称“凉肝胆涤热消痰”者有《随息居饮食谱》，称“入肺清痰”者有《本草求真》，称“涤痰清肺”者有《本草纲目拾遗》，称“去寒澼”者有《本草纲目拾遗》。

从主治言，称“痰涎不消”者有《本草求真》；称“痰热昏睡”者有《中国医学大辞典》。总计 20 条有关去痰。

方剂方面，以《瑞竹堂经验方》所记一则最佳，“痰咳，喉声如锯，不能睡卧，好茶末一两、白僵蚕一两为末，放碗内，倾沸汤一小盏，用盏盖定，临卧温服。又米白糖一斤，猪板油四两，雨前茶二两，水四碗。先将茶煎至两碗半，再将板油膜切碎，连苦茶、米糖同下，熬化听用。白滚汤冲数匙服之，消痰止渴”。

17. 祛风解表

中医理论认为风邪外袭于“肌表”，遂出现“表证”，治疗的方法为“解表”，盖解散外邪、解除表证的意思，属于“八法”中的“汗法”。风邪极其多变，从外感言又可兼夹不同的外邪，如风寒、风热、风湿等。风寒湿三气杂至，又多侵袭关节、筋骨，出现痹痛。茶叶与上述有关的功效，共有8条。

从功效言者6家，称“轻汗发面肌骨清”者有《本草纲目》，称“发轻汗，肌骨清”者有卢仝诗，称“疗风”者有《茶谱》（毛氏），称“祛风湿”者有《本草纲目拾遗》和《广东新语》，称“辛开不伤阴”者见蒲辅周经验。

从主治言者仅2条，称“小儿疹不出用之神效”者有《片刻余闲集》，称“四肢烦，百节不舒”者有《茶经》。

茶的祛风解表方剂共有4则。

（1）《食疗本草》：“茶治……腰痛难转，煎茶五舍，投醋二合，炖服。”

（2）《本草品汇精要》亦载用茶“水煎，合醋疗腰痛”。

（3）《医药指南》（韦氏）：“治肩背筋肉痛，槐子、核桃肉、细茶叶，芝麻各五钱，入磁罐内，水二碗，熬一半，热服，神效。”

（4）《医药指南》（周氏）：“治外邪在表，无汗而喘者，麻黄、杏仁（去皮尖）各三钱，石膏五钱，甘草一钱，细茶一撮，谓之一虎汤。”

18. 坚齿

茶叶的坚齿功效近代有很多论述，一般均认为与茶所含有的氟有关。古代的文献论及坚齿用茶者，共检依4条，均从功效言。称“坚齿已蠹”者有《茶谱》（钱氏），称“漱茶则牙齿固利”者有《敬斋古今注》，《东坡杂记》“每食已，辄以浓茶漱口，烦腻既去而脾胃自不知。凡肉之在齿间者，得茶浸漱之，乃消缩，不觉脱去，不烦刺挑也，而齿便漱濯，缘此渐坚密，蠹毒自己”，《饭有十二合说》称“涤齿颊”。

19. 治心痛

心痛是中医治疗的常见病。一般中医说的心痛大多是指心下部位，从解剖学来说应该是以胃与十二指肠的疾患为主。真正的心脏疾患引起的心痛，应该称之为真心痛或厥心痛。以下两张治疗心痛的药茶方，也和以上情况一致。茶的治心痛，共有三书记载，均从主治言。

（1）《兵部手集方》：“久年心痛，十年五年者，煎湖茶，以头醋和匀服之良。”《上医本草》所载，大约相仿。

（2）《瑞竹堂经验方》：应痛丸方“治急心气痛不可忍者，好茶末四两，楝乳香一两，为细末，用醋同兔血和丸如鸡头大。每服一丸，温醋送下”。

此外，近代赣、闽、江、浙等地每用老茶树根治疗冠状动脉硬化性心脏病、心律不齐、齐心衰竭、肺源性心脏病等疾患，颇具良效。

20. 疗疮治瘘

茶叶对各种疮、瘘具有良好的疗效，内服、外用均宜。从功效方面说，与前文所述之解毒有关。茶性寒凉，故可清热、解毒与疗疮、治瘘。文献所记载，全系从主治言。称治“瘘疮”者有《神农食经》《新修本草》《千金翼方》《本草经疏》《三才图会》和《中国医学大辞典》，称“疗积年瘘”者有《枕中方》，称“搽小儿诸疮效”者有《本草原始》。

茶叶闻疮治瘘的方剂有 4 则。

（1）《胜金方》：“蠼螋尿疮，初如糁粟，渐大如豆，更大如火烙浆炮，疼痛至甚者，速以茶并蜡茶，俱可以生油调敷，药至痛乃止。”据所述，很可能是指带状疱疹。

（2）《摄生众妙方》：“脚趾缝烂疮，及因暑手抓两脚烂疮；细茶研末调烂敷之。”

（3）宋慈《洗冤录》引《经验方》：“阴囊生疮，用蜡面茶为末，先以甘草汤洗后贴之，妙。”

（4）《外科证治全书》：“治下疳，雨前茶、麻黄各一钱五分，用连皮纸方七寸许，用铅粉钱半擦于纸上，铺前两药，卷成筒子，火灼存性，研细，加冰片各一分，研细用之。”

21. 疗饥

茶为饮食之品，可以疗饥，又与益气力（见下条）有关。从文献上看，均从功效言。称“疗饥”者有《本草纲目拾遗》和《广东新语》。《野菜博录》称“叶可食，烹去苦味二三次，淘净，油盐姜醋调食”。《救荒本草》称“救饥，将嫩叶或冬生叶可煮作羹食”。

22. 益气力

茶与益气力有关的记载，文献中仅查及 5 条。从功效言者 4 家，称“有力”者有《神农食经》和《千金要方》，称“轻身换骨”者有《陶弘景新录》，称“固肌换骨”者有《图经本草》。从主治言者1家，称“固肌换骨”者有《图经本草》。从主治言者1家，称“治疲劳性精神衰弱症”者见于《中国药学大辞典》。

23. 延年益寿

茶延年益寿的功效有文献曾予记载。称“养生益寿”者有《荷廊笔记》，《图经本草》称“祛宿疾，当眼前无疾”，明代程用宾《茶录》称“抖擞精神，病魔迹”，苏东坡《游诸佛舍，一饮酽茶七盏，戏书勤师壁》称“何须魏帝一丸药，且尽卢仝七碗茶”。因为中医理论认为人的“天年”（即自然寿命之意）为100～120岁，这在《黄帝内经》与《千金要方》上都有述及。何以多数人不能活到天年呢？这是患病夭折的缘故。所以，避免疾病应属于延年益寿的范畴。

关于茶可延年益寿的实例，据宋代钱易《南部新书》所载“大中三年，东都进一僧，年一百二十岁。宜皇问，服何药而致此。僧对曰，臣少也贱，素不知药。性本好茶，至处唯茶是求。或出，亦日进百余碗。如常日，亦不下四五十碗。因赐茶五十斤，令居保寿寺”。

在古代，延年益寿的方药与方法（如导引、气功等）往往披上神仙的外衣，茶叶也自难免。《茶解》称“茶通神仙。久服，能令昇举”，《陶弘景新录》称“茗茶轻身换骨，昔丹丘子、黄山君（古仙人）服之”，《本草纲目》引壶公《食忌》称“苦茶久食羽化”。

24. 其他

茶的其他功效不成系统者，尚有以下数条，《格物粗谈》称“烧烟可辟蚊，建兰生蛋斑，冷茶和香油洒叶上”，《物类相感志》称“陈茶末烧烟，蝇速去”，《救生苦海》称“口烂，茶根代茶煎饮”。此外，尚有两则与茶有关的方剂。

（1）《医方集论》：“治三阴疟，雨前茶三钱，胡桃肉五钱（敲碎），川芎五分，寒多加胡椒三分，未发前入茶壶内，以滚水冲泡，乘热频频服之。吃到临发时，不可住。”

（2）《本草纲目》：“月水不通，茶清一瓶入砂糖少许，露一夜服，虽三个月胎亦通，不可轻视。”“痘疮作痒，房中宜烧茶烟恒熏之。”

第 3 节 现代医学对茶叶药理特性与保健作用的认识

关于茶叶的药用功效，早在 2 000 多年前已被公认。但由于科学技术的限制，茶在药用上很大程度还属于经验性质的。20 世纪后期以来，随着茶叶生物化学研究的不断深入及医学研究的参与，我们对茶叶的药用效组分及其药功效有了进一步的了解。

一、茶的药用成分

目前已经证实，茶叶中有和人体健康关系密切的组分。

1. 咖啡碱

咖啡碱是茶叶中一种含量很高的生物碱，一般含量为 2%～5%。每杯 150 mL 的茶汤中含有 40 mg 左右咖啡碱。咖啡碱是一种中枢神经的兴奋剂，因此具有提神的作用。由于茶叶的咖啡碱常和茶多酚呈络合状态存在，所以它和游离态的咖啡碱在生理机能上有所不同。在对咖啡碱安全性评价的综合报告中，显示的结论是：在人正常的饮用剂量下，咖啡碱对人无致畸、致癌和致突变作用。

2. 多酚类化合物

可溶性的多酚类化合物在红茶中的含量为干重的 10%～20%，它主要由儿茶素类化合物、黄酮类化合物、花青素和酚酸组成，以儿茶素类化合物含量最高，约占茶多酚总量的 70%。儿茶素类中主要包括表儿茶素（简称 EC）、表没食子儿茶素（简称 EGC）、表儿茶素没食子酸酯（简称 EGCG），这是茶叶药效的主要活性组分。业已证明，它们具有防止血管硬化、防止动脉粥样硬化、降血脂、消炎抑菌、防辐射、抗癌、抗突变等多种功效。

3. 维生素类

茶叶含有丰富的维生素类。维生素 B_5 的含量是维生素 B 族中含量最高的，约占维生素 B 族中含量的一半，它可以预防癞皮病等皮肤病；茶叶中维生素 B_1 含量比蔬菜高，维生素 B_1 能维持神经、心脏和消化系统的正常功能；核黄素（维生素 B_2）的含量为每 100 g 干茶 10～20 mg，每天饮用 5 杯茶即可满足人体每天需要量的 5%～7%，它可以增进皮肤的弹性和维持视网膜的正常功能；叶酸（维生素 B_{11}）含量很高，为茶叶干重的 0.5～0.7 ppm，有着参与人体核苷酸生物合成和脂肪代谢的功能，每天饮用 5 杯茶汤即可满足人体需要量的 6%～13%。茶叶中维生素 C 含量很高，高级绿茶中维生素 C 的含量可高达 0.5%，维生素 C 能防治坏血病，增加机体的抵抗力，促进创口愈合。茶叶中维生素 E（生育酚）的含量为茶叶干重的 300～800 ppm，主要存在于脂质组分中。维生素 E 是一种抗氧化剂，可以阻止人体中脂质的氧化过程，因此具有抗衰老的效应。茶叶中还含维生素 K，每天饮用 5 杯茶即可满足人体的需要。维生素 K 可促进肝脏合成凝血素。

4. 矿质元素

茶叶中含有多种矿物质元素，如磷、钾、钙、镁、锰、铝、硫等。这些矿物质元素中的大多数对人体健康是有益的，茶叶中的氟素含量很高，平均为 100～200 ppm，远高于其他植物，氟素对预防龋齿和防治老年骨质疏松有明显效果。局部地区茶叶中的硒素含量很高，如我国湖北恩施地区的茶叶硒素含量最高可达 3.8 ppm。硒对人体具有抗癌功效，它的缺乏会引起某些地方病，如克山病。

5. 氨基酸

茶叶中的氨基酸种类已报道有 25 种，其中茶氨酸的含量最高，占氨酸总量的 50% 以上。众所周知，氨基酸是人体必需的营养成分。有的氨基酸和人体的健康有密切关系。如谷氨酸能降低血氨，治疗肝昏迷；蛋氨酸能调整脂肪代谢。

6. 其他

除了上述这些主要组分外，茶叶中还含有一些次要的活性组分，它们的含量虽然不高，但却具有独特的药效。如茶叶中的脂多糖具有防辐射和增加白细胞数量的功效；茶叶中几种多糖的复合物和茶叶脂质组分中的二苯胺，具有降血糖的功效；茶叶在特定工艺条件下加工形成的 γ－氨基丁酸具有降血压的作用。

二、茶对人体的保健功效

现将茶叶对人体健康的药效作用分别进行归纳。

1. 兴奋提神

有人曾将小白鼠分别喂饲生理盐水、绿茶浸出液和咖啡碱水溶液，然后放在回转器上测定其运动能量。结果表明，喂饲茶叶浸出液后 60 min 即可明显促进其运动量，与生理盐水组有明显差异，加咖啡碱组增强运动量的作用最为显著。茶叶提神的作用主要是茶叶中的咖啡碱和黄烷醇类化合物的作用，而且这种作用不因其他因素的影响而降低效应。其机理据认为是促进肾上腺体垂体的活动，阻止血液中儿茶酚的降解，此外还有诱导儿茶酚胺的生物合成功效。而儿茶酚胺具有促进兴奋的功能，对心血管系统有强大作用。与此相联系的是茶还具有益思的效应。有人用迷宫实验证明，用茶叶喂小白鼠，具有使白鼠增强记忆力的效果。因此人们在生活实践中，往往在感到疲乏时喝上一杯茶，刺激机能衰退的大脑中枢神经，使之由迟缓转为兴奋，集中思考力，以达到兴奋的功效。

2. 利尿

饮茶具有明显的利尿效应，这并不是由于摄入大量水分而引起的排尿量增加。有人用少量的绿茶提取液的浓液注射到家兔的耳静脉搏中，结果发现家兔排尿量也明显增加。利尿的机理是由促进尿液从肝脏中的滤出率来实现的。关于利尿的药理组分，据报道是可可碱、咖啡碱和芳香油综合作用的结果。

由于茶的利尿作用，使尿液中的乳酸获得排除。众所周知，人体肌肉、组织中的乳酸是一种疲劳物质，会使肌肉感觉疲劳，因此乳酸排出体外能使疲劳的机体获得恢复。

3. 止痢和预防便秘

茶的止痢效果早已在临床中应用。据报道，用绿茶治疗痢疾的效果优于其他价格昂贵的化学药物，而且有较长的持效。用绿茶治疗后第 2～3 天，赤痢菌即受抑制，第 5～10 天患者完全恢复。半年后重新检查，未发现有阳性带菌。茶叶的止痢效果主要是儿茶素类化合物（特别是 EGC 和 EGCG）对病原细菌的明显抑制作用。

便秘有习惯性、神经性、营养不足和弛缓性便秘等多种。便秘是由于肠管松弛使肠的收缩蠕动力减弱。茶叶中茶多酚的收敛作用使得肠管蠕动能力增强，因此具有治疗便秘的效果。此外茶中的微量茶皂素也有促进小肠蠕动的作用和弛缓性便秘的治疗效果。据报道，饮茶对习惯性便秘和神经性便秘也具有治疗效应。

4. 防龋作用

龋齿是人类的常见病之一，尤其是儿童。茶叶的防龋效果早已被证实。茶树是一种能在土壤中富集氟素的植物，嫩梢中氟的含量为 40～720 ppm，老叶中含量更高，达到 250～1 600 ppm，而且水溶性氟的含量很高。有人曾用氟化钠将不同浓度的茶汤中氟的浓度调节到 10 ppm，结果茶汤中氟浓度越高，防龋的效果也越好。这表明茶叶中除氟素外，还有其他防龋的成分。有人曾对每天饭后饮 1 杯（100 mL）含 1 g 茶叶的茶汤的 300 名学龄儿童进行连续 1 年的观察，结果发现饭后饮茶的儿童的龋齿比不饮茶的平均减少 57.2%。北京口腔医院曾对 400 名学龄儿童进行观察，让他们每天饮用 2 次茶水，每次 300 mL（所用成茶中的氟含量为 400 ppm，水与茶成比例为 1 200：1）结果连续饮用茶水 200 天以上的儿童，其龋齿率比不饮茶的降低 10%。浙江医科大学曾在松阳县古市镇小学学生中进行用茶水漱口对降低龋齿发生率影响的实验，结果用茶水漱口的儿童龋齿率降低 80%。

在牙膏中添加氟化钠以预防龋齿发生，在国际上被广泛采用，但世界卫生组织规定在儿童用牙膏中不得加入氟化钠，以避免儿童刷牙时有意或无意将含氟化钠的牙膏吞入。在中国曾利用粗茶中的氟素加入牙膏，以取代氟化钠，并经实验证明对预防龋齿具有明显的效果。

茶叶的防龋作用除了氟素的作用外，茶叶的茶多酚类化合物则可杀死在齿缝中存在的乳酸菌及其他龋齿细菌。茶多酚类化合物具有抑制葡萄糖聚合酶活性的作用，使葡萄糖不能在菌表聚合，这样病菌便无法在牙上着床，使龋齿形成的过程中断。此外，茶叶中皂甙的表面活性作用，增强了氟素和茶多酚类化合物的杀菌作用。因此，茶叶的防龋作用主要是这三类化合物综合作用的结果。

另外，茶还有增强牙齿抵抗力的效能。茶属碱性食品，牙齿中的钙在体内碱性矿物质不足时，会溶解在血液中起着补充作用，因此一般人体在长期疲劳后，牙齿会变得脆弱，易生蛀牙，这是缺钙的缘故。茶本身是一种碱性物质，因此能抑制钙质的减少，起着保护牙齿的作用。

除了防龋外，茶还有清除口臭的效果，这是因为人们在进食后残留在牙缝中的蛋白质食品成为腐败细菌增殖的基质。茶叶中的多酚类化合物具有杀菌作用，而茶皂素的表面活性作用具有清洗的效果，因此有清除口臭的作用。

5. 助消化作用

茶叶的咖啡碱和黄烷醇类化合物可以增强消化蠕动，因而有助于食物的消化，预防消化器官疾病的发生，因此在饭后，尤其是摄入较多量的含脂肪食品后，饮茶是有益的。据报道，乌龙茶具有独特的分解脂肪的能力，因此，在进食较多植物性脂肪食品时，喝浓茶（特别是乌龙茶）有助于把多余的脂肪排出体外。正由于这种作用所发挥的减肥效果，使乌龙茶以每年数亿罐的销售额在日本畅销。

茶叶在有助于人体消化的同时，还具有制止胃溃疡引起的出血功能，这是因为茶叶中的多酚类化合物，可以以薄膜状态附着在胃的伤口上，从而起到保护作用。

茶叶还具有吸收人体有害物质的能力，它不仅可以“净化”消化道器官的微生物，还对胃、肾及肝脏有着独特的化学净化作用，因此有人将浓茶称为“人工肝脏”。

6. 明目作用

茶可以明目的功效在我国的许多古医书早有记载。人眼的晶体对维生素 C 的需求量比其他组织高，不少眼科专家认为，维生素 C 摄入量不足，易导致晶状体混浊而患白内障，因此多饮绿茶有助于保护眼睛。据对 200 例白内障患者的调查表明，在 70 名男性患者中，有饮茶习惯者 20 人，占 28.6%；而无饮茶习惯者 50 人，占 71.4%。在 130 名女性患者中，有饮茶习惯者 45 人，占 34.6%；无饮茶习惯者 85 人，占 65.4%。无饮茶习惯的人中的白内障发病率比有饮茶习惯者高 1.5 倍以上。浙江省中医院调查了 240 例老年性白内障患者与饮茶的关系，结果发现，有饮茶习惯者白内障发病率较低，只占总患者数量的 35%，而无饮茶习惯者的发病率占总患者数量的 65%，由此可见，饮茶，尤其是多饮绿茶，对白内障有一定的预防效果。

夜盲症是我国农村中发生比较普遍的眼科疾病，主要和缺乏维生素 A 有关。在茶树鲜叶中虽未发现有游离的维生素 A，但含有丰富的维生素 A 原 – 胡萝卜素，其含量为每 100 g 干茶含 17 ~ 20 mg，绿茶中胡萝卜素含量约为 16 mg，红茶中含量稍低，为 7 ~ 9 mg。这种含量水平可与胡萝卜和菠菜的含量相比拟。胡萝卜素被人体吸收后，在肝脏和小肠中可转变为维生素 A，而维生素 A 可与赖氨酸作用形成视黄醛，增强视网膜的辨色力，因此多饮茶尤其是绿茶对夜盲症有一定的预防效果。

7. 抗衰老作用

人体中脂质过氧化过程已证明是人体衰老的机制之一，因此人们服用一些具有抗氧化作用的化合物，如维生素 C 和维生素 E，能起到增强抵抗力、延缓衰老的作用。现代研究表明，茶叶中的儿茶素类化合物具有明显的抗氧化活性，而且活性强度超过维生素 C 和维生素 E。据报道，20 ppm EGCG 的抗氧化活性，明显优于 200 ppm 的维生素 E 和 50 ppm 的人工合成抗氧化剂 BHA（丁基羟基苯甲醚），且与维生素 C 和维生素 E 一起有增效作用。不同的茶中儿茶素类化合物的抗氧化活性，以具有较多数量取代羟基的酯型儿茶素较强，其活性次序按下列程序递减：EGCG>EGC>ECG>EC。实验证明，用绿茶中的茶多酚或 EGCG 喂饲小白鼠后，可抑制皮肤线粒体中脂氧化酶的活性和脂质过氧化，同时肝脏和小肠中谷胱甘肽 –S– 转换酶的活性增强，起着抗氧化的效应。

8. 减轻吸烟对人体的毒害

吸烟对人体健康有弊无利，为了身体健康，应提倡尽量少吸或不吸烟。香烟中的尼古丁被吸入人体后会促进血管收缩，激素分泌量增加，而血管收缩的结果会影响血液循环，减少氧气的供应量，导致血压上升。多吸烟还会加速动脉硬化和使体内维生素 C 含量下降，加速人体衰老。据调查，每吸一支烟可使体内维生素 C 含量减少 25 mg，吸烟者体内维生素 C 的浓度低于不吸烟者。每天吸一包烟的人，血液中维生素 C 含量会降低 25%，因此吸烟者喝茶，尤其是喝绿茶，可以补充人体的维生素 C。此外，绿茶还有强化血管之效。因此，喝茶在某种程度上可以降低吸烟的毒害。众所周知，香烟烟雾中含有苯并芘等多种化学致癌物，这些物质已证明对人体会产生遗传毒性，而绿茶提取物证明对苯并芘和黄曲霉素等致癌物的形成有抑制效应。中国医学院肿瘤研究所最近研究证明，绿茶提取物可以抑制香烟烟雾提取物的诱导畸变。在香烟过滤嘴中加入茶叶提取物，对降低烟雾中有毒成分的尝试，在国内外均已获成功。因此，从保护人体健康的角度出发，提倡吸烟者同时饮茶，对减轻香烟的毒害作用是有益的。

9. 消炎灭菌作用

业已证明，茶叶中的儿茶素类化合物对伤寒杆菌、副伤寒杆菌、黄色溶血性葡萄球菌、金黄色链球球菌和痢疾等多种病原细菌具有明显的抑制作用。就不同茶类而言，以儿茶素类化合物含量最高的绿茶杀细菌活性最高，而且茶的级别越高，活性也越强。据报道，日本早在 20 世纪 50 年代就广泛用茶治疗鼠疫，苏联也用茶浓缩汁治疗肠伤寒和痢疾。近年的研究还发现，茶叶中多酚类化合物和儿茶素类化合物，对植物病毒（如烟草花叶病毒）具有明显的抑制效应。

此外，茶叶中的黄烷醇类能促进肾上腺体的活动，而肾上腺素的增加可降低毛细血管的透性，减少血液渗出，同时对发炎因子组胺具有良好的拮抗作用，属于激素型的消炎作用。茶黄烷醇类化合物本身还具有直接的消炎效果。因此，在古代，我国民间就有用茶叶汁处理伤口，以防止伤口发炎的做法。

10. 醒酒作用

酒后饮浓茶可以醒酒，这是中国人所熟知的。人们饮酒后主要靠人体肝脏中酒精水解酶的作用，将酒精水解为水和二氧化碳。在这种水解过程中，需要维生素 C 作为催化剂。相反，体内维生素 C 供应不足，会使肝脏的解毒作用逐渐减弱，而出现酒精中毒的可能。饮酒时吸烟，更会由于维生素 C 含量降低而加剧酒醉，因此，在酒席上或酒后喝几杯浓的绿茶或乌龙茶，一方面可以补充维生素 C，另一方面茶叶中的咖啡碱具有利尿作用，能将酒精迅速排出体外，此外茶叶中的茶多酚还有助于脂肪的分解。酒醉的人往往因为大脑神经呈现麻痹状态而产生头晕、头疼和身体机能不协调等现象，喝浓茶可刺激麻痹的大脑中枢神经，有效促进代谢，从而发挥醒酒的作用。

11. 对重金属毒害的解毒作用

现代工业的发展给人类带来物质繁荣，但也不可避免出现了环境污染。各种重金属（如铜、铅、汞、镉等）在食品、饮水中含量过高是其中一个方面。业已证明，这些重金属的含量过高对人体健康具有明显的毒害作用。如过量铅引起的铅中毒，会使人降低免疫力和缩短寿命；过量汞的摄入，会损害肾脏和神经系统；过量的镉往往由于损害骨骼而引起一种人类的慢性疾病。实验证明，茶叶中的茶多酚对重金属具有强的吸附作用。有人曾用升汞配制成不同浓度的溶液，然后加入茶煎汁，结果发现茶汁可使汞离子沉淀，时间越长，沉淀效果越好。有人用茶末同甲醛、硫酸和碱处理后在 60℃下搅拌 2 h，用水洗净后干燥、过筛。经处理后的茶叶对水中的银、镉、钴、铜、镍和铅等重金属具有非彻底的吸附效果，因此，有些国家推荐多喝茶，以减轻水和食品中重金属的毒害作用。

12. 防辐射作用

从第二次世界大战原子弹爆炸事件以来，人们在放射性同位素对生物体的有害作用上已有足够认识，由此，医学界相继进行各种防辐射方法的研究。20 世纪 50 年代日本有关学者发现，从广岛原子弹爆炸后蒙难者迁移到茶区居住，并饮用大量优质绿茶，不仅仍然存活，而且体质良好，因此得出结论，茶是一种有希望的辐射解毒剂。有人用绿茶、红茶和茶叶中提取的多酚类化合物喂饲大白鼠，再用致死剂量的放射性锶 90 进行处理。结果发现，茶叶可以吸收 90% 这种危险的同位素，而且吸收的时间比同位素到达骨髓的时间短。进一步实验还发现，茶叶中的多酚类化合物具有吸收放射性锶并阻止它扩散的作用，饮用足够数量的浓绿茶，可使生物体内积累的锶 90 数量显著低于允许水平。我国进行的研究表明，饮用浓绿茶可使患癌症后进行辐射照射引起的白细胞数量明显下降的患者白细胞数量增加，效果可达 90% 以上。我国天津茶叶加工厂等单位曾用茶叶提取物加工成一种名为 7 369 的升白剂，根据对放射性职业引起的白细胞减少症患者的试验结果，每天服用 3 次，每次 5 ~ 7 天，1 个月为一疗程，结果疗效达 80%。这种防辐射作用的有效组分被认为是一种脂多糖化合物。

13. 降血压作用

高血压是一种人类常见病，是以动脉血压持续增高为主的临床症候群。世界卫生组织 1978 年规定了高血压的诊断标准，即成年人的正常血压应在 149/90 mm 汞柱以下，血压在 160/95 mm 汞柱或以上者为高血压，而血压值介于两者之间的为临界性高血压。高血压在我国成年人中平均患病率为 4.94%（3% ~ 10%）。

高血压可分为原发性高血压（本态性高血压）和症状性高血压（继发性高血压）。原发性高血压约占高血压患者的 90%。关于原发性高血压的发病机制有两种观点，一种认为由交感神经兴奋引起，另一种认为由于受肾素和血管紧张素类物质的控制引起。肾素是一种蛋白水解酶，它进入血循环后，可促使血管紧张素原分解为血管紧张素 I（Angioten sin I），血管紧张素 I 无活性，它必须经血管紧张素 I 转化酶的作用，将其 C 位末端的二肽（组氨酸—亮氨酸）切断，变为具有强升压活性的血管紧张素 II。血管紧张素 II 的出现可使血管收缩，并促进胆固醇的分泌，结果导致血压升高。因此通常认为抑制血管紧张素 I 转化酶活性，在某种程度上也具有降压效果。目前已经证明，茶叶中的儿茶素类化合物（特别是 ECG 和 EGCG）和茶黄素，对血管紧张素 I 转化酶活性有明显的抑制作用。在苏联也已通过临床试验证明，用高浓度茶叶中的儿茶素可以降低血压。同时多喝绿茶对易致中风和血管瘀塞的人是有益的，因为它可以使血管保持弱性，消除脉管痉挛，具有防止血管破裂的功能。此外，茶叶中的咖啡碱和儿茶素类能使血管壁松弛，增加血管的有效直径，通过血管舒张而使血压下降。日本曾采用一种新加工工艺将茶树鲜叶放在氮气条件下处理 6 h，使茶叶中形成大量 γ—氨基丁酸。根据临床实验，对降血压有明显效果。茶叶中的芳香甙（芦丁）也具有维持毛细血管正常抵抗力和增强血管壁韧性的功效。我国长沙茶厂等单位以茶叶为原料制成“速溶减肥茶”，经临床实验，通过 7～24 周不同疗程后，血压平均下降 34/24 mm 汞柱。

14. 降血脂和抗动脉粥样硬化

动脉粥样硬化是老年和中年人的常见病和多发病，它是由于在大动脉和中动脉内呈现动脉内膜脂质沉积，形成黄色粥糜样病灶，动脉壁出现纤维增生和变硬，是形成心脏病和脑缺血病症的主要原因。在许多国家和地区，动脉粥样硬化症及其并发症居于死亡原因的首位。关于动脉粥样硬化的发生机制，有脂质浸润、平滑肌增生、血栓形成、血小板聚集和动脉内膜损伤等学说。因此，降低血脂含量、促进纤溶、抗凝和抑制血小板聚集，在某种程度上具有抗动脉粥样硬化的功效，但其中降低血脂含量是最重要的。现代医学研究证明，许多中老年人的常见病，如脑出血、冠心病、动脉粥样硬化、血栓、肥胖症等都与高血脂有关。

血浆中的脂质超出正常范围称高血脂（Hyperlipoidemia）。血脂指血浆中的脂质，包括胆固醇、甘油三酯、磷脂和游离脂肪酸等。胆固醇和甘油三酯含量过多，会附着在血管壁造成动脉硬化并给心脏带来负担，因而降低心脏机能。绿茶具有降低血液中胆固醇的作用，还有强化血管的功效。有人曾经用茶叶提取出来的儿茶素（如 EGCG）和胆固醇一起喂大白鼠，结果表明，喂 EGCG 后大白鼠体内总胆固醇、游离胆固醇、总类脂和甘油三酸酯的含量均明显降低，同时粪便中的类脂化合物和胆固醇排泄量增加。我国曾报道用“猴王牌”速溶减肥茶对高血脂患者进行临床实验。患者日服 2～3 次，每次 3 g，经 2 个月服用后，甘油三酸酯含量平均下降 51.5%。与此相类似的是日本进行的流行病学调查，结果表明，产茶地区的脑中风死亡率比非产茶地区的脑中风死亡率低。除了绿茶外，乌龙茶也有明显的分解脂肪的功效。

血栓的形成主要决定于血液中凝血因子的变化、血管壁的变化和血液瘀滞等三个因素。血栓形成是由于血小板团块在静脉和动脉的管壁附着，并通过凝血酶的作用使血小板聚集，因此，抑制血小板聚集是防治动脉血栓病的关键。目前已有实验证明，茶叶中的儿茶素、茶黄素和茶红素等具有抗血小板聚集、血液抗凝和促进纤溶的作用。我国浙江医科大学附属第一医院和中国农业科学院茶叶研究所，曾联合用茶叶中的黄烷醇类化合物对 214 个伴有纤维蛋白原增高的心血管病患者进行临床实验，结果表明，对抑制血小板凝集和促进纤溶具有明显效果。20 mg 红茶或 30～40 mg 各种绿茶，可抑制 1 mL 含血清纤维蛋白原 1 mg 的血浆凝固。我国福建省用乌龙茶进行的家兔活体实验也证明，饮茶可以改善血液流变学特性和抑制血栓的形成。综上所述，茶叶既可以抑制动物细胞对脂质的吸收，又可以加速清除或分解已进入主动脉壁的脂质。

15. 降血糖和对糖尿病的疗效

糖尿病是一组以高血糖为特征的代谢内分泌疾病，它是由于胰岛素不足和血糖过多引起糖、脂肪和蛋白质等代谢紊乱。1980 年联合国世界卫生组织将糖尿病分为Ⅰ型（胰岛素依赖性糖尿病）和Ⅱ型（非胰岛素依赖性糖尿病）。不论是Ⅰ型还是Ⅱ型的糖尿病患者，都同样有高血糖症状，因此，糖尿病患者往往出现血糖高的生化指标。有人用人工诱致高血糖的大白鼠作为实验材料，用绿茶水浸出液喂饲。结果表明，各种绿茶的冷水浸出液具有很好的降血糖效果，热水浸出液的效果不如冷水浸出液。红茶的效果不如绿茶。日本曾用茶叶去除咖啡碱后制成一种专治糖尿病的药物，经临床实验，其效果与胰岛素相仿。关于茶叶降血糖作用的有效组分，目前报道有如下三种。第一种是包括葡萄糖、阿拉伯糖和核糖（比例为 1.7∶5.1∶4.7）三种糖类的复合多糖，第二种是茶叶中的儿茶素类化合物，第三种是茶叶中的二苯胺。此外茶叶中的维生素 C、维生素 B_1 能促进动物体内糖分的代谢，对患先天性糖尿病的患者可采用常饮用绿茶作为辅助疗法之一，而没有糖尿病的人常饮绿茶也可以预防糖尿病的发生。

16. 抗癌、抗突变作用

癌症是当前世界上引起人类死亡率最高的疾病之一。突变是指遗传物质发生改变，包括染色体的改变和遗传物质（基因）的改变，突变也可以发生在体细胞内。癌症也是遗传物质的改变，一般是正常基因被致癌因素变为致癌基因，再受到另一些物质的影响后，致癌基因引起产生不正常蛋白质及细胞分裂，并分化为癌细胞。通常认为突变和癌有密切关系。癌症的起因多年来有两种学说，即病毒致癌学说和化学物质致癌学说。尽管存在上述两种学说，但对基本致癌过程的见解是一致的。大量研究工作已经肯定癌症是由致癌基因引起的，它在正常细胞中都存在，但是没有表达，不形成转化蛋白，这种在正常细胞中致癌基因是不活化的，因此又称为原癌基因（protoncogene），它必须经活化后才能产生转化基因。这种蛋白实际上是一种蛋白激酶，能使磷酸根离子附着在酪氨酸上，在质膜上蛋白质的磷酸化对细胞生长有促进作用，因此，通常认为癌症是由原癌基因活化后造成的。在癌症的致病过程中，需要一些化学物质来完成这种活化过程。它可以分为两个阶段，凡引起致癌基因形成的物质称引发物质（initiator），而使致癌基因表达出来的物质称促成物质（promotor），也有一些物质兼具两种作用。因此，凡对上述阶段中的一个产生抑制作用的，就具有抗癌效应。

关于茶叶的抗癌作用问题，从 20 世纪 70 年代后期起，世界各国的科学家围绕这个问题开展了大量的研究。尽管他们采用不同的茶叶和提取方法，如茶叶鲜叶提取液、绿茶提取液、儿茶素一铝络合物、绿茶热水浸出液的乙醚萃取液、绿茶中的茶多酚类化合物、儿茶素类化合物等，但都报道有抗癌活性，而且兼具抑制引发和促成两种作用。根据国内外用小白鼠、大白鼠、家兔等实验动物在活体内和活体外进行的大量研究，都表明茶叶提取物对 N– 甲基 –N′ – 硝基 –N– 亚硝基胍（MNNG）、紫外线、12–0– 十四烷酰咐拜醇 –β– 醋酸酯（TPA）、苯并吡、7、12– 二甲基苯并蒽、3– 甲基胆蒽和 N– 甲基 –N– 亚硝基脲等致癌物引起的皮肤癌、肺癌等癌症具有很明显的抑制效应。我国预防医学科学院最近报道了对 140 余种茶叶进行活体外和活体内的实验。大量的实验结果肯定了茶叶的抗癌抗突变作用，表现对人体致癌性亚硝基化合物的形成具有阻断作用。在不同茶类中，绿茶的活性最高，其次为紧压茶、花茶、乌龙茶和红茶。日本在 1969—1982 年进行的人口统计学资料表明，在静冈县中西部主产绿茶的地区，女性和男性的胃癌和其他的标准化死亡率显著低于全国平均值。胃癌死亡率低的城市居民有较强的饮茶习惯。这个流行病学调查结果从另一个侧面证明了饮茶与低癌症发病率间的联系。

总结 20 世纪 80 年代以来国内外在茶叶医学方面的研究，在抗癌、抗突变的机理上大致可以归纳五个方面。

（1）抑制最终致癌物的形成。从化学物质致癌学说的观点来看，癌症的发生必须有一些物质来引发致癌基因的形成或促使其表达，这些物质常称为致癌物质。但这些致癌物质并不一定一开始就以最终致癌物状态出现，有时它们的先成物在人体内出现，然后变成致癌物质。例如，众所周知的亚硝胺是一种强致癌物，但它并不是以亚硝胺状态进入人体的，它是由亚硝酸盐和二级胺在酸性介质条件下形成的。亚硝酸盐来自蔬菜或其他食品，二级胺则来自各种水产或其他食品，它们各自通过食物进入人体，在人胃中酸性的条件下化合成亚硝胺。研究证明，单是亚硝酸盐或二级胺均不能致癌，而只有合成为亚硝胺后才具有强致癌性，因此，抑制最终致癌物的形成无疑具有抗癌作用。中国预防医学科学院用茶叶进行的实验证明，多种茶叶均有不同程度抑制和阻断亚硝胺形成的效果，其中尤以绿茶和乌龙茶的效果最为明显，而龙井茶的抑制和阻断效应居各种茶叶之首。

（2）调整原致癌物质的代谢过程。人们在日常生活中，不可避免地会有多种外来物质随着食物、饮水而进入人体。人体内具有完善的酶体系将这些外来有害物进行代谢，将它变为极性的无毒化合物排出体外。人体肝脏微粒体中的多功能氧化酶就具有执行对各种外来物进行氧化代谢的功能。这种多功能氧化酶是一个酶复合体，其中细胞色素 p–450 起着主要的作用，它具有双重性作用，一方面对亲脂性外来物质，特别是有毒物质进行氧化代谢，起着解毒的功效，但另一方面许多原致癌物或原致突变物，也必须通过微粒体酶系的代谢活化，形成致癌物或致突变物。研究表明，茶叶中的多酚类化合物和儿茶素物质，具有抑制某些能活化原致癌物的酶系的作用，对其代谢过程起着调节和控制的作用。

（3）直接和亲电子的最终致癌代谢物起作用。除了上述抑制最终致癌物形成的机理外，已形成的最终致癌物就可能对原致癌基因进行引发或促成，因此直接和亲电子的最终致癌代谢物起作用，改变其活性，从而减少对原致癌基因的引发和促成，这在某种程度上意味着癌症诱发可能性的降低。研究表明，茶叶中的茶多酚和儿茶素类化合物，可使最终致癌物的数量减少。根据不同活性组分的研究表明，其直接和最终致癌物起作用的活性次序依次为：EGCG>ECG>EGC>EC。

（4）抑制致癌基因与 DNA 共价结合。现代医学研究认为，只有少数化学致癌物无须生物体内代谢活化而可直接和细胞大分子发生亲电子反应，大部分的化学致癌物必须通过生物体内酶体系的作用，使其变为具有亲电子性的代谢物，这时它们才有可能和富含电子基因的大分子化合物相结合。生物体细胞中的 DNA、蛋白质等大分子存在大量富含电子的基因，因此化学致癌物极易和细胞内的上述大分子进行共价结合，形成加成物。因为致癌物插入到 DNA 分子中，所以这些分子的结构发生歪曲和畸变，造成遗传信息传递错误，进而影响 DNA 的复制和转录，结果细胞发生突变和引发癌症。研究表明，茶多酚和儿茶素类化合物可使共价结合的 DNA 数量减少 34%～65%，其中尤以 EGCG、ECG 和 EGC 的效果最明显。绿茶茶多酚的效果与 EGCG 效果相仿。

（5）清除自由基。自由基也称游离基，它是指一些寿命很短，但性质非常活跃，且具有单个不成对电子的化学基因。自由基的大量出现是致癌机制之一，因为它可以凭借其亲电子本性而与一些大分子化合物结合，成为潜在的致癌因素，因此，对自由基的清除效应也是抗癌、抗突变的一个重要机制。在正常生理条件下，生物体内自由基不断产生，也不断被清除。处于平衡状态的自由基浓度是很低的，但在某些情况下，自由基的产生和清除失去平衡，往往是自由基的浓度增高到损伤机体的程度，自由基的清除可通过酶（如超氧化物歧化酶、过氧化氢酶等）和抗氧化剂（如黄酶类化合物、维生素 C、维生素 E 等）的作用来完成。茶叶中富含多酚类化合物和多种维生素，特别是多酚类化合物具有很活泼的羟基氢，能提供活泼的氢与自由基反应，生成惰性产物或较稳定的自由基，因而中断或减慢自由基参与的反应。已有研究证明，茶叶中的儿茶素类化合物，特别是酯型儿茶素具有很强的清除自由基功能，其清除效率可达 60%。

17. 其他

除了上述 16 个方面，茶还可以作为预防胆结石、肾结石和膀胱结石形成的药物，作为支气管炎和感冒时的发汗药，以及增进呼吸作用的药物，可以预防痛风和消除人体中有害的盐类及毒素的积累，治疗瘰病，防治各种维生素缺乏症。茶还可以预防黏膜、牙床出血、浮肿、眼底出血和甲状腺功能亢进。咀嚼干的茶叶可减轻怀孕妇女的妊娠期反应，以及由晕车、晕船引起的恶心。

第 4 节　六大茶类的性味功能

一、绿茶

代表茶品：六安瓜片、西湖龙井、碧螺春、信阳毛尖、竹叶青。

性味功效：绿茶是不发酵茶，性寒，可清热，因此最能去火、生津止渴、消食化痰，对胃阴虚、胃炎还有加速愈合的作用，并且能降血脂，预防血管硬化。

二、红茶

代表茶品：金骏眉、正山小种、祁门红茶、坦洋工夫。

性味功效：性温热，能散寒、暖胃、温阳，还具有明目提神、利尿解毒、防癌减肥等功效。

三、黄茶

代表茶品：霍山黄芽、君山银针、沩山毛尖。

性味功效：黄茶性凉微寒。在闷黄的过程中，会产生大量的化合物，对脾胃最有好处。对消化不良、食欲不振、懒动肥胖能起到调理保健的作用。

四、白茶

代表茶品：白毫银针、白牡丹。

性味功效：性味寒凉，能降火祛燥、清热解毒，具有三抗（抗辐射、抗氧化、抗肿瘤）、三降（降血压、降血脂、降血糖）的保健功效。白茶里的茶氨酸比较高，可改善睡眠，增强记忆力，舒缓神经，消除紧张的情绪。

五、青茶

代表茶品：冻顶乌龙、大红袍、铁观音、武夷肉桂、凤凰单枞茶。

性味功效：性味介于绿茶、红茶之间，不寒不热，辛凉甘润，既能消除体内余热，又能恢复津液，滋润肺腑，具有降血脂、减肥、抗炎症、抗过敏、防蛀牙、防癌、延缓衰老等保健作用。

六、黑茶

代表茶品：普洱茶、六堡茶、藏茶、湖南黑茶。

性味功效：黑茶药性味苦、甘，性平和，具有双项调节的性味，能清火，又能温胃散寒。具有降血脂、降胆固醇、抑制动脉硬化、健美减肥、抑菌、助消化、暖胃、生津、止渴等功效。

第 5 节　日常生活中的饮茶常识

茶既能解渴，又能养生，但不同的茶类其内含物质的含量会有较大的差异，因而对人体的保健作用也不甚相同，人的体质有寒热虚实之别，茶性有寒凉温热之异，应根据需要科学、合理选用。

一、合理选茶

1. 绿茶茶性寒凉

绿茶的营养成分如维生素、叶绿素、茶多酚、氨基酸等物质是所有茶类中含量最丰富的，具有清热、消暑、解毒的作用。

由于绿茶属不发酵茶，茶多酚含量较高，对肠胃有一定的刺激性，肠胃较弱的人应少喝，或冲泡时茶少水多，以减少刺激性。

适用于脑力劳动者，可提高大脑的敏捷程度，长时间保持头脑清醒、精神饱满，有利于增强思维能力、判断能力和记忆能力；也适合阳盛体热和阴虚火旺的人群和容易上火、平常爱抽烟喝酒者，还适合于有减肥美容需求的人群。孕妇饮用绿茶时，以较淡味的茶汤为好；脾胃虚寒之人不宜饮用。

2. 红茶茶性温和

寒凉性体质（虚寒、内寒）或消化道胃病（如溃疡病、慢性胃炎等）者，中老年人较宜饮用红茶。特别是老人、少儿、胃寒病人饮用。如果在饮用红茶前，在冲泡好的红茶汤中加入牛奶、方糖，不但风味独特，而且养生保健功效更佳。

3. 黄茶性凉微寒

黄茶茶性接近绿茶，适合胃热者饮用，不宜饮用绿茶之人也不宜饮用黄茶。

4. 白茶性味寒凉

白茶属微发酵茶，具有解酒醒酒、清热润肺、平肝益血、消炎解毒、降压减脂、消除疲劳等功效。尤其是陈年的老白茶，具有一定的药用价值，老少皆宜。中老年人可以降三高，防癌抗癌，抗衰老。白茶还有很强的抗氧化、抗辐射和降脂功能，尤其针对烟酒过度、油腻过多、肝火过旺引起的身体不适、消化功能障碍等症，具有独特的保健作用。

白茶可以用于减肥、美容、防辐射。此外，白茶还可以用于退烧、消炎，对小儿治疗荨麻疹有奇效。

5. 青茶（乌龙茶）性不寒不热

青茶是一种大多数人可选择饮用的茶。适用于以荤食为主的人群，有助于消化；适合于阳虚体质、脾胃虚寒的人群。

身体肥胖、希望减肥的人可以多喝乌龙茶，因为乌龙茶分解脂肪的作用较强，可以帮助解除油腻，促进消化。

喜欢饮酒的人也可以喝乌龙茶，它能够预防身体虚冷，减少酒精和胆固醇在体内的沉积。但是，近几年采用轻发酵工艺加工而成的清香型铁观音和广东生产的单丛乌龙茶，其茶性寒凉，脾胃虚寒之人不宜选择此茶饮用。

6. 黑茶茶性温和

黑茶是茶性最平和的茶类，由于其性偏温醇，适宜大多数人群，但不太适合阴虚内热的人。

黑茶的渥堆是一种湿热发酵过程，大量菌类微生物参与了发酵，至渥堆、干燥、储放后大量益菌微生物仍存留在茶体中，饮用黑茶既可养生保健、强身健体，又可生津止渴、利尿通便。

选择黑茶时适宜选择熟茶，不要选择未达到品质标准的生茶，以免损伤身体。

另外，黑茶还具有一定的控制体重的作用，用低热量的黑茶代替日常的甜饮料，可以控制热量摄入。

二、正确泡茶

1. 绿茶

绿茶属于不发酵茶，特别是比较细嫩的，不适合用刚煮沸的水泡。最好现泡现饮。常用 3 g 茶叶冲水 150 mL，冲泡出来的绿茶汤浓淡适中。

绿茶之所以具有抗氧化、清除自由基、抗衰老、抗病毒等保健功能，主要是因为茶叶中的多酚类物质。如果冲泡温度过高或时间过久，多酚类物质就会被破坏，茶汤不但会变黄，其中的芳香物质也会挥发散失。

2. 红茶

红茶是全发酵茶，常见的有高档工夫红条茶和红碎茶。与绿茶不同的是，高水温浸泡能够促进其中的有益成分溶出。

3. 黄茶

黄茶属于轻发酵茶，性味与绿茶相似，可以参照绿茶的冲泡法。

4. 白茶

白茶属微发酵茶，一年茶、三年药、七年宝，越陈越香。

白茶的冲泡水温要视具体情况而定，一般来说，冲泡时间逐泡加长，年份越长的白茶越耐泡，可以冲泡十多次。老白茶还可以煮，也是别有一番滋味。

5. 青茶

青茶是半发酵茶，如铁观音、大红袍等。泡乌龙茶最好用专业的紫砂壶或盖碗杯，并且一定要用 100℃的沸水，乌龙茶的投茶量比较大，通常为 8 g，基本上是所用壶或盖碗的一半左右，并可冲泡多次。

6. 黑茶

黑茶发酵时间较长，在储存中仍然可以随着时间推移进行自然的陈化，在一定时间内，还有越陈越香的特点。

以普洱茶为代表的黑茶，泡时也要用 100℃的沸水。第一次冲泡黑茶，要快速润茶、滤去茶叶的杂质，从而使泡出的茶汤更香醇。后续冲泡时间逐泡加长。普洱茶一般用专业的茶具来泡，紫砂壶、盖碗杯都可以，投放量一般是绿茶的 2 倍。

三、科学饮茶

1. 合理饮茶

喝茶具有防病、祛病的养生功效，但是，无论是喜欢享受淡淡的茶香味，还是用它来达到防病、养生的目的，都要科学、合理。

（1）绿茶。一般来说，绿茶非常适合夏季饮用，在午饭或午觉后饮用最好。

（2）红茶。红茶尤其适合冬季饮用，如晚饭后喝，有降血脂、助消化的功效；因为发酵茶的咖啡因含量低，对睡眠影响小。如果喜欢饮用特殊风味的红茶，可加入柠檬、草莓、桂皮、姜汁、荔枝汁等配料饮用，更有一番风味。

（3）白茶。年份较短的白茶夏季饮用最佳，一天中的饮用时间没有严格限定。随着年份增加，白茶的茶性逐渐转温，一年四季都可以饮用。

（4）青茶。青茶是一种中性茶，适合大多数人饮用。最适合秋天饮用，可以兴奋神经，使人神清气爽。

（5）黑茶。黑茶冬天饮用最合适，冬天寒气重，是阳气闭藏的季节，黑茶可以生热暖胃。

2. 饮茶禁忌

一些喝茶的禁忌要谨记。

（1）空腹喝茶。在空腹的时候绝对不能喝茶，这是因为空腹喝茶会稀释胃液，降低消化功能，致使茶叶中不良成分大量进入血液，引发头晕、心慌、手脚无力等症状。为了保证身体健康，饭前是不能喝茶的。

（2）饭后喝茶。很多人都爱在饭后喝上一杯茶，以此来加强消化食物，达到减肥的效果。但是饭后喝茶正确的方法是餐后半小时至一小时再喝茶。这是因为茶叶中含有大量鞣酸，可以与食物中的铁元素发生反应，生成难以溶解的物质，长期这样喝茶，造成的后果是人的身体缺铁，甚至会诱发贫血症。

（3）经期喝茶。月经期间喝茶，容易诱发或加重经期综合征。研究证明，有喝茶习惯的人发生经期紧张症概率比不喝茶的人高出许多。所以经期不宜喝茶，尤其不宜喝浓茶。

（4）晚上喝茶。晚上喝茶能够达到加强食物消化的效果，但是并不是所有的茶都适合在晚上喝。晚上最好喝红茶，因为红茶是全发酵茶，刺激性弱。对脾胃虚弱的人来说，喝红茶时加点奶，还可以起到一定的温胃作用。总之，晚上喝茶时要少放茶叶，不要泡茶太浓，以免影响睡眠。平时情绪容易激动或比较敏感、睡眠状况欠佳和身体较弱的人，晚上还是最好少喝或不喝茶。

（5）喜喝新茶。新茶不宜多喝，存放不足半个月的新茶更加不能喝。这是因为新茶存放时间短，含有较多未经氧化的多酚类、醛类及醇类等物质，对胃肠黏膜有较强的刺激作用，容易引发胃病。

（6）一年四季喝同样的茶。在不同的气候、不同的季节喝上适合的茶水，这样才能起到更好的效果。一年四季气候不同，应选用不同的茶种，这样才能真正达到防病养生之功效。

（7）患溃疡病喝茶。有溃疡病的人是绝对不适宜喝茶的，因为茶叶中的咖啡因会促进胃酸分泌，升高胃酸浓度，诱发溃疡甚至穿孔，这样的后果是非常严重的。平常空腹喝茶就已经不利于肠胃了，如果肠胃还有溃疡的人就更加不适合，喝茶不仅不养生，还绝对是一大伤害。

1. 古代茶方剂中最知名的是什么方？
2. 茶的二十四功效有哪些？
3. “茶为万病之药”出自于哪本书籍？
4. 茶叶中的主要药用成分有哪些？
5. 日常生活中的饮茶要注意哪几个关键点？

第 5 章
时尚茶艺

引导语

在长期的文化发展历史中，具有时代特征的新鲜文化形式总是伴随着一定的生活方式推动着历史文化的发展，其中优秀的部分最后也必然融入灿烂的民族文化中，成为人类共同的文化财富。而这些在每个时期最初出现的新鲜文化形式，往往又总是以时尚的生活方式出现并接受历史的检验。时尚茶艺就是在我们这个时代中出现的一种新鲜的茶文化生活方式，它理所当然成为中国当代茶文化的内容。积极、有效地研究并掌握时尚茶艺的文化形式和表现技巧，对全面学习和掌握泡茶技艺有着十分重要的作用。

时尚茶艺种类繁多，主要表现在对传统泡茶方法改良的茶艺、创意调饮茶、工艺花茶等几个方面。时尚茶艺的传承性、创新性、实用性，以及现代茶叶加工的变革，茶器具的繁荣发展，饮茶方式的创新，茶文化的进一步深入，都需要我们对茶艺中的茶品选择、茶器具配置、冲泡方法及茶艺演示等诸多要素进行变革和创新。在本章中，重点介绍时尚茶艺的形成与发展历史、时尚茶艺创意调制的基本要求和演示方法等知识，并在此基础上进行熟练的时尚茶艺冲泡训练。

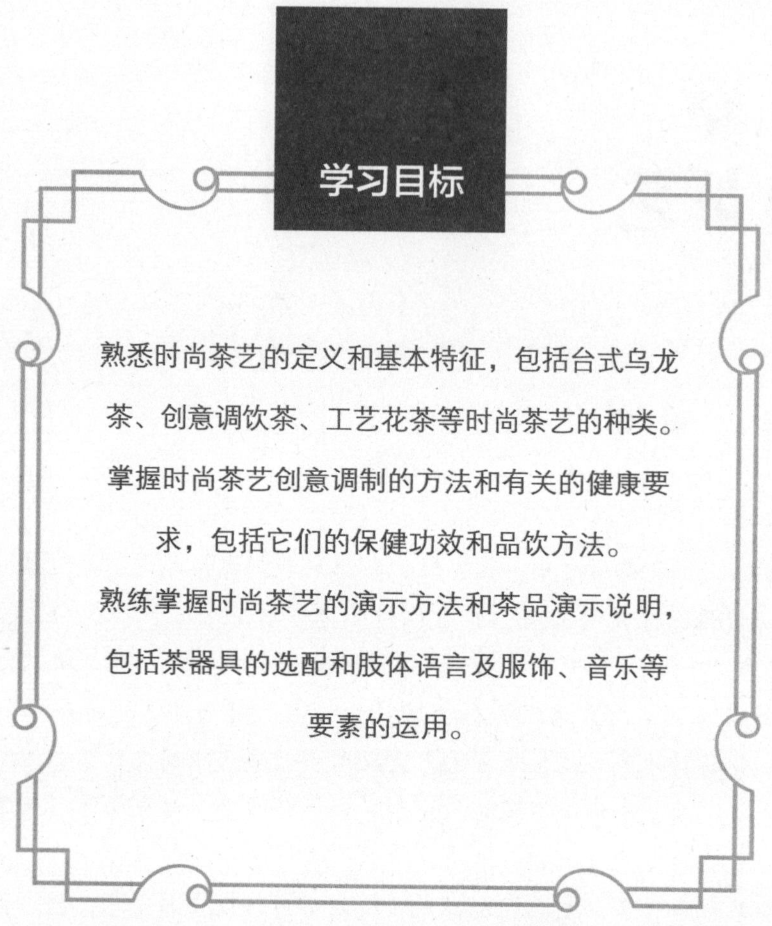

学习目标

熟悉时尚茶艺的定义和基本特征，包括台式乌龙茶、创意调饮茶、工艺花茶等时尚茶艺的种类。

掌握时尚茶艺创意调制的方法和有关的健康要求，包括它们的保健功效和品饮方法。

熟练掌握时尚茶艺的演示方法和茶品演示说明，包括茶器具的选配和肢体语言及服饰、音乐等要素的运用。

第 1 节 时尚茶艺概述

一、时尚茶艺的定义

时尚茶艺指的是流行于时下的茶品及其演示形式。

时尚茶艺在内容上包含四个方面：一是传统的茶艺经改良后迅速被推广并为广大爱茶人所接受的茶艺。如台式乌龙茶，原本是潮汕地区的传统工夫茶，20 世纪 80 年代，经台湾茶人的不断改良，使茶具在使用上更加快捷、方便，演示上更具情趣，并赋予新的文化内涵，传入大陆后，便很快在各大城市的茶馆中得以流行。二是由人们创意调制的茶品并被广泛接受的茶艺。即通过在茶中加糖、加冰、加奶及加入各类鲜果和食物的茶品，如“珍珠奶茶”等。三是工艺花茶。此类茶是在线扎茶的基础上，将各类可饮的花同时包扎于茶叶中，经冲泡后，不仅使茶有了新的保健功效，同时杯中的茶也显现出各式的形态，给人以花样的美感。四是当下人们喜爱并开始熟悉的黄茶、白茶的泡饮，以及调配各类可饮花草后冲泡的花草茶。这类茶既保健又具有较强观赏性，有助于美体养颜，受到人们的欢迎。

茶艺在融合中华民族优秀文化的基础上又广泛吸收和借鉴了其他艺术形式，并扩展到文学、艺术等领域，形成了具有浓厚民族特色的中华茶文化。时尚茶艺就是吸收和借鉴现代文化，将人们日常饮茶的习惯根据泡茶规则，通过艺术加工，展现茶的冲、泡、饮的技巧，把日常的饮茶引向艺术化，提升了品饮的境界，赋予茶新的生命和内涵，从而更符合现代人的物质需求和精神追求。现代物质文明和精神文明建设的发展，为茶艺注入新的内涵和活力，茶艺内涵及表现形式正在不断扩大、延伸、创新和发展。新时期茶事融进现代科学技术、现代新闻媒体和市场经济的精髓，使茶艺的价值功能更加显著，对现代化社会的作用进一步增强，国际交往日益频繁。新时期茶艺传播的方式、表现形式呈大型化、现代化、社会化和国际化趋势，其内涵迅速膨胀，影响扩大，为世人注目。

总之，时尚茶艺不仅有一个新的名称，而且在茶品、茶具、泡饮、功效及文化内涵等方面，一定程度上有别于一般的传统茶艺。它既有传统又有创新，是随着时代的变化而变化，随着人们品饮的需求而革新，是新时期以新茶品为内容的茶艺形式，对推动中华茶文化的发展具有一定的积极意义。

二、时尚茶艺的形成与发展

事物的流行都是时代社会生活的反映，时尚茶艺的形成也同样如此。流行又往往表现于在某一居住人口众多且富有流行传统的现代都市中首先发生。如上海，在改革开放之后，随着物质生活水平的提高，人们的生活观念也发生了很大变化。20世纪80年代末，当都市时尚青年在初次品味复兴后的传统茶艺带给他们的文化享受后，不久便被传入大陆的台式乌龙茶所吸引。他们发现：经改良后的台式乌龙茶，首先在茶具上有了一个完整的组合形态；其次，茶具的形状、功能、演示、文化等方面都比传统的茶艺在使用上更快捷、方便；在功能演示上更富有情趣；在文化内涵上也显出一定的新意。如传统的潮汕工夫茶茶池，多为扁圆的瓷或陶器，而台式乌龙茶的茶池却多为长方形竹质或木质并带有储水抽屉，这样，不仅茶池的面积更大，可放置更多的茶器具（见图5—1），同时，它比传统的瓷器或陶器茶池也更轻便和不易碰碎，倒弃废水时更加方便，茶池上的各种茶器具也无须挪出。又如在煮水器上，传统的潮汕工夫茶多采用木炭和酒精灯煮水，煮水的炉、壶也为红泥烧制，而台式乌龙茶的煮水器则采用现代的不锈钢制成，燃料也以电代替。这样使用起来，既方便又快捷，且卫生又不易碰碎。

图5—1　台式工夫茶演示

除此之外，在茶的泡饮上，增加了闻香杯和公道杯，公道杯替代了潮汕工夫茶直接用壶分茶的方法，避免了传统分茶法容易造成茶汤不均的现象；而闻香杯和品茗杯分器而用，不仅更卫生，也平添许多情趣。另外，在杯碟、茶巾、茶匙、茶针、茶夹、茶拨、茶滤、盖置、壶、盏及崇尚紫砂制品等方面，也使其在演示时极大丰富了文化的内涵。再则，台式乌龙茶是以一壶多盏的方式进行泡饮，它不同于传统绿茶一人一杯的品饮方式，这又为喜欢聚会的都市时尚青年所偏爱。据一项调查所统计，上海的夜晚，在离开家庭、休闲于都市夜生活的人群中，90.2% 以上是青年，青年是时尚流行的主体。台式乌龙茶首先受到都市青年的欢迎，是其成为时尚流行的根本原因所在。

改革开放之后，上海是一个台商聚集最多的城市，一时间以台商为主要投资人所开设的茶艺馆、茶坊逐渐增多。加盟、仿照台式茶馆经营模式的茶馆也逐渐升温。据统计，20 世纪 90 年代初的上海，各式茶艺馆、茶坊、茶楼多达 1 800 余家，这些茶馆也多以台式乌龙茶为主打茶品，这又为台式乌龙茶的流行创造了广泛的推广环境。应该说，台湾地区的茶商和茶馆业主在经营理念、经营管理、产品开发和品牌意识等方面，都优于改革开放初始阶段上海本地的茶馆业主。不久后，以刘汉介为代表的一批台湾茶人，又根据上海都市现代生活的特点和现代人的需求，先后推出了以“珍珠奶茶”为系列的冷、热可饮的休闲茶饮品。在休闲茶馆中，也推出了一批创意调饮茶，都很快获得了成功。这些茶品以甜为主打，在茶中加以冰、奶、各类鲜果、鲜果汁及其他食物，如“珍珠奶茶”在茶中调以糖、奶制品、淀粉质的“黑珍珠”及少量香精，可热饮，也可加冰冷饮。再如在休闲茶馆中普遍推出的创意调饮茶品，有在绿茶中加以糖和冰块，再添以切片的猕猴桃等，起名为“蓝色多瑙河”；在红茶中加冰、加糖、加切片柠檬，再以红樱桃点缀，起名为“巴黎之吻”等。这类茶品吸引了从小就吃惯了甜食的时尚青年，同时又为他们追求现代浪漫爱情生活注入了文化添加剂。从下面的一份当年泡沫红茶坊的茶单上，就可以感知到那份表现于茶品中浓烈的浪漫情调（见表 5—1）。

表 5—1　休闲茶类一览表

名称	价格（元 / 杯）	赠品
蓝色多瑙河	38	（送茶食 2 份）
巴黎之吻	38	（送茶食 2 份）
红粉女郎	38	（送茶食 2 份）
红尘滚滚	38	（送茶食 2 份）

经营这类茶品的休闲茶馆（见图 5—2）往往在传统的装饰环境中注入了一些现代元素。茶台上，往往以西式的烛光照明，灯光朦胧，背景音乐也以温柔、浪漫的萨克斯曲《回家》《情人河》等替代了传统的古筝和江南丝竹曲。这类茶馆一度聚满了成双成对的都市时尚青年男女。

图 5—2 休闲茶馆——江南茶人

进入 20 世纪 90 年代末，本地的茶商及在本地经营的各地茶商，也紧随时代的步伐，善于从现代都市生活和都市休闲文化中捕捉时尚的潮流，在超前消费和引导消费的理念指导下，成功推出了一批工艺花茶，如图 5—3 所示。这类茶品，是在以往线扎茶的基础上，将各类可饮花卉同时扎于茶叶中，并采用西式高脚玻璃酒杯冲泡。上海的百年茶馆老店湖心亭茶楼就是最初推出这样一种工艺花茶泡饮方式的茶馆。这类茶品投入透明的玻璃杯中，经冲泡后，舒展的茶叶和花朵红绿相间，如花中有花，不仅其形态栩栩如生，且多彩的颜色也美丽异常，直叫人不忍入口。这类工艺花茶推出之后，极大吸引了成年男女，也格外受到都市儿童的喜爱。上海的少儿茶艺本来就遍布全市的中小学校，于是，在广泛开展的少儿茶艺活动中，工艺花茶又成了少年儿童进行茶艺表演的新宠。少年儿童的所爱，在某种程度上又决定了家长的茶品选择取向。据调查，90 年代末，仅上海一家茶城的某工艺花茶茶店，一年中的销售量竟翻了 11 倍。

图 5—3 工艺花茶——丹桂飘香

进入 2000 年后，另一种原本默默无闻且不成规模的花草茶又在一片美体、瘦身、养颜声中突然升温，甚至在有些媒体还未来得及进行追踪报道的情况下，大小茶店随着各式茶馆一起，把花草茶轰轰烈烈地推介到茶客们的面前。果然，在上海这个遍布健身馆、美容院、足疗室、瘦身房、养颜所、美甲店、隆胸院、按摩房的现代大都市中，花草茶很快就成了都市时尚女子的新爱。现代女性喜爱花草茶，是被它护肤养颜、协调内分泌、促进皮肤新陈代谢等功效所吸引。同时，女子又爱茶与花草，这两者的结合使花草茶的流行成必然之势。

到了 2010 年，上海世博会的盛大召开，中国茶、中国的茶艺向世人彰显出夺目的东方神韵。自此，中国的六大茶类次第绽放。各地名茶、历史名茶、现代加工名茶纷纷如雨后春笋般来到人们面前，人们应接不暇，一些传统的品饮方式被挖掘、整理、提升，结合现代人的审美情趣的品饮理念也顺应而生。所以，任何时尚的事物，追踪溯源，都是由传统而来，并随着时代脉搏而跳动的。时尚茶艺的流行也同样如此。

如今，喝茶在上海已是一种普遍的休闲活动。各地的茶行为使茶艺普及，大力推动，许多内部陈设古典高雅的茶艺馆也纷纷以崭新的姿态出现。每年也定期举行评茶比赛、茶博会等活动，吸引茶农、茶商、品茗人士，使茶艺活动呈现出一股朝气，因而饮茶的风尚在上海已成为一种高层次的精神生活，而这种崇尚自然、无拘无束的茶艺精神醇厚温馨，就如同中国传统的人情味一般。

时尚茶艺的流行恰逢如下几个机缘：一是改革开放的时代，各地的各类茶品及演示形式得以快速地相互引进，相互交流；二是现代生活促进了现代人生活观念的改变，使符合现代人生活观和价值观的生活形式有了流行的土壤；三是得益于现代都市聚集的一批来自五湖四海并有志创造时尚的先锋人士。这又印证了中国古代成事必得“天时、地利、人和”的规律。

依据传统，对古老的茶艺进行改良，以适应时代社会生活的需求，古来有之。对于中国何时就有了茶馆，学术界目前尚无定论，但在宋代，京城开封及南方等地，特别是在杭州，各类茶肆、茶坊、茶楼已“遍及城南池北”。据《宋·梦粱录》载，宋时的许多茶馆就开始了“四时卖奇茶异汤，冬月卖七宝擂茶、葱茶、盐鼓茶，夏天卖雪泡梅花茶、薄荷茶、银盂、银盏，鼓乐吹梅花曲”。冬天卖的“七宝擂茶”，即是由花生、芝麻等七种配料熬成的茶粥，是为热饮；夏天卖的“雪泡梅花茶”，即是把冬雪加梅花放在地窖中封存，到夏天才取出加入冷却的茶汤中。可见茶中加冰的做法，早在一千多年之前就出现过。何况还是用银器装冰、银器做杯，讲究到何种程度。宋代茶品的丰富及其演示形式的独特，也同样依赖于当时的社会生活和人们的生活价值取向。大宋之前，本身已持续了四百余年的安定，自宋开始，又有四百余年的安定，这前后近千年的升平岁月，使中国的茶文化发挥至鼎盛的阶段，如图 5—4 所示。

图 5—4 宋代砖画所反映的宋代茶艺

流行，从传统而来，又不是简单的传统的重复与再现，这是时尚流行的根本特征所在。都市时尚茶艺的流行，取冰自然再也不用冬天藏雪于地窖中，而是采用现代技术制冰，即制即用，可切可刨，卫生又方便。在茶具上，采用一次性无毒塑料杯和吸管，可边走边饮，也可用高脚玻璃酒杯做茶杯，西为中用，酒为茶置，以达到杯茶同辉，品赏俱佳。至于其他如花草茶类，更是以突出功效为主体，寓保健于审美中，都是在传统的茶艺基础之上内容与形式的创新。

流行并不等于流传。流行的另一个特征是变化与短暂。在都市时尚茶艺的流行中，同样也不能离开这个基本特性，泡沫红茶就是一例。当年，几乎是在“珍珠奶茶”风行的同时，泡沫红茶的名字也同“珍珠奶茶”一样异常响亮。有一些新开设的茶馆，就干脆直接叫“泡沫红茶坊”。泡沫红茶，就是将冷却的红茶倒入一种原本作为摇酒的不锈钢摇瓶中，由穿着西式工作服的服务生在吧台前当众振臂摇晃，技术熟练的服务生，摇晃动作有起有落，十分潇洒，为这种茶的制法仿佛增加一些神奇之感。同时，也使茶馆内生出一些活跃的气氛。这在当时，确实也吸引了许多对西方生活方式少见寡闻的国人。但是，这类缺少文化底蕴、只是凭着一技之花哨而形成的茶的品饮方式渐渐衰落。泡沫红茶也如同它的泡沫一样，迅速产生，迅速消失。由此可见，时尚茶艺只有始终贴紧时尚人群的生活，不断改良再改良，才有可能将流行的时尚赋予新的内容与形式，时尚茶艺也才有可能得以继续流行。

三、时尚茶艺的种类

目前仍流行于都市中的时尚类茶艺，主要分为四大类。

1. 台式乌龙茶茶艺

追溯台式乌龙茶茶艺的发展，其实最早应发源自中国广东潮州的“工夫茶”小壶泡法，是在潮汕工夫茶的基础上发展和完善的。据了解，20世纪70年代左右，台湾的饮茶方式与福建闽南地区一样，简单随意——日常生活的柴米油盐酱醋茶。80年代以后，随着茶文化的逐渐兴盛，茶艺馆如雨后春笋般出现，传统饮茶方式也融入了现代气息，一些爱茶的有识之士认为茶可以雅化生活，这种天然的保健饮料，造就了人们和谐、高尚、文雅的行为与时尚的生活。于是结合潮汕工夫茶精致讲究的特点，在原有的传统冲泡方式上进行改革和充实，形成了适合现代人品饮的台湾特有的时尚乌龙茶茶艺。台式乌龙茶茶艺较之潮汕工夫茶自然、适性的意趣，更加讲究品茗的艺术和实用相结合，两者的差异主要体现在茶具和品饮程序上。台式乌龙茶茶艺侧重于对茶叶本身、与茶相关事物的关注，以及用茶氛围的营造。运用茶器具的创新和改良，冲泡过程的艺术化及泡茶技艺的高超要求，使泡茶成为一种美的享受；让人们更好地欣赏茶的本色原味真香，如增加一个细而高的闻香杯，将茶叶发出的香气相对聚拢，使人更容易闻到茶香。同时，为了使每一杯的茶汤均匀，真正体现公平合理，人们发明了公道杯。台湾茶艺在品饮过程中遵循一定的程序，也讲究一定的手法，包括摆具、赏茶、温壶、温杯、投茶、润茶、冲泡、分茶、奉茶、闻香、品茗等，使品饮者产生安谧、舒适、愉悦之感。

常见的台式乌龙茶（见图5—5）有以下几种。

（1）冻顶乌龙茶。经手工拣梗精选，用碳焙完成，冲泡后有浓郁的熟果香。滋味入口饱满、甘醇有活性。汤色蜜黄，带有油光。蜜黄到蜜绿透明亮丽，香气优雅，飘而不腻，近似桂花香，滋味醇厚，润喉强劲。

（2）阿里山高山茶。采用人工反复揉捏制成。汤色翠绿清透，气味充满花香，呈现出淡雅的天然奶香；入口甘醇，香醇韵美，口感清香，顺口回甘，滋味绝佳，别有一股浑厚的高山韵味，喉韵无穷。

（3）杉林溪高山茶。其特色为色泽鲜艳、水色蜜绿澄清、富活性、落喉甘清，喝来相当顺畅。

图5—5 台式乌龙茶

（4）高山乌龙茶。叶张肥厚，色青翠。冲泡后，味甘醇少苦涩，香气优雅，带花香。

（5）金萱乌龙茶。俗称“二七仔”。有浓郁的奶香，汤色蜜黄。

台湾本地产乌龙茶品，还有其他名茶。现今知名度最高的台湾十大名茶是冻顶茶、文山包种茶、东方美人茶、松柏常青茶、木栅铁观音、三峡龙井茶、阿里山珠露茶、高山茶、龙泉茶和日月潭红茶。

2. 工艺花茶茶艺

工艺花茶又称艺术茶、特种工艺茶，是指以茶叶和可食用花卉为原料，经整形、捆扎等工艺制成外观造型各异的茶。工艺花茶是在传统的窨花茶基础上发展而来。原本是以绿茶类的炒青、烘青茶叶为原料，配以清香馥郁而又甜润的天然香花，经工艺窨制而成。后又在传统的线扎茶的基础上，将各类可饮花卉通过手工扎于绿茶中。一般多选用优质茶树的嫩芽为原料，工艺烦琐，融神奇、特殊、观赏、保健、饮用为一体。冲泡后，可在水中呈现出美丽形态，花香茶香，滋味爽口，回味甘醇，有各种不同形态的造型花茶，因而受到都市时尚人群的欢迎。

目前，流行的工艺花茶名目繁多，根据产品冲泡时的动态艺术感，可分为三类。

（1）绽放型工艺花茶。冲泡时茶中内饰花卉缓慢绽放的工艺花茶。

（2）跃动型工艺花茶。冲泡时茶中内饰花卉有明显跃动升起的工艺花茶。

（3）飘絮型工艺花茶。冲泡时有细小花絮从茶中飘起再缓慢下落的工艺花茶。

工艺花茶常见的有“报春鸟”“百花齐放”“出水芙蓉”“蝶恋花”“仙女散花”“丹桂飘香”“花之语”“千禧红”“花开富贵”“海贝吐珠”“七子献寿”（见图5—6）等。

图 5—6 工艺花茶——七子献寿

工艺花茶一般都选用透明的玻璃杯来冲泡。它们有美丽、好听、吉祥的名字，在造型、色彩、口味、功效等方面也各具特色。例如，“千喜红”采用黄山优质茶树嫩芽为原料，外形酷像鲜桃，内有三朵花，色红绿，显白毫，花瓣上环绕一串玫瑰红色千日红，泡开后汤色红绿，花香持久，口味甘醇，具有美白肌肤、清肝明目、清凉解毒、促进机体的新陈代谢、延缓细胞的衰老及养颜美容等功效；“花开富贵”的山茶花带着含蓄之美，朵朵相拥，藏于茶之中，饱满而华丽，冲泡后嫩黄娇艳的花蕊随纯洁的花瓣绽放，典雅中透着华贵，宛如天降人间的美好祝福，富贵祥和，具有润肤、养颜、散瘀、消肿的功效；“海贝吐珠”形状如同海贝，色墨绿，白毫显露，冲泡后美如彩虹，形如花篮，内有贡菊和白梅，汤清而味美。

3. 时尚调饮茶茶艺

时尚调饮茶经常在各类休闲茶馆中推出。时尚调饮茶分为以甜味为主导的情调茶饮和以养颜保健为主导的保健茶饮。

（1）情调茶饮

1）加糖、加冰类，如冰红茶、冰绿茶、冰镇乌龙茶、冰镇茉莉花茶等。

2）加冰、加糖、加奶类，如祁门奶茶、滇红奶茶等。

3）加冰、加糖、加奶、加食物类，如珍珠奶茶、莲子奶茶、红枣奶茶、花生奶茶、芝麻花生奶茶、香梅子奶茶、草莓奶茶、果仁奶茶等。

4）加糖、加冰、加奶、加鲜果类，每一种还有一个创意名称，如加柠檬的叫“柠檬红茶”，加红樱桃的叫“巴黎之吻”，加猕猴桃的叫“蓝色多瑙河”等，有的还在茶中调以各类鲜果汁，名称也很多。

（2）保健茶饮

1）蒲公英绿茶，用茶叶、蒲公英、金银花冲泡，有清热解毒、祛斑消痛的功效。

2）菊槐花茶，用绿茶、菊花、槐花冲泡，有解毒降火、美目明目的功效。

3）三花玫瑰茶，用绿茶、金银花、玫瑰花、茉莉花、陈皮、甘草冲泡，有疏肝理气、排毒消斑的功效。

4）杏仁菊花茶，用绿茶、杏仁、菊花冲泡，有和气生津、止咳润肤的功效。

5）山楂益母茶，用茶叶、益母草、山楂冲泡，有活血通脉、化痰降脂的功效。

6）人参茶，用乌龙茶、人参冲泡，有壮阳补气的功效。

7）还童茶，用乌龙茶、山楂肉、冬瓜皮、槐角、何首乌冲泡，有滋补甘肾、减肥乌发的功效。

8）紫苏茶，用茶叶、红糖、生姜、紫苏冲泡，有散寒解毒、帮助消化的功效。

9）甘草绿茶，用绿茶、贯众、金银花、甘草、板蓝根冲泡，有预防流感、增强免疫力的功效。

10）核桃山楂茶，用红茶、核桃仁、山楂、白糖冲泡，有改善肺虚久咳、便秘的功效。

11）木瓜甘草茶，用绿茶、木瓜、甘草冲泡，有润肺止咳的功效。

12）麦冬桔梗茶，用绿茶、麦冬、桔梗、甘草冲泡，有改善支气管炎的功效。

13）杏仁茶，用绿茶、杏仁、芝麻、蜂蜜冲泡，有防癌的功效。

14）姜枣乌梅茶，用红茶、乌梅肉、生姜、红糖冲泡，有解毒止痢的功效。

15）西洋参麦冬茶，用绿茶、西洋参片、五味子、麦冬、甘草冲泡，有益气养心的功效。

4. 花草茶茶艺

《本草纲目》记载，花茶性微凉、味甘，入肺、肾经，有平肝、润肺、养颜之功效。近代医学证明，长期饮用花草茶有祛斑、润燥、明目、排毒、养颜、调节内分泌等功效。在崇尚绿色、环保的今天，花草茶已成为人们“回归自然、享受健康”的首选，越来越多的女性开始摒弃咖啡，改喝修身养性的花草茶。

据专家介绍，中国的花卉有上千种，真正芬芳可饮的只有三十多种。目前，大多数女性常饮的花草茶有菊花茶（性寒、味甘苦、美容明目）、茉莉花茶（性寒、味香淡、消胀气）、玫瑰花茶（性寒、味香、和血理气、美容）、金莲花茶（味甜、微苦、美容、清热解毒）、桂花茶（性寒、味香、明目）等。

以中医科学而论，所有可饮的花草茶均属寒性，而女性属阴，阴者寒也，也就是说，性寒治热，寒性体质饮用花草茶，应该加入一些热性成分，以平衡药性，增加功效。例如，饮用菊花茶者，可加点枸杞；饮用玫瑰花茶者，可在茶中滴几滴红酒；饮用桂花茶者，可在茶中加点甘草。

除以上花草茶品外，还有可饮的金银花、百合花、芙蓉花、腊梅花、鸡冠花、千日红、康乃馨、勿忘我等。以上花草茶在饮用时，也同样可在茶中加入适量的鲜果汁进行调饮，这样，既无损花朵的观赏性，又可增加其色彩的丰富感，提高审美情趣。

近几年又有一些新的茶品及演示形式出现，特别是普洱茶、黄茶、白茶作为传统茶品，过去主要流传于云南、福建等地区，现在也逐渐流行起来，在上海这样的大都市中，受到越来越多的人喜爱。

第2节　时尚茶艺的基本特征和要求

一、时尚茶艺的基本特征

时尚茶艺在茶品内容及演示形式上虽然基本由传统茶艺发展而来，但从其改良的内容成分来说，无论是其内容或形式，都给人以耳目一新之感。特别是创新部分，在前人习惯的方式下，努力朝前迈了一大步，并由此而形成了它的基本特征。

1. 茶器具的改良与创新，是茶艺表演形式创新的重要条件

20世纪80年代末，自中国大陆茶文化复兴以后，各地的传统茶艺表演曾被视作茶事活动必不可少的一道风景线，也是最吸引人的一项茶事活动内容。其表演过程中的“凤凰三点头”“关公巡城”“狮子滚球”“韩信点兵”等词语，在某种程度上几乎成为茶艺表演的代名词而被大众所熟知。但时间一长，内行与外行都对其产生了审美的疲劳感。于是，各地的茶艺表演为使表演本身更好看，便改一人冲泡为多人冲泡，使其因多人冲泡的动作一致性而烘托表演的气氛。有的甚至采用一人泡茶众人伴舞的形式，如表演一种绿茶，一人坐着泡茶，身前或身后由另一群人穿着古代或好看的服装跳舞，也不管这个舞蹈的内容是否与茶的内容相吻合。更有甚者，先众人动作整齐地一起泡茶，泡完茶后，撤掉茶台，又一起跳上一段舞蹈。这类茶艺表演，在少数民族的茶艺表演活动中较为普遍。

艺术家告诉我们：表演的根本特征是动作。在表演过程中，表演内容与肢体语言表达的一致性与完整性，是衡量艺术表演的基本准则。茶艺表演包含两个基本内容，即茶与艺。茶的冲泡，目标是茶汤质态的完美体现，即色、香、味、形的和谐统一；而艺的要求是完美的艺术语言（肢体语言）的表达。茶艺表演，既有茶（技术）的目标要求，又有艺（艺术）的目标要求，因此，这两者在表演过程中，只有在肢体语言表达对表现内容所形成一致的形态下，即艺（形式）对茶（内容）表现的一致，才能产生完整的审美结果，并给人以茶艺这种独特艺术形式的享受。否则，只能给人以肤浅、分离的艺术感觉。

以往，如何达到肢体语言（动作）对茶（内容）表达的一致性和完整性一直是摆在茶艺编导者们面前的一道难题。所以，台式乌龙茶的表演一经出现，无论是内行或外行都感到眼前一亮。因为它让人们一下子明白，原来茶艺表演可以有这么多的肢体语言表现形式。而这些肢体语言的表达，每一种都是因茶、为茶、使茶的完美完成而设定的。茶艺表演的创新，只有当其肢体语言（动作）是为了最后完美呈现这杯茶的品质时，才能构成艺术表演内容与形式、技术与艺术的完美统一。而茶器具（见图 5—7）的变化又是使这一肢体语言（动作）变化的关键条件之一。器具供人使用，使用产生动作，这也是动作学一条最基本的原理。

图 5—7 时尚茶艺器具范例

由此可见，正是台式乌龙茶，通过对茶池、茶夹、茶针、公道杯、闻香杯、品茗杯、杯碟、茶荷等茶器具的改良与创新，才大大改变和丰富了茶艺表演的肢体语言运用，并由此给人带来更新的审美享受。除此之外，在创意调饮茶、工艺花茶、花草茶的演示、表演中，也同样是因茶器具的改良与创新，如创意调饮茶西式调酒具、西式酒杯等中式的运用，工艺花茶高脚玻璃杯和花草茶各式杯具的运用，这些都为表演动作的变化带来新的启示与动机，如图 5—8 所示。故此，因茶器具的改良与创新而带来的演示、表演形式的变化与创新，是时尚茶艺的基本特征之一。

图 5—8 时尚茶范例

2. 符合现代人的生活方式，是时尚茶艺创造流行的生命

人们的生活方式从来就是社会政治、经济、文化等因素相互作用的产物。新的时代，在社会逐渐步入政治文明的大背景下，生产力得到进一步解放，新的生产关系为现代人提出了许多新的要求。又由于新的生产关系的改变，不仅改变了人们的生活质量，而且改变了人们对生活的新的追求。因此，也就形成了现代社会中现代人的基本生活方式。

一是人们为适应社会的高速发展而体现在生活方式上的快节奏化；二是现代社会中人们对高标准物质生活的追求，形成了人与人之间新的不同的价值观念，并由此产生对精神生活追求的高情感化；三是随着物质生活水平的极大提高，现代人开始注重人体本身的高质量化。

根据现代人的这一新的生活方式特点，时尚茶艺所带给人们的正是这种恰如其分的普遍需求。如各类加冰的茶品，特别是以无毒塑料杯装，可插吸管的零售“珍珠奶茶”等，人们不仅可以在茶馆中坐饮，也可在街头零售小店购得后边走边饮。“珍珠奶茶”中淀粉质的“黑珍珠”食后又可解除一定的饥饿感，可谓匆匆上班族的“珍爱”。各类创意调饮茶的推出，其五颜六色的品相和浪漫多情的名称，又使渴求高情感的都市时尚男女将其视为某种心情的表达物和传递物。而各类花草茶的出现，正是都市中越来越注重养生、欲寻求天下美体养颜之“秘籍”的妇女们视为阿里巴巴之门内的又一新宝贝。

3. 与可饮食品的广泛结合，是时尚茶艺创新的支点

茶为人所用，初为药，后逐渐变为羹饮。这种方式一直延续至唐代才稍作改变，但仍以茶中添加盐、香料等煮饮。到宋代，点茶法出现，虽浓浓称“粥”，却已去掉了其他添加物。直到明洪武二十四年，明太祖朱元璋颁诏，废团茶，唯散茶是贡之后，才真正意义上将茶作为纯粹的饮料延续至今。这一延续，在长达数百年中，使人们真正认识了茶的味美、香美、色美及由此形成文化之美的各种表现形式与对精神境界的感悟。但作为茶品方式和品饮方式却始终没有改变。

美学的本质提醒人们：任何美学形式都没有绝对的完美。一成不变之美，只会不断减少而不会增加人们的审美欲望。只有当存在的美永远处在不断变化之中，才有可能使美的存在焕发出更多、更丰富的光彩。这其中，变化是美本身所要进行的重要途径。时尚茶艺的出现和流行，也正是遵循了这一法则。仅从时尚茶艺的茶品来看，作为纯粹饮品的茶，最初只是添加了糖与冰，紧接着添加了奶制品、鲜果、果汁、食物，以致直接将花卉入茶。在极大地丰富茶品种类的同时，茶艺演示、表演形式也随着发生变化，眼花缭乱的肢体语言将时尚茶艺的新鲜、新意、新感受一起推到了都市热衷时尚的人们面前，追崇时尚的人们也从中获得了许多前所未有的满足感，如图 5—9 所示。

图 5—9 时尚茶艺演示

综上所述，时尚茶艺的基本特征几乎从一开始就业已形成。这也证明，时尚茶艺作为一种生活形式的流行，从本质上就决定了它的前沿性和时效性。这也是时尚发生、发展的基本规律。

二、时尚茶艺的基本要求

1. 符合现代人的健康要求

中国是茶的故乡，历史悠久。《华阳国志・巴志》有“园有方蒻，香茗”的记载，中国人工栽培利用茶树已有 3 000 多年历史。在悠久的历史发展进程中，茶已成为中国各族人民日常生活的一部分。人们常说：“早晨开门七件事，柴米油盐酱醋茶。”可见茶在日常生活中的地位。茶在日常生活中普遍应用，人们首先把其当成饮料，用茶的自然功能以清神益智、助消化等。茶的又一重要功能是精神方面的。特别是在当今，人们的生活压力巨大，更需要放松，茶本身存在一种从形式到内容、从物质到精神、从人与物的直接关系到成为人际关系的媒介，让人们修身养性的一种方式，时尚茶艺就是顺应这种需求，在泡茶、品茶之中，偷得浮生半日闲，修身养性。

2. 符合现代人的生活要求

在“茶为国饮”的号召下，现代人已越来越理性地认识到，茶的确是一种健康的饮料，它对现代人抗击现代食品的有害因素，预防某种现代生活方式而出现的疾病，协调因现代生活方式而造成的某种不健康心理和情绪及从茶文化中感悟并获得灵魂归属感等，都起着其他饮料所无法替代的积极作用。因此，对时尚茶艺进行创意调制的时候，一定要针对现代人不同的性别、不同的年龄、不同的文化、不同的职业、不同的生活方式及不同人的身体状况等，进行符合他们需要的时尚类茶品的调制，这样才有利于时尚茶艺健康发展。例如，针对外出旅游的人群，可推出小巧、简约、方便的“无我茶会”的整套组合茶具和茶品，如图 5—10 所示。

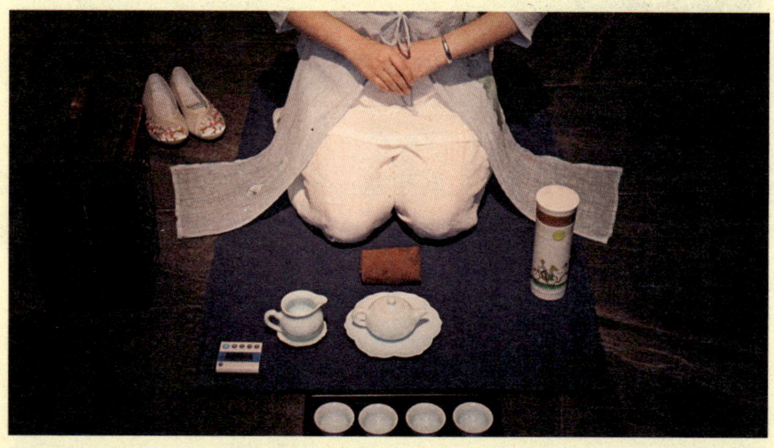

图 5—10 “无我茶会”茶具

针对匆匆赶路的人们可推出用纸杯盛装的“珍珠奶茶”类茶品，以达到更加环保的要求；针对儿童喜甜饮的现状，可推出丰富的工艺花茶类茶品，先以形、色、香的特点吸引他们，让他们逐步改变偏爱甜饮的比较，以形成从小爱喝茶的好习惯。针对喜欢夜生活的都市时尚青年，可推出名称更加温柔、浪漫，造型更加精美、别致的调饮茶品；针对休闲一族的中青年妇女，可推出有益于身体不同部位养颜、美体的花草茶品。如此针对不同人群的生活特点，符合他们的生活要求，时尚茶艺才能得以深入到广大群众的心中。

3. 符合现代人的文化要求

现代人丰富的生活要求，必然包括丰富的文化要求及精神追求在内。一定程度上，对某种文化和精神的追求，又会影响现代人的物质生活方式。中国古代茶文化的内涵，是在道家、佛家、儒家思想交融的基础上，因茶理、茶性及品饮规律所产生的以静、敬、真、和为主体的精神核心内容。静，即平静、平淡、宁静致远；敬，即尊重、尊敬、平等；真，即真实、真诚、纯洁、自然；和，即平衡、规律、和谐。这些博大精深的思想文化是中华民族宝贵的精神财富，即便在现代社会中，仍是现代人所追求、实现的理想。比如，现代人在快节奏的社会、生产、生活形态下，表现出对大自然和对平静、平淡生活的渴求；又如，现代人对物质生活的追求，使人与人之间亲情、友情、人性的关怀等变得渐渐淡漠，由此而造成的情态又反过来促使现代人对亲情、友情和人与人之间的相互关爱倍加珍惜；再如，现代社会高速度、高物质、高科技的某种极端发展，使得自然与社会出现了某些不平衡的因素，这又使现代人对建立和谐自然、和谐社会的要求变得十分迫切。如此等等，现代人可以在淡淡浓浓的茶中获得启迪和享受。

故此，时尚茶艺也同样应从传统茶艺所体现的这些文化思想中继续加以发扬光大，使时尚茶艺并不单纯地停留在物质形式的包容与创新中，而是仍以丰富的思想文化内涵为底蕴，在物质形式流行的同时，把积极、健康的思想文化内容一起传递给人们，如图 5—11 所示。

图 5—11 茶艺演示

时尚茶艺只有建立在符合现代人们的健康、生活、文化这三个要求的基础上，才有可能更科学、更艺术，更符合现代社会和人们的物质与文化需求，真正成为健康、美好的时尚生活内容。

三、时尚茶艺演示的整体把握

1. 时尚茶艺的肢体语言表达

时尚茶艺流行的根本原因是茶品本身，是各类调饮茶、工艺花茶、花草茶本身的品质魅力始终吸引着都市宠爱它们的人们。对这类茶品的演示往往退而求其次。因此，表现时尚茶艺时，应选择真实、自然、实实在在体现茶品质态的演示方法，而不是选择把重点放在调动各种综合艺术手段的表演方法上。否则只会喧宾夺主，影响品饮者对茶品本身的美好享受和感情倾注。

演示的肢体语言具有以下基本内容和特征。

（1）手臂、手指的运用按生活实物操作规律而操作。例如，生活中的提壶动作，右手五指满握，以求得对壶的平稳性为目的。演示时，同样要以右手满握的方法。而不能像表演那样，将小指高高翘起，并夸张地上下旋动手腕。

（2）需要与氛围相适应的背景音乐。但在肢体语言表达时，无须像表演那样注重对节奏的把握。原则是：当音乐节奏适应演示时，可按音乐节奏进行；当音乐节奏不适应演示时，应按实际演示的需要进行。

（3）需要注重身体的正确姿势和一定的精神状态。即：男性面对观众，双膝分开；女性则腿姿右侧，右腿自然伸长，左腿弯曲，左脚放于右脚后位。

（4）选择与茶品所体现的文化内涵相适应的服装。如演示茉莉花茶，应穿白色或其他中间色的服饰。若穿黑色或其他花色的服饰，显然就不相符合。因为从艺术动作学来说，服装也是肢体语言的另一种表现形式。

2. 时尚茶艺肢体语言的设计

由于演示的原则是按实际生活中人与人的关系进行的，因此，时尚茶艺的肢体语言设计只能以茶器具为依托，因茶器具的增加而增加，因茶器具的变化而变化。

（1）茶器具的增减原则。容器类可增加。如壶具可增大，杯具可增多。壶具增大后，炉具也可增大。杯具增多后，杯垫也可增多。器具增大增多后，其动作过程就发生了变化；非容器类不可增加，如茶匙、茶针、茶夹等；反之，容器类可减少，非容器类不可减少。如 6 个玻璃杯可减少为 5 个，甚至更少；而茶匙减去则无法量茶了。

（2）茶器具的变化原则。按泡、饮的规律进行变化。如煮水是泡茶过程中备水的关键程序，煮水的燃料可用炭、酒精或其他。如台式乌龙茶的煮水燃料改变成用电，于是煮水器的造型、使用都发生了变化，因此肢体语言（动作）也随之发生变化。

（3）茶器具的创新原则。按功能进行派生物的创新。如饮具用杯可派生出用管吸或用匙送；又如闻香，传统茶艺是饮、闻同具，台式乌龙茶则将饮、闻分开，于是创造出专供闻香的闻香杯。

3. 时尚茶艺的演示

时尚茶艺是现代休闲生活方式的产物，无论是它的内容还是表现形式，都带有浓烈的休闲意味。茶饮生活本身，从传统到现代，都一直是人们在生存需求之外的生活需求。所不同的是时尚茶艺更具有时代特征。因此，对时尚茶艺进行演示时，一定要以休闲方式为特点，注意把握并充分体现其轻松、自然的演示风格。

（1）从肢体语言上。按照生活的真实性，对每一件茶器具进行自然的体位、手位、身姿、手姿、速度、力度的把握。

（2）从精神面貌上。始终放松心情、放松情绪、放松表情，平缓、自如、流畅地完成每一程序。

（3）从服饰面貌上。注意色彩的清雅、亮丽和富有情致；款式上大方、简洁并富有创意；尽可能精心配以各种不同的饰物，以加强服饰的时尚感。

（4）从背景音乐上。选择那些既具有传统文化韵味，又不失现代感觉的乐曲，并与茶艺演示的主题吻合；一些仿古茶艺演示的音乐，应与当时的背景、朝代同步，特别是民族茶艺的演示配乐，更要宜情宜景。民族茶艺的演示常常配以舞蹈，使用的音乐有自己本民族的特色，而且旋律更为欢快、流畅。

近年来，随着改革开放的深入，社会经济得到迅猛发展，人们的生活更加丰富多彩。文化大发展促使人们对生活更讲究。源于生活、高于生活的茶艺，也插上了时代的翅膀，随着时代的变化、审美意识的提高、精神生活的需求，茶饮艺术和技术无论是内容还是形式，都会烙上时代的特征。时尚茶艺也将会更人性化、生活化、艺术化，在艺术和技能有机结合的同时，成为物质与精神高度统一的品饮艺术。

第3节　创意调饮茶

创意调饮茶是时尚茶艺的一部分，它在中国有深厚的生活基础和历史底蕴。在今天茶艺日新月异的发展中，将会大放异彩。创意调饮茶的独特性，使其在茶艺的文化内涵、茶器具选择、冲泡方法及茶艺演示等要素方面都会有变化和创新；同时，作为以品饮为目标的调和茶品，为保障人们的品饮健康，必须对其创新的茶品和冲泡方法进行必要的科学认识与把握。

一、调饮茶概述

1. 调饮茶的定义

调饮茶是指以茶叶为主料，配合其他一种或几种茶料（辅料）调和而成的茶饮。调饮茶体现以和为贵的包容性，承载着社会和生活的需求，以及精神的理念，并配以精巧的茶器具、规范的冲泡技能，赋予一定文化内涵的雅化的调饮茶事。调饮法的品茶方式在当代已经普及，成为茶饮料发展的趋势之一。

2. 调饮茶的历史

最初，调饮茶与茶的药用是分不开的。“茶为万病之药”，调饮茶是我们祖先在与大自然和疾病长期斗争过程中的经验总结和智慧结晶，是广大群众喜爱的饮料。

中华民族的祖先发现茶树，利用茶叶，始作药用，继作饮食，逐步发展成为日常生活饮料。在数千年的饮茶历史中，饮用方法是经过多次改良变革的。最早为羹饮，在茶汤中添加葱、姜、盐、奶酪等配料加以调制。现代在茶汤里添加薄荷、柠檬、牛奶、白糖、枸杞、菊花等配料，都是以饮为主。而在茶汤中加入炒米、花生、芝麻等食品，则是又吃又喝，既增加了营养保健作用，又丰富了茶汤口感。同时，在调制过程中，还融入了人文情怀和生活哲理。

魏国时期，张揖撰写的《广雅》中曾记载：“荆巴间采叶作饼，叶老者，饼以成米膏出之。俗煮茗饮，先灸令赤色，捣末，置瓷器中，以汤浇覆之。用葱、姜、橘子，其饮醒酒，令人不眠。”此为目前有文献记载的最早的调饮茶。相传在三国时期，蜀国大将张飞率兵巡视武陵时，军中患暑疫，大量士兵中暑。当地群众献上用生米、生茶叶、生姜捣碎后和盐一起冲饮的“三生茶”，饮后暑疫尽消。这是文献记载的最早的茶疗配方。

随着茶饮的逐渐普及，古人把茶与日常饮食相联系、与其他食物配合，茶成为日常生活饮食、充饥和菜肴的组成部分（当然也含药效因素）。唐《食疗本草》记载，茶叶利大肠、去热解痰，煮取汁，用煮粥良；唐《膳夫经手录》记载：茶……近晋、宋（南北朝）以降，吴人采其叶煮，是为茗粥……以上均说明当时人们已将茶叶食用。《茶经·七之事》至少有九处提到茶的食用。尽管陆羽在《茶经·六之饮》中对这些“习俗不已”的调饮茶持反对意见，贬其为“斯沟渠间弃水耳”，但民间习俗就是这样的饮法。

唐代以后，调饮法继续发展。宋代苏辙《和子瞻煎茶》诗“又不见北方俚人茗饮无不有，盐酪椒姜夸满口”；宋代黄峪《谢刘景文送团菘涛》“鸡苏胡麻煮同吃”（诗人家乡江西修水县现在仍有吃芝麻豆子茶的习惯），透露出北方和南方都有调饮习俗。从此以后，“清饮”“调饮”两种方法逐渐发展流传直至如今。

茶与食物结合的吃法多出于民间中下阶层，茶叶进入“柴米油盐酱醋茶”开门七件事的居家饮食之谱，被看成食品，自然讲究茶汤调制，入口好喝、味美，添加调味品（咸或甜）和配伍其他食品（如奶类、杂果等），调食佐餐，饮茶与三餐饮食结合，成为部分民间饮茶法，循此食用路线发展，便形成茶的“调饮文化”流派，流传至今。我国少数民族在品饮调饮茶时，特别注重茶的实用性，其中助消化、去油腻、开胃健胃等作用尤为明显（见图 5—12）；在防病健体方面，少数民族调饮茶也很注重防病健身、治疗感冒、延年益寿、益颜美容、解渴、提神、消疲乏的作用。代表性的茶饮品如下：

（1）酥油茶是我国藏族、蒙古族、维吾尔族等民族的生活必需品，俗有“宁可三日无粮，不可一日无茶”的说法。酥油茶的制作，是将砖茶用水久熬成浓汁，滤出茶渣，然后把茶水倒入“董莫”（酥油茶桶），放入酥油和食盐，有些人家还将红枣、生姜、苹果、核桃仁、杏仁、薄荷等放入茶中，搅得水乳交融，便成了可以喝的酥油茶。酥油茶因为有酥油，所以能产生很大的热量，喝后可御寒，是很适合高寒地区的一种饮料，而且酥油茶里的茶汁也很浓，能起到生津止渴的作用。

（2）凉拌茶是聚居在西双版纳基诺山（攸乐山）的基诺族喜食的一种茶菜汤。这种凉拌茶是将鲜嫩的茶叶采回，洗净后在木盆中揉软揉碎，再放入辣子、大蒜、盐巴及樟脑嫩叶、黄果嫩叶、酸笋丝、白参等配料，充分搅拌后再冲入清凉的山泉

图 5—12 少数民族饮茶（恭城油茶）

水制成的，基诺话叫“啦叭批皮”。千百年来，这种凉拌茶在基诺人中历代相传，具有解渴生津、清心提神、益肾补脾等功效，还可防治感冒和肠胃病。对身处热带雨林之中的人来说，这种凉拌茶不失为一种极好的预防与保健佳品。

（3）三道茶是白族一种古老的品茶艺术，起源于公元 8 世纪南诏时期，流传至今已有千余年历史。三道茶的茶分三道，味各不同。第一道茶称为“清苦之茶”，寓意做人的哲理：“要立业，就要先吃苦。”喝完第一道茶后，主人会重新烤茶、置水，放入生姜片、红糖、蜂乳、炒熟的白芝麻、切得极薄的熟核桃仁片，冲茶至八分满。此茶甜中带香，故这第二道茶称为甜茶，它寓意人生在世，无论做什么事，只有吃得了苦，才会有甜来。第三道茶称为回味茶，先将麻辣桂皮、花椒、生姜片放入水里煮，将煮出的汁液放入杯内，加入苦茶、蜂乳即成。饮下顿觉香甜苦辣俱全，让人回味无穷，它寓意人们要常常回味，牢牢记住“先苦后甜”的道理。

（4）三清茶是创于清朝乾隆年间的宫廷茶，是乾隆皇帝喜爱的茶品。三清茶是以贡茶为主，佐以梅花、松仁、佛手、雪水冲泡而成的香茶。其茶既适用于重华殿茶宴等宫廷重要礼仪场所，也可用于山斋闲居等处，是宫廷茶饮中最为乾隆帝所爱的御用之物。

3. 调饮茶在国外的传播和发展

中华民族的饮茶文化，通过陆海丝绸之路传往海外，发展到今天，世界绝大多数国家习饮的是加味料调饮法，调饮文化的流派日见扩展，主要原因是“清饮”一般只有解渴、提神及茶的保健功能，而“调饮”除了这些基本功能外，还有增加营养成分和悦味两种功能。国内的调饮是以少数民族为主体的，其饮用方法具有强烈的民族、地域和时代的特点。一般国外的调饮发达地区注重营养性，发展中国家注重功能性，如以英式红茶为代表的茶汤中加糖、加牛奶调饮法（见图 5—13），绿茶以西北非摩洛哥等国家为代表的茶、糖、薄荷共煮的调饮法，其他如东欧、中东、南亚、北美、西欧、东南亚、大洋洲等都属于调味、加料的调饮文化体系，具体方式大同小异，而且饮茶多与三餐饮食相联系，一般每日分次饮、定时饮，如英国的早茶、午茶、午后茶，非洲每日三餐后的三杯茶等。

图 5—13 英式奶茶

（1）冰茶调饮法。此法主要在美国、加拿大等国流行，取速溶茶粉倒入玻璃杯，加入凉开水，加糖、柠檬和冰块，调和冷饮。

（2）薄荷糖茶调饮法。伊斯兰国家禁酒而倡饮茶。薄茶糖茶主要流行于西北非洲各国，以摩洛哥最为典型。街上有身背茶桶的零卖者，桶内茶汤供人购饮。那里饮糖茶与粮食同等重要，不可短缺。西非国家的薄荷糖茶，口感甜爽，饮后使人口气清新。

（3）牛奶红茶甜味调饮法。牛奶红茶在国外（如欧洲、南亚、大洋洲、东南非、北美等）最为普遍，以英国最为典型，通称英式饮茶法。喜饮者每日从早到晚日饮四五次，以饮“下午茶”最为隆重，喝茶、吃点心、聊天，常为一种便捷的社交方式。俄罗斯寒带地区人们也多用俄式茶炊煮水泡茶，茶汤中加果酱、蜂蜜、奶油或甜酒调饮，可增加热量御寒。

（4）奶茶。印度人喝奶茶的习惯据说是从我国西藏传入。因为印度人口味较重，所以直接将鲜奶与茶叶同煮，甚至加入生姜、豆蔻、肉桂、槟榔等，让奶茶更香烈且有益健康。

调饮茶从历史走到现在，有了质的飞跃。现在的创意调饮茶艺更具有时代性，它包含的内容，不仅仅有养生保健的功能，更多的是对茶的理解，对茶文化的感悟。

台湾人喜饮新兴泡沫茶，新兴泡沫茶是时尚调饮茶的先锋。调制时，将红茶、绿茶或乌龙茶的茶汤装入不锈钢制的调酒器中，加入冰块，再加入牛奶或果汁、香料，还可以根据消费者的不同爱好，添加西米、枸杞等辅料，甜度也可随意调节，然后上下、左右用力振摇。由于茶叶含有皂甙化合物，具有表面活性作用，在振摇过程中产生大量泡沫，浮在透明玻璃杯中的茶汤上面，故名“泡沫茶”。这是一种将东方的饮茶习俗和西方品饮风格相融在一起的调饮模式。

二、创意调饮茶艺的配制原理及要求

1. 创意调饮茶的配制原理

《本草拾遗》中有“上通天境，下资人伦，诸药为各病之药，茶为万病之药”的记载。调饮茶在茶中加入不同营养物质，增加了养生保健的作用，同时也增加了饮茶的情趣。因此，在配置过程中必须了解茶的属性和辅料的性味归经，应注意茶品与辅料之间的相生相克及配伍的忌与宜等，符合现代人的健康要求。人的体质各异，饮茶也有讲究。一般而言，应遵循“寒者热之、热者寒之、实则泻之、虚则补之”的原则。同时要兼顾所调茶品的色、香、味、形。总之，在茶的世界里，茶叶性味不同，功效也不同。

2. 创意调饮茶配制要求（见表5—2）

表5—2　创意调饮茶配制要求

序号	要求
1	要有显著的茶味
2	有一至数种性质相宜的配料

续表

序号	要求
3	每种茶料均有明确的数量规定
4	有合理的操作程序
5	有科学的泡饮方法，包括时间、温度、茶汤的颜色
6	有可口的茶汤和具有一定的意境与情趣

调制中，还应注意配料与茶的协调。例如，红茶在口感上略带“涩”，因此添加的水果应选择较为酸甜的品种，使水果和红茶混合，取得口感上的平衡。

3. 创意调饮茶的冲泡原则（见表 5—3）

表 5—3　创意调饮茶的冲泡原则

序号	原则
1	创意调饮茶的冲泡方法参照基本茶类冲泡法
2	茶具选配合理得当
3	果茶、奶茶的茶叶用量要科学合理，冲泡冰茶类的茶叶用量应加倍，以保证有较浓的茶味
4	调制冰奶茶须添加奶、奶酪、冰块等，茶叶冲泡后应进冰柜冷却，这样可使茶不易结块或呈豆腐花状
5	若茶与几种辅料混合冲泡，可将细碎的辅料放在滤茶器中，而大朵或大块的则可以放在外层，这样可以让茶与辅料在水中完全舒展开，取得较好的冲泡效果

4. 常用配料介绍

在了解茶的性味归经和辅料的配伍之后，就可以根据设定的主题或按照不同的季节、环境及自己身体状况，来选择和配制适合自己需求的调饮茶。与茶叶配伍的辅料见表 5—4。

表 5—4　与茶叶配伍的辅料

类别	代表品种
植物类	根、茎、叶（见图 5—14）、花（见图 5—15）、果，如金银花、薄荷、甘草、陈皮、枸杞等
动物类	蜂蜜、乳酪、牛奶等
矿物类	盐
其他类	酒、冰、果冻等

图 5—14　薄荷

黄山贡菊

金边玫瑰

康乃馨

图 5—15 花草配料

三、创意调饮茶艺的演示说明

调饮茶艺本质上属于创意类茶艺，其茶品的调制与演示包含许多新内容。

每一道创意调饮茶均有一定的意境和文化内涵。其茶品的调制与演示都应有一定的文字说明，其内容见表 5—5，举例见表 5—6。

表 5—5 茶品的调制与演示文字说明内容

序号	所需内容
1	调饮茶品名称
2	茶品配辅料所要反映的思想和文化内容及茶器具的选配
3	主料与配料的名称及比例
4	调制的方法与要求
5	茶品的功效与作用
6	演示步骤及程序

表 5—6　自创调饮茶设计表

准考证号：　　　　　　　　　　日期：　　年　　月　　日

调饮茶名称	茶品名称	茶量	配料名称及用量				
			康乃馨				
寸草心	老白茶（七年）	6 克	3 瓣				
主题与创意	唐孟郊《游子吟》：“谁言寸草心，报得三春晖。”《韩诗外传》卷九：“树欲静而风不止，子欲养而亲不待。”子女的孝心像稚嫩的小草，难以报答母亲那如春天普照大地般的养育之恩。白茶有“一年茶，三年药，七年是个宝”的说法。同样，家有一老，如有一宝，子女要从小事做起，尽己所能去回报母亲。茶品用充满亲情图案的瓷杯承载。这杯“寸草心”调饮茶就是送给母亲的礼物						
功能与特点	此茶品性凉、味甘，入肺、肾经，有清热解毒、平肝润肺养颜的功效，并具有三抗三降的功效						
冲泡程序	赏茶，温壶，置茶，冲泡，温杯、分茶，奉茶						

调饮茶是在继承中国古老的饮茶文化和民间茶食同源的基础上，顺应社会发展而重获新生，并将大放异彩的时尚茶艺，它不仅仅停留在美容保健的物质层面上，更多的是精神层面自我完善、自我升华的体现。

第 4 节 时尚茶艺实训

一、台式乌龙茶的冲泡技艺

1. 台式乌龙茶的冲泡程序

首先是茶品的选择，市场上既有台湾产的也有大陆产的各类乌龙茶，可择优选取；其次是茶具的选配。

台式乌龙茶冲泡的艺术性较强，其程序见表 5—7。

表 5—7 台式乌龙茶的冲泡程序

程序	内容
备具	煮水壶，茶盘，茶叶罐，茶匙组合，茶巾，赏茶碟，紫砂小壶、品茗杯、闻香杯三套，杯托三个，公道杯，茶滤，盖置
出场	端起备好茶器具的茶盘，随着音乐的节奏走至茶台前，放下茶盘，入座
布具	将茶盘中的茶器具按顺序和位置先后摆放在茶台上，就绪后行礼
赏茶	取茶样放入赏茶碟，将赏茶碟放入茶盘，端送给宾客赏茶
温壶	注沸水于泡茶壶中（约为壶容量的 1/2），转动茶壶，使壶身温度一致，然后将温壶水倒弃
置茶	取茶叶置泡茶壶中，茶量约为 1/3 或 1/2 壶容量
温润泡	沿泡茶壶口斟入 100℃开水，用壶盖刮去茶沫，盖上壶盖，提壶将温润泡的茶水倒入公道杯
温杯	将公道杯中的茶水倒入闻香杯中，放回公道杯，再将闻香杯中的茶水倒入品茗杯中

续表

程序	内容
冲泡	提煮水壶回旋冲水于泡茶壶中，盖上壶盖，再用开水淋满壶身。用茶夹夹紧品茗杯、旋转杯身后弃水于茶池中
分茶	将壶中茶汤倒入公道杯，再将公道杯中的茶汤分入闻香杯中（约七分满）
奉茶	将品茗杯盖在闻香杯上，翻转杯身后置杯托上，按中、左、右次序奉茶
收具	将茶台上的茶器具依次收入茶盘，起身，行礼，退场

2. 台式乌龙茶的品饮方法

用拇指、食指、中指捏住闻香杯，一边旋转，一边往上提，使茶汤都留在品茗杯中。然后双掌合住闻香杯，使手温保住杯温，杯口对鼻，用力吸入杯底的香气，可双手边搓边吸数次，然后用拇指、食指、中指端起品茗杯，左手中指托住杯底，观赏汤色后，小口啜饮。品饮时，端杯手腕转杯于口，以手背挡住口部，使口不外露，以示文雅。茶汤也分三口来品，表示品茶的“品”字，就是由三个“口”字组成的。

二、冰绿茶的冲泡技艺

1. 冰绿茶的配置要求

（1）有显著的茶味。冰绿茶本质上仍属清饮茶，因此，要具有茶的基本特征，即茶色、茶香、茶味。

（2）增加茶叶用量。因冰镇的作用，冰绿茶的茶叶量应在非加冰的基础上有所增加。增加量视稀释冰镇的需要而定。

（3）茶叶与水的比例恰当。做到“两控一保”，即控制茶汤浓度，控制茶汤温度，保持茶的香味。不能太冰、太苦、太涩，又要清香、清凉、微敛。

（4）要用科学的方法操作，冰镇的目的是降低茶的温度，而不是用冰来稀释茶汤。

2. 冰绿茶的冲泡程序（见表 5—8）

表 5—8 冰绿茶的冲泡程序

程序	内容
备具	煮水壶，茶盘，茶叶罐，茶匙组合，泡茶壶（又名“可爱壶”），冰壶（又名“如意壶”），茶巾，玻璃杯及杯托三套，冰桶，冰夹
出场	端起茶盘，随着音乐节奏走至茶台前，入座
布具	将茶盘中的茶器具按位置依次摆放在茶台上，就绪后行礼
温壶	注开水于泡茶壶中，壶容量为 1/3，转动壶身，使壶身完全预热，然后将温壶水倒弃滴尽
置茶	用茶匙取茶叶置泡茶壶中
冲泡	提煮水壶回旋斟水后，提壶高冲或“凤凰三点头”至泡茶壶八九分满
翻杯	将已清洁、干净后倒置的玻璃杯翻转过来，以待分茶
冰镇冷却	用冰夹夹冰块于冰壶中，再将泡茶壶中的茶汤倒入冰壶中
分茶	冰镇冷却后，将冰绿茶分入各玻璃杯中。分茶量为七八分满
奉茶	将冰绿茶放入茶盘，按中、左、右次序奉茶
收具	将茶器具依次放回茶盘，起身，行礼，退场

在演示过程中，可在冰绿茶里添加些可饮的新鲜花卉，也可在杯沿上布置一些小饰物，如一把小伞，还可将削成各种造型的水果进行装饰。玻璃杯型的选择也可作些变化，这样可以增加其观赏性。在夏季，一杯清雅、淡素、明快、亮丽的冰绿茶会给人带来舒适的丝丝凉意。

三、工艺花茶的冲泡技艺

1. 工艺花茶的冲泡要求

（1）为了便于观赏，工艺花茶应选择玻璃杯来冲泡。一般多选择高度 15 cm、杯口 8～10 cm 的西式高脚杯。也可选择腹短口大的玻璃杯，冲泡后易于花朵的舒展。

（2）工艺花茶属品、赏俱佳的茶品。在茶艺表现过程中，还可与插花、书画、剪纸等手工艺术等一起展示，以达到美化茶事、雅化生活的目的。

2. 工艺花茶的冲泡程序（见表 5—9）

表 5—9　工艺花茶的冲泡程序

程序	内容
备具	煮水壶，茶匙组合，西式高脚玻璃杯，茶荷，茶巾，茶叶罐，茶盘
出场	端起茶盘，随着音乐节奏走到茶台前，入座
布具	按规定的位置，将茶器具依次摆在茶台上，就绪后行礼
赏茶	用茶则取茶放在茶荷里，将茶荷从右方移向左方，给宾客观赏
润茶	用开水回旋冲入茶荷中，水量以淹过茶叶为宜
温杯	转动杯身，使杯身完全预热，然后将温杯水倒弃
置茶	用茶夹挡住荷口，倒弃茶水，将茶叶拨入杯中
冲泡	用水的冲力调整花茶的平衡，水容量为杯容量的七八分满
奉茶	将泡好的茶放入茶盘中，端起茶盘，按中、左、右的次序奉茶
收具	将茶器具按次序收入茶盘，起身，行礼，退场

四、白茶的冲泡技艺

白茶素为茶中珍品，历史悠久，也是中国六大茶类之一。白茶是指采摘后，不炒、不揉，只需萎凋、干燥工艺加工的茶。因其成品茶满披白毫，如银似雪而得名。属微发酵茶，主要产区在福建福鼎、政和、松溪、建阳等地。

白茶产品有白毫银针、白牡丹、贡眉、寿眉、新工艺白茶等花色类型。前四个花色类型是采用不同品种、不同采摘标准与嫩度的鲜叶原料加工制成的。新工艺白茶是于 1968 年应客商要求创制的白茶新品。下面以白牡丹茶为例介绍白茶的冲泡技艺。

1. 白牡丹的品质特征

白牡丹因其绿叶夹银白色毫心，形似花朵，冲泡后绿叶托着嫩芽，宛如蓓蕾初放，故得美名。白牡丹是采摘一芽一二叶制成，是白茶中的上乘佳品。产品分特级、一级、二级、三级。特级白牡丹毫心多，显叶，叶张细嫩，毫心银白，叶背有白茸毛，芽叶连枝，匀整。香气鲜嫩纯爽，嫩香显。汤色清澈，橙黄。滋味清甜醇爽，浓厚，毫味足。叶底芽多肥壮，叶张软嫩，芽叶连枝，叶张完整，色黄绿，叶梗叶脉微红明亮。

2. 白牡丹的冲泡程序（见表 5—10）

表 5—10 白牡丹的冲泡程序

程序	内容
备具	煮水壶，茶则组合，250 mL 无色透明的玻璃杯三个，茶荷，茶叶罐，茶巾，水盂
出场	端起茶盘，随着音乐节奏走到茶台前，入座
布具	将茶具依次摆放在茶台上，就绪后行礼
温杯	注沸水于玻璃杯中（约为 1/4～1/3 杯），转动杯身，使杯身完全预热，将杯中的水倒入水盂
置茶	用茶匙将茶叶罐中的茶叶拨入茶荷，再将茶荷中的茶叶拨入杯中
润茶	用 90℃左右的开水，回旋注水约 1/3 杯
赏茶	用茶匙拨取适量茶叶，入茶荷供宾客观赏
冲泡	执水壶用“凤凰三点头”的手法，冲入杯至七八分满
奉茶	将注好的茶放入茶盘中，端起茶盘，按中、左、右的次序奉茶
收具	茶具按次序收入茶盘，起身，行礼，退场

3. 品饮方法

玻璃杯泡的品饮方法一般为先观其色、赏其形、闻其香，后尝其味。白茶经开水冲泡后，芽叶舒展，颗颗成朵，绿叶托着嫩芽，在清澈明亮的茶汤中沉浮、翻转，形似花朵，宛如蓓蕾初放。细细品味，滋味鲜爽，甘味生津，唇齿留香，让人有沁人心脾之感。待茶汤饮至茶杯的 1/3 时，添加开水再饮，以冲饮 3～4 次为宜。

五、黄茶的冲泡技艺

黄茶按鲜叶的老嫩、芽叶的大小分为黄芽茶、黄小茶和黄大茶。黄芽茶主要有君山银针、蒙顶黄芽和霍山黄芽，如沩山毛尖、泉城红、泉城绿、平阳黄汤等均属黄小茶，而安徽皖西金寨、霍山、湖北英山和广东大叶青则为黄大茶。黄茶的品质特点是“黄叶黄汤”。下面以黄大茶为例介绍黄茶的冲泡技艺。

1. 品质特征

黄大茶，梗壮叶肥，叶片呈条状，梗叶相连形似钓鱼钩，梗叶金黄显褐，色泽油润，汤色深黄显褐，叶底黄中显褐，滋味浓厚醇和，具有高爽的焦香。

2. 黄茶的冲泡程序（见表 5—11）

表 5—11　黄茶的冲泡程序

程序	内容
备具	煮水壶，茶匙组合，提梁瓷壶，品茗杯五个，茶荷，茶叶罐，茶巾，水盂
出场	端起备好茶具的茶盘，随着音乐节奏走到茶台前，入座
布具	将茶器具依次摆在茶台上，就绪后行礼
温壶	注沸水入壶（约占壶容量的 1/3），转动壶身，使壶全身预热后，将水分入品茗杯
置茶	将茶叶罐中的茶叶按 1 ： 50 的比例放入壶中
润茶	用 95℃左右的水，回旋注水约 1/3 壶，加盖润茶
赏茶	取茶叶适量置赏茶碟中，供宾客观赏
冲泡	执水壶沿杯壁 45° 角高冲至七八分满，加盖
温杯	将品茗杯中的水依次倒弃
分茶	按巡回分茶法将壶中茶汤均匀分入品茗杯
奉茶	将注好的茶依次放入茶盘，端起茶盘按中、左、右的次序奉茶
收具	将茶台上的茶具按次序收入茶盘，起身，行礼，退场

六、金莲花茶的冲泡技艺

自古以来就有“上品饮茶，极品饮花”之说。以花代茶的饮法，来源于古代宫廷贵人的养颜习惯。辽金时代的萧太后经常泡饮金莲花，因而中年以后皮肤依然白皙，青春靓丽。清代宫廷也盛行饮金莲花茶，乾隆皇帝在《御制热河志》中封金莲花为“花中第一品”。金莲花富含生物碱和黄酮类物质，具有消炎止渴、清喉利咽、清热解毒、排毒养颜的功效，加以绿茶，具有性微寒、味道甘而苦的特点，有生津清热、消食化痰、抗氧化、防辐射等功效，而制成的金莲花茶不仅保健美容，而且赏心悦目。

1. 茶与茶具准备

茶品：黄山云雾（1.5~1.8 g），金莲花 2 ~ 3 朵。

为了便于观赏，金莲花茶选择玻璃杯来冲泡。为使冲泡后易于花朵的舒展，一般多选择有一定高度的玻璃杯。

2. 金莲花茶的冲泡程序（见表 5—12）

表 5—12　金莲花茶的冲泡程序

程序	内容
备具	煮水壶，茶匙组合，直桶玻璃杯，茶荷，茶巾，茶叶罐，茶盘
出场	端起备好茶具的茶盘，随着音乐节奏走到茶台前，入座
布具	按规定的位置，将茶器具依次摆在茶台上，就绪后行礼
温杯	注沸水入玻璃杯（水量为杯容量的 1/4 ~ 1/3），转动杯身，使杯身完全预热后倒弃
置茶	将罐中的茶叶按比例投入杯中
润茶	用 90℃的开水冲入杯中，水量以淹过茶叶为宜
投花	大花 2 朵，小花 3 朵
赏茶与辅料	取适量的茶和花，分别放入样碟，供宾客观赏
冲泡	执壶注水至杯容量的七八分满，注意尽量将水冲在花上

续表

程序	内容
奉茶	将泡好的茶放入茶盘中，端盘走向宾客，按中、左、右的次序奉茶
收具	奉茶复位后，将茶台上的茶器具依次收入茶盘，端起茶盘，行礼，退场

在悠久的历史文化生活中，茶与中华民族相结合，受中国人一贯的哲学思想和生活方式所支配，简言之即“顺其自然”及“致中和”，这是中国茶艺的精髓。时尚茶艺也将秉承这一理念，让人们在事茶、饮茶过程中求得自信、自省，以茶雅志，以茶会友。

时尚茶艺是一门发展的人文科学，也是脚踏实地、注重实用的自然科学，两者如何巧妙结合，将是我们面临的共同课题；同时，时尚茶艺又具有独特的精神道德审美价值和艺术欣赏价值，所以，既要继承传统，又要继往开来，在继承和创新中，让古老的“茶”“艺”结合的文化呈现崭新的面貌，使与茶者在饮茶和赏茶过程中能不断领略茶的真谛，传播茶的美德。

1. 谈谈你对时尚茶艺的理解。
2. 时尚茶艺演示的要求有哪些？
3. 了解调饮茶的历史和发展，为什么说创意调饮茶是时尚茶艺？
4. 谈谈你对创意调饮茶配制原理的认识。
5. 谈谈你对创意调饮茶器具配置的想法。

第 6 章
茶艺英语

引导语

茶艺英语是国际茶文化交流的重要语言工具，是中国茶文化走向世界的桥梁。专业英语日渐凸显其重要性。一名合格的高级茶艺师不仅要了解国外的茶文化，而且承担着向世界传播中国茶文化的责任。因此，茶艺专业英语是每一位高级茶艺师必须掌握的重要技能。

茶艺专业英语中涵盖了中国特色的茶礼、茶俗、茶器具、各类名茶品质特征及现代茶艺。

在本章中，介绍有关 TEA ETIQUETTE（茶礼）、TEA CUSTOM（茶俗）、TEA SETS（茶具）和 TEA ART（茶艺）的部分主要单词、专业短语及一般语法知识。教材内容由单句、问答和短文组成。其中，TEA ART（茶艺）部分是学习的重点。

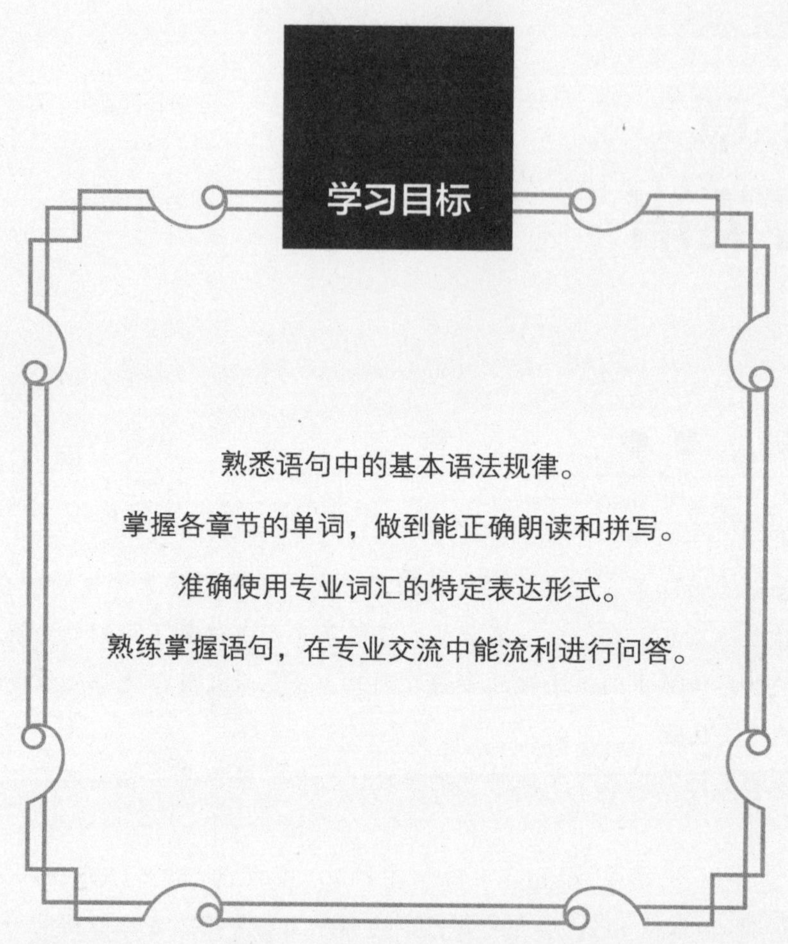

学习目标

熟悉语句中的基本语法规律。

掌握各章节的单词，做到能正确朗读和拼写。

准确使用专业词汇的特定表达形式。

熟练掌握语句，在专业交流中能流利进行问答。

第 1 节 茶礼

PART 1 TEA ETIQUETTE

一、Greeting and Introduction

问候与介绍

1. Would you like a separate room or will you sit in the hall?

   请问您喜欢坐包房还是大厅?

2. Excuse me, would you please tell me which kind of tea you prefer?

   对不起，可以告诉我您喜欢哪种茶吗?

3. Sorry for having kept you waiting for so long. Here is Kaihua Longding that you ordered. I hope you'll like it.

   对不起，让您久等了。这是您要的开化龙顶，希望您能喜欢。

4. Now, I'm preparing Oolong tea for you.

   现在我为大家冲泡乌龙茶。

5. The first brew is ready. Please help yourself.

   第一壶茶冲泡好了，请取用。

6. Here are the refreshments you ordered, if you need anything else, please feel free to let me know.

   这是您要的茶食，如果您还有什么需要的，请尽管吩咐。

二、Questions & Answers

问答

1. Q: May we have a nice seat?

   A: Yes. How about seats near the window? You can have a beautiful view.

问：我可以要个好点的座位吗？

答：当然，靠窗的座位可以吗？您可以看到美丽的风景。

2. Q: I don't have any idea about tea, what's your recommendation?

A: I would recommend to you the most famous tea in Hangzhou—Longjing tea. What do you think? Would you like to try some?

问：我对茶一窍不通，你推荐哪种？

答：我向您推荐杭州最著名的茶——龙井茶。您看好吗？愿意试一下吗？

3. Q: Can we have our bill (check) please?

A: Sure. 150 yuan in total. 200 yuan, thank you. Here is your change, 50 yuan.

问：我们可以结账吗？

答：当然，总共 150 元。（收您）200 元。这是您的找头，50 元。

三、Reservation

预约

Albert: Hi, May I make a reservation please?

Waitress: Sure. What time would you like?

Albert: Is Friday 6 pm available?

Waitress: Yes, how many of you?

Albert: 4 persons.

Waitress: Sure. Do you have any special request?

Albert: En, I would prefer seats near the window in non-smoking area.

Waitress: Let me check. Yes, there is a table meets your need. May I have your name and telephone number please?

Albert: Yes. My name is Albert Wu, and my telephone number is 136××××××××.

Waitress: Thank you, Mr. Wu. Now let me confirm the details. You would like to have a table for four on Friday evening at 6 pm, and prefer window seats in non-smoking area. Your telephone number is 136××××××××. Is this information correct?

Albert: Yes, it is.

Waitress: Your reservation has been made and we will keep it for you until 6:30 pm. Please contact us if there is any change. Thank you for choose our tea house. Wish you have a nice day!

Albert: Thank you and wish you have a nice day too. Bye.

四、New Words

生词

etiquette	['ɛtɪˌkɛt]	n.	礼节
separate	['sepəreɪt]	adj.	分开的
prefer	[prɪ'fə]	vt.&vi.	更喜欢，宁愿
recommend	[ˌrɛkə'mɛnd]	vt.&vi.	推荐
brew	[bruː]	vt.	泡（茶）
refreshment	[rɪ'frɛʃmənt]	n.	茶食
reservation	[ˌrezər'veɪʃn]	n.	预订

第 2 节　茶俗
PART 2　TEA CUSTOM

一、Questions & Answers

问答

1. Q: What does phoenix nodding three times imply?

   A: It means bowing to guests three times.

问：“凤凰三点头”意味着什么？

答：它意味着向客人三鞠躬。

2. Q: What is the advantage of drinking tea?

   A: Drinking tea is good for one's health.

   问：饮茶有什么好处？

   答：饮茶有养生保健作用。

3. Q: Where is the cradle of tea culture?

   A: As the hometown of tea, China is the cradle of tea culture.

   问：茶文化的发祥地在哪里？

   答：作为茶叶的故乡，中国是茶文化的发祥地。

4. Q: How much should a cup of tea be served ?

   A: Only 70 percent full of a teacup should be poured. There is a Chinese saying that "70 percent tea, 30 percent affection."

   问：斟茶多满为宜？

   答：斟茶以七分满为宜。中国有句俗话：七分茶，三分情。

5. Q: What is the advantage of tea in terms of " The Classic of Tea"?

   A: Drinking tea can refine one's morals and behavior.

   问：《茶经》中饮茶的好处是什么？

   答：饮茶可以精行俭德。

6. Q: When did the Chinese tea culture form?

   A: Chinese tea culture matured in mid-Tang Dynasty. "The Classic of Tea", written by Lu Yu, symbolized the formation of the Chinese tea culture.

   问：中国的茶文化是何时形成的？

   答：中国茶道成熟于中唐。陆羽所著的《茶经》标志着茶文化的形成。

7. The fabled leader Shennong tasted hundreds of herbs, and discovered tea's medical functions of detoxification and mind-refreshing.

   神农尝百草，发现了茶可以解毒醒神。

8. "The Classic of Tea" records 24 types of tea wares, of which the tea holder, water basin, etc, are prototypes of modern tea sets.

《茶经》中记载了二十四种茶具。其中茶则、涤方等，都是现代茶具的原型。

9. "The Classic of Tea" has ten chapters, which are: 1 Origin, 2 Tools, 3 Making, 4 Tea Wares, 5 Cooking, 6 Drinking, 7 History, 8 Regions, 9 Simplification, 10 Printing.

   《茶经》分十个部分，分别为一之源、二之具、三之造、四之器、五之煮、六之饮、七之事、八之出、九之略、十之图。

10. Tea polyphenols (TP) are important health component, as well as the main basis for tea identification.

    茶多酚是茶叶中重要的保健成分，也是鉴别真假茶叶的主要依据。

二、New Words

生词

imply	[ɪm'plaɪ]	vt.	意味着、暗示
cradle	['kredl]	n.	摇篮、发源地
affection	[ə'fɛkən]	n.	慈爱
refine	[rɪ'faɪn]	vt., vi.	净化
moral	['mɔːrəl]	adj.	道德（上）的
behavior	[bɪ'hevjə]	n.	举止，行为
prototype	['proʊtətaɪp]	n.	原型，蓝本
The Classic of Tea			茶经
basin	['besɪn]	n.	水盆
detoxicate	[diː'tɒksəˌkeɪt]	v.	解毒
region	['ridʒən]	n.	区域
polyphenol	[pɒlɪ'fiːnɒl]	n.	多酚
identification	[aɪˌdentɪfɪ'keɪʃn]	n.	鉴定

第3节 茶具

PART 3 TEA SETS

一、Questions & Answers

问答

1. Q: What does a "cover-bowl cup" consists of?

   A: A cover-bowl cup consists of a saucer, a cup and a cover, so it is also called "a three-piece set".

   问：盖碗杯由什么组成?

   答：盖碗杯由托、盅、盖组成，所以又称“三件套”。

2. Q: What does the set for making Oolong tea called in the area of Chaozhou and Shantou?

   A: Since it is both practical and pleasing to eyes, it is called "four treasures for preparing tea".

   问：潮汕地区把冲泡乌龙茶的茶具称为什么?

   答：由于其既有实用型，又有观赏性，被称为“烹茶四宝”。

3. Q: What is the advantage of Zisha teapot?

   A: The advantage of Zisha teapot is to prevent the tea from losing its favor and fresh color. In summer, it can prevent the tea from decaying quickly.

   问：紫砂茶壶的优点是什么?

   答：紫砂茶壶的优点是：“泡茶不走味，储茶不变色，盛夏不易馊。”

4. Q: What is the character of porcelain tea sets?

   A: Besides provide moderate heat transfer and preservation, they also have various shapes and colors.

   问：瓷器茶具的特点是什么?

答：瓷器茶具的特点是传热、保温适中，色彩缤纷，造型多变。

5. Q: What is the character of glass tea sets?

   A: Glass tea sets have high degree of transparency, so it is convenient for people to appreciate the beauty of tea.

   问：玻璃茶具的特点是什么?

   答：玻璃茶具的特点是透明度高，能增加茶的观赏性。

6. Q: How to choose tea sets?

   A: The choices of tea sets vary as there are different kinds of tea, different personal taste and different local tradition.

   问：怎样挑选茶具?

   答：茶具的选择要因茶、因人、因地制宜。

7. Q: What are the tools used for preparing water?

   A: Tools used for preparing water include: kettle, stove, alcohol burner, electric stove and so on.

   问：煮水的器具有哪些?

   答：煮水的器具包括烧水壶、风炉、酒精炉、电炉（随手泡）等。

8. Q: What are the tools for tea preparation?

   A: Tools for tea preparation include: tea caddy, tea scoop, funnel, tea spoon, basin, tea towel, tea tray, etc.

   问：备茶的器具有哪些？

   答：备茶的器具包括茶叶罐、茶则、茶漏、茶匙、水盂、茶巾、茶盘等。

9. Q: What are the tools for drawing tea?

   A: Tools for drawing tea include: teapot, teacup, cover-bowl cup, etc.

   问：泡茶的器具有哪些?

   答：泡茶的器具包括茶壶、茶杯、盖碗杯（茶盏）等。

10. Q: What cups will you use when making tea?

    A: Cups for tasting tea include: glasses, cover-bowl cups, white porcelain cups, colorful porcelain cups, Zisha cups, cups for sniffing scent, fair pitcher and so on.

    问：泡茶时会用到的杯具有哪些?

    答：泡茶时会用到的杯具包括玻璃杯、盖碗杯、白瓷杯、彩瓷杯、紫砂杯、闻香杯、公道杯等。

二、New Words

生词

tea set			茶具（成套）
cover-bowl cup			盖碗杯
consist	[kənˈsɪst]	vi.	由……组成
saucer	[ˈsɔsə]	n.	茶托，碟子
treasure	[ˈtrɛʒə]	n.	珍宝
prevent	[prɪˈvɛnt]	v.	防止，预防
decay	[dɪˈke]	vi.	腐烂
moderate	[ˈmɑːdərət]	adj.	适度的
preservation	[ˌprezərˈveɪʃn]	n.	保存
porcelain	[ˈpɔːrsəlɪn]	n., adj.	瓷，瓷质的
transparency	[trænsˈpɛrənsi]	n.	透明，透明度
convenient	[kənˈvinjənt]	adj.	便利的
appreciate	[əˈpriʃiˌet]	vt.	欣赏
vary	[ˈveri]	vt., vi.	使……多样化，变化
kettle	[ˈkɛtl]	n.	水壶
stove	[stoʊv]	n.	风炉
alcohol burner			酒精炉
electric stove			电炉（随手泡底座）
tea caddy			茶叶罐
tea scoop			茶则
funnel	[ˈfʌnəl]	n.	漏斗
tray	[treɪ]	n.	托盘
fair	[feər]	adj.	公平的，公道的
pitcher	[ˈpɪtʃər]	n.	带柄的大水罐
fair pitcher			公道杯

sniff	[snɪf]	vi., vt.	嗅，闻
scent	[sɛnt]	n.	气味，香味
cup for sniffing scent			闻香杯

第 4 节 茶艺
PART 4 TEA ART

一、Water（水）

1. Questions & Answers
问答

（1）Q: How do you prepare a good cup of tea ?

A: To prepare a good cup of tea, you need fine tea, good water, proper temperature and a suitable tea set.

问：怎样泡好一杯茶?

答：泡好一杯茶，要做到茶好、水好、火好、器好。

（2）Q: May I know the three stages when water is boiling?

A: At the first stage, the bubbles look like Crab eyes, at the second, the bubbles look like fish eyes, finally, they look like surging waves.

问：煮水有哪三个阶段?

答：一沸为“蟹眼”，二沸为“鱼眼”，三沸为“腾波鼓浪”。

（3）Q: Which stage is the best for preparing tea?

A: Between the crab-eye stage and the fish-eye stage.

问：哪个阶段的水最适合用于泡茶?

答：以“蟹眼已过鱼眼生”时最好。

（4）Q: How can we make water boil quickly?

A: We must use a bigger fire to make water boil quickly.

问：怎样将水快速煮开？

答：要做到活火快煎。

（5）Q: Is water that has been boiling for a long time good for making tea?

A: No. The water that has been boiling for a long time is not good.

问：用老水泡茶好不好？

答：不，用老水泡茶不好。

（6）Q: Do you know the skill of preparing tea?

A: Hold the kettle high and pour while bringing it closer to the tea cup.

问：你知道泡茶的技巧吗？

答：要高冲低斟。

（7）Q: What kind of water is the best for tea?

A: Natural mountain spring water is the best.

问：什么水用来泡茶最好？

答：天然山泉水最好。

2. New Words

生词

proper	['prɒpər]	adj.	适当的
suitable	['suːtəbl]	adj.	合适的
stage	[steɪdʒ]	n.	阶段
bubble	['bʌbəl]	n.	水泡
crab	[kræb]	n.	螃蟹
surge	[sɜːrdʒ]	n.	巨涌，汹涌

二、Green Tea（绿茶）

1. Questions & Answers

问答

（1）Q: What is Longjing tea famous for?

A: Longjing tea is famous for its green color, delicate aroma, mellow taste and beautiful shape.

问：龙井茶以什么著称？

答：龙井茶以色绿、香郁、味醇、形美著称。

（2）Q: Tell me the traits of Longjing tea, please describe it.

A: The appearance of Longjing tea is characterized by flatness, smoothness, straightness, and its jade-green color.

问：请描述龙井茶叶的特征。

答：龙井茶的外形特点是扁平、光滑、挺直，色如翡翠。

（3）Q: How many times can Longjing tea be drawn?

A: Usually, Longjing tea and other kinds of tender green tea can be drawn up to three times.

问：龙井茶可以冲泡几次？

答：一般来讲，龙井茶和其他细嫩绿茶最多可以冲泡三次。

（4）Q: Can you tell me the process of enjoying Longjing tea?

A: You should enjoy the aroma first, then appreciate the liquor color, the movement of the tealeaves, and finally taste the liquor.

问：请问如何品饮龙井？

答：先闻茶香，后观汤色和茶叶的形态，再尝茶汤滋味。

（5）Q: Please give us a brief introduction to Biluochun Tea.

A: Biluochun, which means "Green Snail Spring", was named by Emperor Kang Xi of the Qing Dynasty. Produced on Mount Dongting in Lake Taihu, it's one of the "Top Ten Teas of China". The processed buds with white hair are fine and rolled up. There are 60,000 to 80,000 buds in 500 gram of high quality tea. 80 degrees centigrade water is preferred to make Biluochun Tea.

问：请介绍一下碧螺春。

答：碧螺春产于太湖洞庭山，由清代康熙帝赐名，是中国十大名茶之一。碧螺春纤细卷曲，满披白毫，500 g 优质茶有 6 万～8 万个芽头。冲泡碧螺春的水温以 80℃左右为宜。

（6）Q: Please describe Maofeng Tea of the Huangshan Mountain.

A: Maofeng Tea is produced in the Huangshan area of Anhui Province. It is the famous green tea among the Chinese Alpine teas. The super-fine Maofeng Tea is to be picked when budding, while only one piece of tealeaf is holding the bud. The processed tealeaves have obvious characters of "gold piece" and "ivory hair". The tea liquor appears clear and transparent and the light yellow tealeaves appear flower alike. It tastes fresh and sweet, rich and strong.

问：请描述一下黄山毛峰。

答：黄山毛峰产于安徽省黄山地区，是中国著名的高山绿茶。特级黄山毛峰的采摘标准为一芽一叶初展。成茶最明显的特征是"黄金片"和"象牙色"，茶汤清澈，叶底嫩黄，肥壮成朵。茶味鲜浓，醇厚甘甜。

（7）Q: How much water should we use for 1 gram of tea? What is the suitable temperature for making green tea?

A: We use fifty milliliters for 1 gram of tea. Depends on the tenderness of the tea, the preferred centigrade is 80 degrees.

问：1 g 茶叶用多少水冲泡？合适的水温是多少？

答：1 g 茶叶用 50 mL 水。根据茶叶的嫩度，水温以 80℃左右为宜。

（8）Q: What is the advantage by soaking tealeaves with a little boiling water before it has been fully infused?

A: The advantage is that the soaking process can make the leaves unfold and make it easier to brew.

问：润茶的好处是什么？

答：润茶的好处在于使茶叶初展，易于冲泡。

（9）Q: Why we should use water at proper temperature to prepare tea?

A: If the water is too hot, it will spoil the tea leaves and tea liquor will turn to dark yellow quickly. While if the water is not hot enough, it will not easy to infuse the tea and the leaves will float on the surface of the water.

问：泡茶时水温为什么要恰到好处？

答：如果水温过高，会使茶叶泡熟，茶汤很快变黄。如果水温过低，茶汁则不易浸出，茶叶浮在茶汤表面。

（10）Q: Why do we prefer to make green tea in a glass?

A: Because we can appreciate the beautiful dancing of the tender tea leaves and buds.

问：为什么用玻璃杯冲泡绿茶较好？

答：因为可以欣赏到芽叶飘动沉浮的美丽姿态。

2. New Words

生词

delicate	['dɛlɪkɪt]	adj.	柔和的、精致的
aroma	[ə'rəʊmə]	n.	香气
mellow	['meləʊ]	adj.	醇的
trait	[treɪt]	n.	特性
appearance	[ə'pɪərəns]	n.	外观
characterize	['kærəktəraɪz]	vt.	具有……特征
infuse	[ɪn'fjuːz]	vt., vi.	冲泡
centigrade	['sentɪgreɪd]	n.	摄氏度
process	['prəʊses]	n.	过程
movement	['muːvmənt]	n.	动作
liquor	['l'kə(r)]	n.	（茶）汤
surface	['sɜːrfɪs]	n.	表面
bud	[bʌd]	n.	花苞，芽

三、Oolong Tea（乌龙茶）

1. Questions & Answers

问答

（1）Q: What kind of common trait does Oolong tea share with green tea and black tea respectively?

A: It has both the delicate fragrance of green tea and the sweetness and mellowness of black tea.

问：乌龙茶与绿茶、红茶有何共同特性？

答：乌龙茶既有绿茶之清香，又有红茶之甘醇。

（2）Q: Where is Dongding Oolong from?

A: Dongding mountain in Taiwan Province.

问：冻顶乌龙产于哪里?

答：冻顶乌龙产于台湾冻顶山。

（3）Q: What are the five traits of Dongding Oolong?

A: They are fragrant, strong, mellow, rhythmic and beautiful.

问：冻顶乌龙的五大特征是什么?

答：是香、浓、醇、韵、美。

（4）Q: Tell me something about Tie Guanyin.

A: It is from Anxi, Fujian Province, it has a high quality and a "Guanyin" flavor. It is said that good quality Tie Guanyin remains fragrant even after 7 infusions.

问：请介绍一下铁观音。

答：它产于福建安溪，品质优良有"观音"韵。据说上等铁观音七泡有余香。

（5）Q: What dose Tie Guanyin Tea look like?

A: The strip of the tealeaf is rolled up and sturdy. It has a greenishblue base and a green belly. The whole tealeaf is in the shape of a dragonfly's head. There are red dots and white frosting on the surface of the leaves.

问：铁观音茶外形如何?

答：铁观音条索卷曲壮实，呈青蒂绿腹蜻蜓头状，叶面有砂绿红点，略带白霜。

（6）Q: Where is Minbei Shuixian from?

A: Shuixian Tea is from northern Fujian Province and is a famous variety of Oolong.

问：闽北水仙产于哪里?

答：闽北水仙产于福建北部地区，为乌龙茶的名品。

（7）Q: What dose Minbei Shuixian look like?

A: The strips of the leaves are tight and weighty and the ends are twisted. The dark green leaves are glossy.

问：闽北水仙外形如何？

答：闽北水仙条索紧结沉重，叶端扭曲，色泽呈暗绿色泛油光。

（8）Q: What are the additional tools when making Oolong tea in Taiwan style?

A: We need two more tools: a cup for sniffing scent and a fair pitcher.

问：冲泡台式乌龙要增加什么茶具？

答：要增加两种茶具：闻香杯和公道杯。

（9）Q: What shall we do before making Oolong tea?

A: Warm up the teacup, and clean the tea sets.

问：冲泡乌龙茶要先怎样？

答：要先温壶洁具。

（10）Q: How much tealeaves shall we use for making Oolong tea?

A: Usually, the dose of tealeaves, is between one-third to one-half the teapot's volume depending on the tightness of the tea.

问：乌龙茶的投茶量是多少？

答：根据茶叶的紧结度，一般是壶容量的 1/3 ~ 1/2。

（11）Q: What is the best temperature for brewing Oolong tea?

A: Water that just reaches the boiling point is preferred.

问：冲泡乌龙茶的最佳水温是多少？

答：水温以刚刚烧沸为佳。

（12）Q: What does "warming up the teapot" mean?

A: It means before brewing, we will use the hot water to moistening the teapot, and to increase the temperature of the teapot.

问："温壶"是什么意思？

答：冲泡前用热水滋润茶壶，提高壶温，是谓"温壶"。

（13）Q: How many times can Oolong tea be drawn?

A: A good tier Oolong tea can be drawn 7 times during which its fragrance continues to last.

问：乌龙茶可以冲泡几次？

答：优等的乌龙茶可以七泡有余香。

（14）Q: What is the usual step when people drink Oolong tea?

A: Usually they smell the fragrance first, and then taste the liquor.

问：人们一般怎样品饮乌龙茶？

答：一般先闻茶香再品茶汤。

（15）Q: How long does it take to brew the pelleted Oolong tea?

A: About 45~60 seconds.

问：半球形的乌龙茶浸泡的时间为多长？

答：45～60 s。

（16）Q: Shall we spend the same time on each infusion of pelleted Oolong tea?

A: No, we shouldn't. Each infusion should always be 15 seconds longer than the previous infusion.

问：半球形的乌龙茶每次冲泡的时间都一样长吗？

答：不是，半球形的乌龙茶每次冲泡时间比前一次长 15 s。

（17）Q: How long does the first infusion of twisted Oolong tea last?

A: Forty-five seconds.

问：条索状的乌龙茶第一次浸泡时间为多长？

答：45 s。

（18）Q: What does the "fabled lord Guan making an inspection of the city" mean?

A: It means the pouring of tea into the guests' teacups one by one and round by round.

问：何谓“关公巡城”？

答：它指的是将壶中的茶汤来回依次均匀倒入各个饮杯中。

（19）Q: What is the nickname of the action of dripping the leftover tea respectively into the cups drop by drop?

A: We call it " the fabled General Han Xin mustering troops for inspection".

问：将壶中最后残留的茶汤分别一一滴入客人的杯中，这一动作称为什么？

答：我们称它“韩信点兵”。

（20）Q: What is the function of the fair pitcher?

A: The fair pitcher ensures that every guest enjoys his Oolong tea with same concentration, same aroma and same color, which is fair to everybody.

问：公道杯的作用是什么？

答：公道杯使乌龙茶汤的浓度、香气、色泽达到一致，公平待人。

（21）Q: Tell me something about "3 sips".

A: The Chinese character "Pin", which means "to taste", is made up of 3 Kou (sip). When tasting Oolong tea, you will feel the excellence only after 3 sips.

问：简述"三口"。

答：中国的"品"字由三个"口"字组成。品乌龙茶时，三口之后方觉其妙。

（22）Q: What will you feel after tasting top tier Oolong tea?

A: Top grade Oolong tea will bring a marvelous and enduring after-taste into your mouth.

问：上品的乌龙茶喝过之后会有何感觉？

答：喝过上品乌龙茶，口腔有韵味无穷的感觉。

（23）Q: What is the character of top grade Tie Guanyin?

A: Top grade Tie Guanyin tastes mellow and the sweet after-taste lasts long.

问：顶级铁观音有何特征？

答：顶级铁观音滋味醇厚，回甘持久。

（24）Q: Describe what you will feel after a sip of high quality Dongding Oolong?

A: It will bring aroma to your mouth and nose, as well as sweetness to your tongue.

问：描述啜饮上等冻顶乌龙后的感觉。

答：啜饮后口鼻生香，舌有余甘。

2. New Words

生词

rhythmic	['rɪðmɪk]	adj.	节奏的
tier	[tɪər]	n.	层
stripe	[strɪp]	n.	长条
supplementary	[ˌsʌplɪ'mentri]	adj.	辅助的
duplex	['djuːpleks]	adj.	双层的

after-taste			回甘
enduring	[ɪn'djʊərɪŋ]	adj.	持久的
actual	['æktʃuəl]	adj.	实际的
previous	['priːviəs]	adj.	在前的
pellet	['pelɪt]	n.	小球；子弹
twisted	['twɪstɪd]	adj.	扭曲的
inspection	[ɪn'spekʃn]	n.	检查
general	['dʒenrəl]	n.	将军
muster	['mʌstər]	vt., vi.	召集
troop	[truːp]	n.	军队
respectively	[rɪ'spɛktɪvli]	adv.	分别地
concentration	[ˌkɒnsn'treɪʃn]	n.	浓度

四、Dark Tea（黑茶）

1. Introduction

介绍

（1）Dark tea is a kind of post-fermented tea, and is unique to China. It is mainly produced in Hunan, Hubei, Guangxi, Sichuan and Yunnan provinces.

黑茶属于后发酵茶类，也是我国特有的茶类。主要产地有湖南、湖北、广西、四川和云南。

（2）According to its appearance, dark tea can be divided into Loose Tea and Compressed Tea.

根据其外形，黑茶可分为散茶和紧压茶。

（3）Dark tea has a number of health benefits, such as reducing body fat, inhibiting bacterial growth, aiding digestion, etc., and is becoming increasingly popular.

黑茶具有减脂、抑菌、助消化等保健功效，因此日渐流行。

（4）In addition to Yunnan Pu’er, other well-known dark tea includes Hunan

Qianliang, Guangxi Liubao, Hubei Old Tea Bricks, etc.

除云南普洱外，其他著名的黑茶有湖南千两、广西六堡、湖北老青砖等。

（5）Historically, Pu'er tea was sold into the Qinghai-Tibet area through the Tea-Horse Road.

历史上普洱茶就经由茶马古道销往青藏地区。

（6）Pu'er tea must be made from fresh leaves of the large-leaf breed trees grown in Yunnan province. The main processing steps are fixation, rolling, sun drying and aging.

普洱茶的原料必须为云南大叶种的茶树鲜叶，主要工序有杀青、揉捻、晒干、陈化。

（7）Primary tea through natural aging is called Raw Tea. Tea through pile fermentation is called Ripe Tea.

毛茶经自然陈化的称为生普，人工渥堆的称为熟普。

2. New Words

生词

post-fermented			后发酵的
efficacy	[ˈefɪkəsi]	n.	功效
inhibit	[ɪnˈhɪbɪt]	v.	抑制
Tea-Horse Road			茶马古道
breed	[briːd]	n.	种类
primary	[ˈpraɪməri]	adj.	原生的
pile fermentation			渥堆
raw	[rɔː]	adj.	生的
ripe	[raɪp]	adj.	成熟的

五、Other Kinds of Tea（其他类茶）

1. Introduction

介绍

（1）White tea is a type of light fermented tea. The main processing steps are withering and drying, with withering being critical.

白茶属于微发酵茶，主要加工工序是萎凋和干燥。其中萎凋是关键。

（2）Yellow tea is a type of light fermented tea. During processing, damp tea leaves are allowed to sit and yellow which is unique, and is a key step to form its distinguished Yellow Leaves and Yellow Liquor.

黄茶属于轻发酵茶，闷黄是其特有的工序，也是形成黄叶黄汤的关键工序。

（3）Black tea is a type of complete fermented tea. The main processing steps are withering, rolling, fermentation and drying. It is mainly produced in China, India, Sri Lanka and Kenya.

红茶是全发酵茶，主要工序是萎凋、揉捻、发酵、干燥。主要产区是中国、印度、斯里兰卡和肯尼亚。

2. Questions & Answers

问答

（1）Q: Where is Baihao Yinzhen from? What is the trait?

A: It's from Fuding and Zhenghe, Fujian province. It looks as straight as a needle and as white as sliver.

问：白毫银针产于哪里？其特点是什么？

答：白毫银针产于福建省福鼎、政和。它洁白似银，笔直如针。

（2）Q: What is the trait of White Peony Tea?

A: It looks like a peony flower, with silver bud in the middle of its green leaves.

问：白牡丹茶的特征是什么？

答：绿叶夹银芽，形似牡丹花。

（3）Q: Where dose Mogan Yellow Buds grow? What is the character?

A: It grows in Mogan mountain, Zhejiang province. It looks like heart of lotus seed. The tea has fresh aroma, mellow taste, and clear yellow tea liquor.

问：莫干黄芽产于哪里？其特征是什么？

答：莫干黄芽产于浙江莫干山。它形如莲心，香气清新，滋味醇厚，汤色橙黄。

（4）Q: What is the liquor of black tea characterized by?

A: It is characterized by its bright red and lustrous color, fresh flavour and strong taste.

问：红茶的茶汤特征是什么？

答：它的特征是汤色红艳明亮，滋味鲜爽浓醇。

3. New Words

生词

light fermented			轻微发酵的
withering	[ˈwɪðərɪŋ]	v.	（使）枯萎，萎凋
critical	[ˈkrɪtɪkl]	adj.	关键的
damp	[dæmp]	vt.	使……潮湿
silver	[ˈsɪlvər]	adj.	银的
peony	[ˈpiːəni]	n.	牡丹花
lotus	[ˈləʊtəs]	n.	荷花
Celsius	[ˈselsiəs]	n.	摄氏
black tea			红茶
lustrous	[ˈlʌstrəs]	adj.	有光泽的

六、Reprocessed Tea（再加工茶类）

1. Questions & Answers

问答

（1）Q: What is reprocessed tea?

A: Finished tea with extra processing to gain specific scent, taste or appearance is called reprocessed tea.

问：什么是再加工茶？

答：再加工茶就是成品茶经过再次加工，使之具有特别的香气、滋味或外形。

（2）Q: What are the common reprocessed teas?

A: The most common ones are flower scented tea, seasoned tea and craft tea.

问：常见的再加工茶有哪些？

答：常见的再加工茶有窨花茶、调味茶、工艺花茶等。

（3）Q: Which kind of flower-scented tea is the most popular?

A: Jasmine tea is the most popular.

问：哪种花茶最为常见？

答：茉莉花茶最为常见。

（4）Q: What is the character of jasmine tea?

A: It has both the flavor of green tea and the fragrance of jasmine.

问：茉莉花茶的特点是什么？

答：它既有绿茶之味，又有茉莉之香。

（5）Q: How is jasmine tea made?

A: Jasmine tea is made through scenting tea with fresh jasmine flower buds.

问：如何制作茉莉花茶？

答：茉莉花茶是用新鲜茉莉花苞与茶坯混合窨制而成的。

（6）Q: What kind of tea is used for flower-scented tea?

A: Baked green tea is mainly selected for scenting.

问：窨制花茶采用什么茶坯？

答：窨制花茶的茶坯主要选用烘青茶。

（7）Q: How to appreciate the fragrance of jasmine tea?

A: There are three criteria in appreciating the fragrance of jasmine tea.

First, the fragrance will be fresh, but not old and oppressive;

Second, the fragrance will be strong and rich, but not thin and light;

Third, the fragrance will be pure, but not confused, and both the fragrance and taste will match well.

问：如何鉴定花茶的香气？

答：花茶香气鉴定有三个方面。

一是香气当鲜灵，忌陈忌闷。

二是香气当浓厚，忌浅忌薄。

三是香气当纯正，忌杂，要与茶味协调。

（8）Q: What’s the proper way to enjoy the fragrance of jasmine tea?

A: When enjoying jasmine tea, you can smell the fragrance on the lid before sipping.

问：如何正确欣赏茉莉花茶的香气？

答：您可以在品饮前揭盖闻香。

（9）Q: Why is Rose tea a little special?

A: Because it uses black tea for scenting, not green tea.

问：玫瑰花茶有何特别之处？

答：玫瑰花茶采用的茶坯是红茶，而非绿茶。

2. New Words

生词

reprocessed tea			再加工茶
specific	[spə's'fɪk]	adj.	特种的
flower-scented tea			窨花茶
flavour	['fleɪvər]	n.	风味
judge	[dʒʌdʒ]	vt.	判断
oppressive	[ə'presɪv]	adj.	沉闷的
lid	[lɪd]	n.	盖子

1. 试用英语向顾客推荐一种茶。
2. 试用英语介绍一下茶文化。
3. 试用英语介绍一下泡茶时会用到的杯具。
4. 试用英语介绍一下碧螺春、黄山毛峰、铁观音等。

第 7 章
茶馆经营

引导语

茶馆是人们品茗、休闲、交友、娱乐的场所。茶馆在我国有悠久的历史。随着时代的变迁和人们生活水平的提高，现代的茶馆无论是装饰布局、茶品质量、服务、功能，还是茶客的类型，与过去相比都有了很大的变化，茶馆的层次在不断提高。只有茶馆内部的经营管理水平不断提高，才能在市场上站稳脚跟，在竞争中立于不败之地。

本章介绍了茶馆经营中涉及的法律法规、经营策略、经营方式，以便学员在茶馆经营中能更好地掌握和操作。

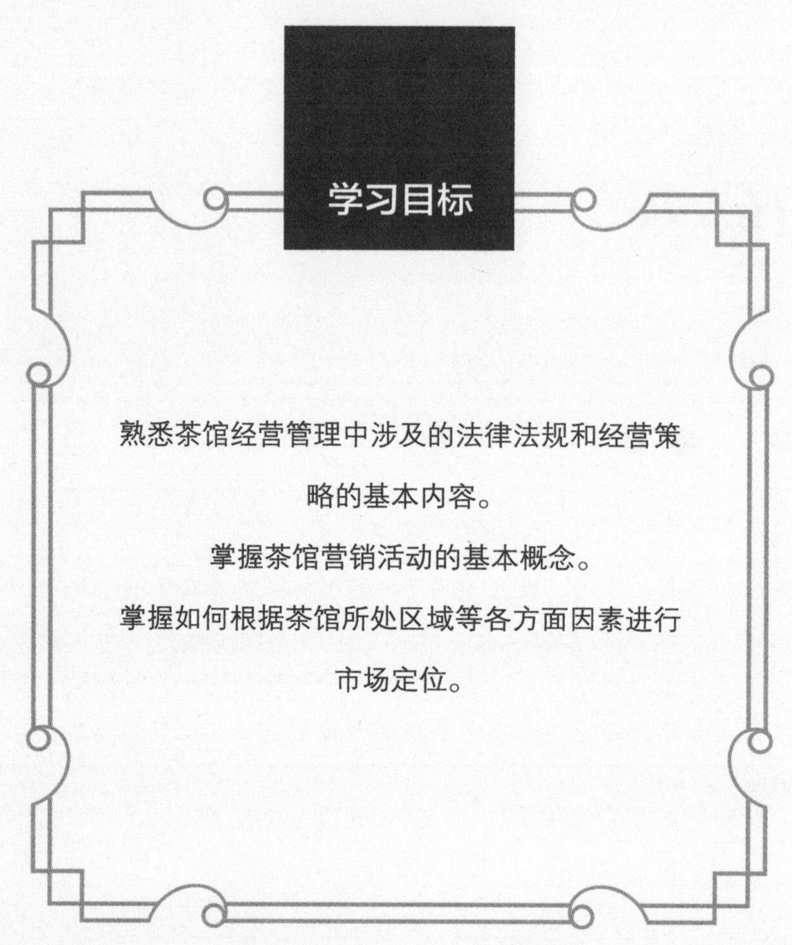
学习目标
熟悉茶馆经营管理中涉及的法律法规和经营策略的基本内容。
掌握茶馆营销活动的基本概念。
掌握如何根据茶馆所处区域等各方面因素进行市场定位。

第 1 节　经营法规

茶馆的经营活动过程涉及许多法规，茶馆经营人员应了解和掌握与茶馆经营关系最密切的《食品安全法》《消费者权益保护法》《价格法》中的有关内容。

一、《食品安全法》（摘要）

《食品安全法》由中华人民共和国第十一届全国人民代表大会常务委员会第七次会议于 2009 年 2 月 28 日通过，并于 2009 年 6 月 1 日起施行。

1. 食品安全法的监管体制

我国为确保食品安全，针对食品安全监管中的漏洞，构筑了新的框架平台。规定了国务院各有关部门按照各自职责分工，依法行使职权，对食品安全分阶段实施监管的管理体制。国务院设立食品安全委员会，作为高层次的议事协调机构，协调、指导食品安全监管工作。农业部门负责初级农产品生产环节的监管；质量监督部门负责食品生产加工环节的监管；工商部门负责食品流通环节的监管；国家食品药品监督管理部门负责药品生产流通、餐饮服务活动的监管。

2. 食品安全法和茶馆经营相关的内容

（1）食品生产经营者应当依照法律、法规和食品安全标准从事生产经营活动，对社会和公众负责，保证食品安全，接受社会监督，承担社会责任。

（2）食品生产经营应当符合食品安全标准，并符合下列要求。

1）具有与生产经营的食品品种、数量相适应的食品原料处理和食品加工、包装、储存等场所，保持该场所环境整洁，并与有毒、有害场所及其他污染源保持规定的距离。

2）具有与生产经营的食品品种、数量相适应的生产经营设备或者设施，有相应的消毒、更衣、盥洗、采光、照明、通风、防腐、防尘、防蝇、防鼠、防虫、洗涤及处理废水、存放垃圾和废弃物的设备或者设施。

3）有食品安全专业技术人员、管理人员和保证食品安全的规章制度。

4）具有合理的设备布局和工艺流程，防止待加工食品与直接入口食品、原料与成品交叉污染，避免食品接触有毒物、不洁物。

5）餐具、饮具和盛放直接入口食品的容器，使用前应当洗净、消毒，炊具、用具用后应当洗净，保持清洁。

6）储存、运输和装卸食品的容器、工具和设备应当安全、无害，保持清洁，防止食品污染，并符合保证食品安全所需的温度等特殊要求，不得将食品与有毒、有害物品一同运输。

7）直接入口的食品应当有小包装或者使用无毒、清洁的包装材料、餐具。

8）食品生产经营人员应保持个人卫生，生产经营食品时应将手洗净，穿戴清洁的工作衣、帽；销售无包装的直接入口食品时，应使用无毒、清洁的售货工具。

9）用水应当符合国家规定的生活饮用水标准。

10）使用的洗涤剂、消毒剂应当对人体安全、无害。

（3）国家对食品生产经营实行许可制度。从事食品生产、食品流通、餐饮服务等领域工作，应当依法取得食品生产许可、食品流通许可、餐饮服务许可。

（4）食品生产经营者应当建立并执行从业人员健康管理制度。患有痢疾、伤寒、病毒性肝炎等消化道传染病的人员，以及患有活动性肺结核、化脓性或者渗出性皮肤病等有碍食品安全的疾病的人员，不得从事接触直接入口食品的工作。食品生产经营人员每年应当进行健康检查，取得健康证明后方可参加工作。

（5）食品生产者采购食品原料、食品添加剂、食品相关产品，应当查验供货者的许可证和产品合格证明文件；对无法提供合格证明文件的食品原料，应当依照食品安全标准进行检验；不得采购或者使用不符合食品安全标准的食品原料、食品添加剂、食品相关产品。

食品生产企业应当建立食品原料、食品添加剂、食品相关产品进货查验记录制度，如实记录食品原料、食品添加剂、食品相关产品的名称、规格、数量、供货者名称及联系方式、进货日期等内容。食品原料、食品添加剂、食品相关产品进货查验记录应当真实，保存期限不得少于两年。

（6）食品经营者采购食品，应查验供货者的许可证和食品合格的证明文件。食品经营企业应建立食品进货查验记录制度，如实记录食品的名称、规格、数量、生产批号、保质期、供货者名称及联系方式、进货日期等。食品进货查验记录应当真实，保存期限不得少于两年。实行统一配送经营方式的食品经营企业，可由企业总部统一查验供货者的许可证和食品合格的证明文件，进行食品进货查验记录。

（7）食品经营者储存散装食品，应当在储存位置标明食品的名称、生产日期、保质期、生产者名称及联系方式等内容。

食品经营者销售散装食品，应当在散装食品的容器、外包装上标明食品的名称、生产日期、保质期、生产经营者名称及联系方式等内容。

（8）预包装食品的包装上应当有标签并在标签上标明九项事项。

1）名称、规格、净含量、生产日期。

2）成分或者配料表。

3）生产者的名称、地址、联系方式。

4）保质期。

5）产品标准代号。

6）储存条件。

7）所使用的食品添加剂在国家标准中的通用名称。

8）生产许可证编号。

9）法律、法规或者食品安全标准规定必须标明的其他事项。

3. 法律责任

违反本法相关规定，由主管部门按照本法相关细则给以责令警告；拒不改正或有其他违法行为的可处以没收违法所得、违法生产经营的食品和用于违法生产经营的工具、设备、原料等物品；并处 2 000 元以上 5 万元以下或 10 万元以下不等的罚款；情节严重的，吊销许可证。

造成人身、财产或者其他损害的，依法承担赔偿责任；生产不符合食品安全标准的食品，消费者除了要求赔偿损失外，还可以向生产者或销售者要求支付相当于价款十倍的赔偿金。

违反本规定，构成犯罪的，依法追究刑事责任。

二、《消费者权益保护法》（摘要）

1993 年 10 月 31 日八届全国人大常委会第四次会议通过了《中华人民共和国消费者权益保护法》，根据 2009 年 8 月 27 日第十一届全国人民代表大会常务委员会第十次会议《关于修改部分法律的规定》，第一次对该法进行了修正。2013 年 10 月 25 日第十二届全国人大常委会第五次会议《关于修改〈中华人民共和国消费者权益保护法〉的决定》，又对该法进行了第二次修正，并于2014年3月15日起施行。

1. 消费者权益保护法的特征

以保护消费者权益为宗旨，并特别强调经营者的义务。规定经营者与消费者进行交易时应当遵循自愿、平等、公平、诚实信用的原则。明确表示国家采取措施，保障消费者依法行使权利，维护消费者的合法权益。保护消费者的合法权益是全社会的共同责任，国家鼓励、支持一切组织和个人对损害消费者合法权益的行为进行社会监督。

2. 消费者权益保护法的有关内容

（1）消费者的权利

1）消费者在购买、使用商品和接受服务时享有人身、财产安全不受损害的权利。消费者有权要求经营者提供的商品和服务，符合保障人身、财产安全的要求。

2）消费者享有知悉其购买、使用的商品或者接受服务的真实情况的权利。消费者有权根据商品或者服务的不同情况，要求经营者提供商品的价格、产地、生产者、用途、性能、规格、等级、主要成分、生产日期、有效期限、检验合格证明、使用方法说明书、售后服务，或者服务的内容、规格、费用等有关情况。

3）消费者享有自主选择商品或者服务的权利。消费者有权自主选择提供商品或者服务的经营者，自主选择商品品种或者服务方式，自主决定购买或者不购买任何一种商品、接受或者不接受任何一项服务。

消费者在自主选择商品或者服务时，有权进行比较、鉴别和挑选。

4）消费者享有公平交易的权利。消费者在购买商品或者接受服务时，有权获得质量保障、价格合理、计量正确等公平交易条件，有权拒绝经营者的强制交易行为。

5）消费者因购买、使用商品或者接受服务受到人身、财产损害的，享有依法获得赔偿的权利。

6）消费者享有依法成立维护自身合法权益的社会组织的权利。

7）消费者享有获得有关消费和消费者权益保护方面的知识的权利。

8）消费者在购买、使用商品和接受服务时，享有人格尊严、民族风俗习惯得到尊重的权利，享有个人信息依法得到保护的权利。

9）消费者享有对商品和服务及消费者权益保护工作进行监督的权利。消费者有权检举、控告侵害消费者权益的行为和国家机关及其工作人员在保护消费者权益工作中的违法失职行为，有权对保护消费者权益工作提出批评、建议。

（2）经营者的义务

1）经营者和消费者有约定的，应当按照约定履行义务，但双方的约定不得违背法律、法规的规定。经营者向消费者提供商品或者服务，应当恪守社会公德，诚信经营，保障消费者的合法权益；不得设定不公平、不合理的交易条件，不得强制交易。

2）经营者应当听取消费者对其提供的商品或者服务的意见，接受消费者的监督。

3）经营者应当保证其提供的商品或者服务符合保障人身、财产安全的要求。对可能危及人身、财产安全的商品和服务，应当向消费者做出真实的说明和明确的警示，并说明和标明正确使用商品或者接受服务的方法及防止危害发生的方法。宾馆、商场、餐馆、银行、机场、车站、港口、影剧院等经营场所的经营者，应当对消费者尽到安全保障义务。

4）经营者发现其提供的商品或者服务存在缺陷，有危及人身、财产安全危险的，应当立即向有关行政部门报告和告知消费者，并采取停止销售、警示、召回、无害化处理、销毁、停止生产或者服务等措施。采取召回措施的，经营者应当承担消费者因商品被召回所支出的必要费用。

5）经营者向消费者提供有关商品或者服务的质量、性能、用途、有效期限等信息，应当真实、全面，不得作虚假或者引人误解的宣传。经营者对消费者就其提供的商品或者服务的质量和使用方法等问题提出的询问，应当做出真实、明确的答复。经营者提供商品或者服务应当明码标价。

6）经营者应当标明其真实名称和标记。租赁他人柜台或者场地的经营者，应当标明其真实名称。

7）经营者提供商品或者服务，应当按照国家有关规定或者商业惯例向消费者出具发票等购货凭证或者服务单据；消费者索要发票等购货凭证或者服务单据的，经营者必须出具。

8）经营者应当保证在正常使用商品或者接受服务的情况下，其提供的商品或者服务应当具有的质量、性能、用途和有效期限；但消费者在购买该商品或者接受该服务前已经知道其存在瑕疵，且存在该瑕疵不违反法律强制性规定的除外。

经营者以广告、产品说明、实物样品或者其他方式表明商品或者服务的质量状况的，应当保证其提供的商品或者服务的实际质量与表明的质量状况相符。

9）经营者采用网络、电视、电话、邮购等方式销售商品，消费者有权自收到商品之日起七日内退货，且无须说明理由，但下列商品除外：消费者定制的；鲜活易腐的；在线下载或者消费者拆封的音像制品、计算机软件等数字化商品；交付的报纸、期刊。

消费者退货的商品应当完好。经营者应当自收到退回商品之日起 7 日内返还消费者支付的商品价款。退回商品的运费由消费者承担；经营者和消费者另有约定的，按照约定执行。

10）经营者不得以格式条款、通知、声明、店堂告示等方式，做出排除或者限制消费者权利、减轻或者免除经营者责任、加重消费者责任等对消费者不公平、不合理的规定，不得利用格式条款并借助技术手段强制交易。

11）经营者不得对消费者进行侮辱、诽谤，不得搜查消费者的身体及其携带的物品，不得侵犯消费者的人身自由。

12）经营者及其工作人员对收集的消费者个人信息必须严格保密，不得泄露、出售或者非法向他人提供。经营者应当采取技术措施和其他必要措施，确保信息安全，防止消费者个人信息泄露、丢失。在发生或者可能发生信息泄露、丢失的情况时，应当立即采取补救措施。

经营者未经消费者同意或者请求，或者消费者明确表示拒绝的，不得向其发送商业性信息。

（3）争议的解决

1）消费者和经营者发生消费者权益争议的，可以通过下列途径解决：与经营者协商和解；请求消费者协会或者依法成立的其他调解组织调解；向有关行政部门投诉；根据与经营者达成的仲裁协议提请仲裁机构仲裁；向人民法院提起诉讼。

2）消费者在购买、使用商品时，其合法权益受到损害的或者其他受害人因商品缺陷造成人身、财产损害的，可以向销售者要求赔偿。销售者赔偿后，属于生产者的责任或者属于向销售者提供商品的其他销售者的责任，销售者有权向生产者或者其他销售者追偿。消费者在接受服务时，其合法权益受到损害的，可以向服务者要求赔偿。

3）消费者在购买、使用商品或者接受服务时，其合法权益受到损害，因原企业分立、合并的，可以向变更后承受其权利义务的企业要求赔偿。

4）使用他人营业执照的违法经营者提供商品或者服务，损害消费者合法权益的，消费者可以向其要求赔偿，也可以向营业执照的持有人要求赔偿。

5）消费者在展销会、租赁柜台购买商品或者接受服务，其合法权益受到损害的，可以向销售者或者服务者要求赔偿。展销会结束或者柜台租赁期满后，也可以向展销会的举办者、柜台的出租者要求赔偿。展销会的举办者、柜台的出租者赔偿后，有权向销售者或者服务者追偿。

6）消费者通过网络交易平台购买商品或者接受服务，其合法权益受到损害的，可以向销售者或者服务者要求赔偿。网络交易平台提供者不能提供销售者或者服务者的真实名称、地址和有效联系方式的，消费者也可以向网络交易平台提供者要求赔偿；网络交易平台提供者做出更有利于消费者的承诺的，应当履行承诺。网络交易平台提供者赔偿后，有权向销售者或者服务者追偿。

网络交易平台提供者明知或者应知销售者或者服务者利用其平台侵害消费者合法权益，未采取必要措施的，依法与该销售者或者服务者承担连带责任。

7）消费者因经营者利用虚假广告或者其他虚假宣传方式提供商品或者服务，其合法权益受到损害的，可以向经营者要求赔偿。广告经营者、发布者发布虚假广告的，消费者可以请求行政主管部门予以惩处。广告经营者、发布者不能提供经营者的真实名称、地址和有效联系方式的，应当承担赔偿责任。

广告经营者和发布者设计、制作、发布关系消费者生命健康商品或者服务的虚假广告，造成消费者损害的，应当与提供该商品或者服务的经营者承担连带责任。

（4）法律责任

1）经营者提供商品或者服务有缺陷或出现其他情形的，除本法另有规定外，应当依照其他有关法律、法规的规定，承担民事责任。

2）经营者提供商品或者服务，造成消费者或者其他受害人人身伤害的，应当赔偿医疗费、护理费、交通费等属于治疗和康复支出的合理费用，以及因误工减少的收入。造成残疾的，还应当赔偿残疾生活辅助费和残疾赔偿金。造成死亡的，还应当赔偿丧葬费和死亡赔偿金。

3）经营者侵害消费者的人格尊严、侵犯消费者人身自由或者侵害消费者个人信息依法得到保护的权利的，应当停止侵害、恢复名誉、消除影响、赔礼道歉，并赔偿损失。

4）经营者有侮辱诽谤、搜查身体、侵犯人身自由等侵害消费者或者其他受害人人身权益的行为，造成严重精神损害的，受害人可以要求精神损害赔偿。

5）经营者提供商品或者服务，造成消费者财产损害的，应当依照法律规定或者当事人约定承担修理、重作、更换、退货、补足商品数量、退还货款和服务费用或者赔偿损失等民事责任。

6）经营者以预收款方式提供商品或者服务的，应当按照约定提供。未按照约定提供的，应当按照消费者的要求履行约定或者退回预付款；并应当承担预付款的利息、消费者必须支付的合理费用。

7）依法经有关行政部门认定为不合格的商品，消费者要求退货的，经营者应当负责退货。

8）经营者提供商品或者服务有欺诈行为的，应当按照消费者的要求增加赔偿其受到的损失，增加赔偿的金额为消费者购买商品的价款或者接受服务的费用的3倍；增加赔偿的金额不足500元的，为500元。法律另有规定的，依照其规定。

经营者明知商品或者服务存在缺陷，仍然向消费者提供，造成消费者或者其他受害人死亡或者健康严重受损的，受害人有权要求经营者依照本法（4）法律责任中2）、5）等规定赔偿损失，并有权要求所受损失2倍以下的惩罚性赔偿。

9）经营者有下列情形之一，除承担相应的民事责任外，其他有关法律、法规对处罚机关和处罚方式有规定的，依照法律、法规的规定执行；法律、法规未作规定的，由工商行政管理部门或者其他有关行政部门责令改正，可以根据情节单处或者处以警告、没收违法所得、处以违法所得1倍以上10倍以下的罚款，没有违法所得的，处以50万元以下的罚款；情节严重的，责令停业整顿、吊销营业执照。

①提供的商品或者服务不符合保障人身、财产安全要求的。

②在商品中掺杂、掺假，以假充真，以次充好，或者以不合格商品冒充合格商品的。

③生产国家明令淘汰的商品或者销售失效、变质的商品的。

④伪造商品的产地，伪造或者冒用他人的厂名、厂址，篡改生产日期，伪造或者冒用认证标志等质量标志的。

⑤销售的商品应当检验、检疫而未检验、检疫或者伪造检验、检疫结果的。

⑥对商品或者服务作虚假或者引人误解的宣传的。

⑦拒绝或者拖延有关行政部门责令对缺陷商品或者服务采取停止销售、警示、

召回、无害化处理、销毁、停止生产或者服务等措施的。

⑧对消费者提出的修理、重作、更换、退货、补足商品数量、退还货款和服务费用或者赔偿损失的要求，故意拖延或者无理拒绝的。

⑨侵害消费者人格尊严、侵犯消费者人身自由或者侵害消费者个人信息依法得到保护的权利的。

⑩法律、法规规定的对损害消费者权益应当予以处罚的其他情形。

10）经营者有前款规定情形的，除依照法律、法规规定予以处罚外，处罚机关应当记入信用档案，向社会公布。

11）经营者违反本法规定提供商品或者服务，侵害消费者合法权益，构成犯罪的，依法追究刑事责任。

12）经营者违反本法规定，应当承担民事赔偿责任和缴纳罚款、罚金，其财产不足以同时支付的，先承担民事赔偿责任。

13）经营者对行政处罚决定不服的，可以依法申请行政复议或者提起行政诉讼。

14）以暴力、威胁等方法阻碍有关行政部门工作人员依法执行职务的，依法追究刑事责任；拒绝、阻碍有关行政部门工作人员依法执行职务，未使用暴力、威胁方法的，由公安机关依照《中华人民共和国治安管理处罚法》的规定处罚。

三、《价格法》（摘要）

我国于 1997 年 12 月 29 日第八届全国人民代表大会第二十九次会议通过了《中华人民共和国价格法》（以下简称《价格法》），并于同日中华人民共和国第九十二号主席令公布，1998 年 5 月 1 日起施行。

《价格法》对支持和促进公平、公开、合法的市场竞争，维护正常的价格秩序，对价格活动实行管理、监督和必要的调控。《价格法》所称价格包括商品价格和服务价格，并对经营者的价格行为、政府的定价行为、价格总水平调控、价格监督检查及法律责任等方面内容进行了详尽的规定和说明。

1. 价格的制定应当符合价值规律

国家实行并逐步完善宏观经济调控下主要由市场形成价格的机制。价格的制定应当符合价值规律，大多数商品和服务价格实行市场调节价，极少数商品和服务价格实行政府指导价或者政府定价。

（1）市场调节价，是指由经营者自主制定，通过市场竞争形成的价格。除了依照价格法规中规定的适用政府指导价或者政府定价外，实行市场调节价，由经营者依照价格法规自主制定。

（2）政府指导价，是指依照《价格法》的规定，由政府价格主管部门或者其他有关部门，按照定价权限和范围规定基准价及其浮动幅度，指导经营者制定的价格。

（3）政府定价，是指依照《价格法》的规定，由政府价格主管部门或者其他有关部门，按照定价权限和范围制定的价格。

2. 经营者定价基本依据

经营者定价应遵循公平、合法和诚实信用的原则及其他有关原则。经营者定价的基本依据是生产经营成本和市场供求。

3. 经营者应当按照相关部门规定

经营者销售、收购商品和提供服务，应当按照政府价格主管部门的规定明码标价，注明商品的品名、产地、规格、等级、计价单位、价格或者服务的项目、收费标准等有关情况。经营者不得在标价之外加价出售商品，不得收取任何未予标明的费用。

4. 价格管理制度

经营者应当根据其经营条件建立、健全内部价格管理制度，准确记录与核定商品和服务的生产经营成本，不得弄虚作假。

5. 法律责任

（1）经营者以相互串通，操纵市场价格；捏造、散布涨价信息，哄抬价格，推动商品价格过高上涨的；用虚假或者使人误解的价格手段，诱骗消费者或者其他经营者与其进行交易等不正当的价格行为，损害国家利益和其他经营者和消费者的合法权益等行为，责令改正，没收违法所得，予以警告，处以罚款；情节严重的，责令停业整顿或由工商行政管理机关吊销营业执照。

（2）经营者因价格违法行为致使消费者或者其他经营者多付价款的，应当退还多付部分；造成损害的，应当依法承担赔偿责任。

（3）经营者违反明码标价规定的，责令改正，没收违法所得，可以并处5 000元以下的罚款。

四、无公害茶叶、有机茶、绿色食品

1. 无公害食品和有机食品、绿色食品三者的区别

（1）发源地不同。无公害食品主要起源于中国，“无公害”一词是从国外引入的，绿色食品起源于中国，有机食品和有机农业发源地是欧洲。

（2）标识不同。无公害食品及绿色食品的标识都是唯一的。有机食品在不同的国家、不同的认证机构其标识不相同，2005 年 4 月 1 日我国出台了《有机产品》国家标准，在国内通过有机认证的产品包装除要粘贴认证机构标识外，都需粘贴国家标识。

（3）认证机构不同。无公害食品由农业部及各省市食用农产品安全生产体系办公室统一认证；绿色食品的认证机构由中国绿色食品发展中心负责全国绿色食品的统一认证和最终认证审批，各省市绿色食品办公室协助认证；有机食品的认证是由具有有机认证资质的认证机构进行认证。

（4）认证方式不同。无公害食品的认证以检查认证为主，检测认证为辅；绿色食品的认证以检测认证为主；有机食品的认证是在国家认监委监督下，由具有认证资质的机构进行认证。

（5）标准不同。无公害食品禁用高毒高残农药、推广使用低毒低残农药；绿色食品允许减量化使用常规农药、化肥；有机食品不能使用农药、化肥、食品添加剂及转基因物质。

2. 无公害茶叶

无公害茶叶首先必须符合无公害食品的标准，无公害茶叶不含污染物质，或即使有少量污染物，但低于我国规定的允许标准，对消费者没有公害，因此，它是一个符合食品安全的茶叶总称。无公害茶叶是一个相对的概念，它的含义包括低残留茶、绿色食品茶和有机茶三个名称，都属于生态安全型茶叶，但它们之间又有较大区别，其生产技术是不完全相同的。

（1）低残留茶是近几年来针对欧盟制定新的农药最大残留量标准而提出的。

（2）绿色食品茶是根据我国国情于 20 世纪 90 年代初提出绿色食品生产、加工标准进行生产加工的，产品面向国内市场，是由专门机构认定、使用绿色食品标识的产品。绿色食品茶分为 AA 级绿色食品茶和 A 级绿色食品茶，AA 级绿色食品茶与有机茶要求相近，在生产过程中不得使用化学合成物质。A 级绿色食品茶虽可使用化肥、农药等化学合成物质，但它有严格的标准，包括环境质量标准，生产操作规程，产品标准（质量标准和卫生标准）等相关标准。目前全国有 17 个省、市、自治区 63 个茶叶生产企业、83 个茶叶产品经过认定获得绿色食品的标识。

（3）有机茶是根据国际有机农业运动联合会（IFOAM）的《有机生产和加工基本标准》进行生产加工的，产品面向国内外市场。其要求经过有机食品认证机构审查颁证，获得有机茶标识的茶叶。主要特点是在生产过程中禁止使用人工合成肥料、农药、除草剂、食品添加剂等化学合成物质，不受重金属污染。我国有机茶近几年开始起步，并有了一定发展，主要在浙江、江西、安徽、福建、湖南、湖北等省，大多供出口。日本早在 20 世纪 70 年代开始试产有机茶，并在许多商店设立有机茶专柜，其售价明显高于其他茶。坦桑尼亚也生产有机茶，并第一个与英国伦敦茶叶公司签订包销合同，产品主要销往美国、加拿大。随后，斯里兰卡、肯尼亚及印度等国也开始生产有机茶。这些国家有一个共识，只有发展有机茶，才可摆脱国际茶叶市场疲软的局面。

3. 无公害茶标识、绿色食品茶标识、有机茶标识（见图 7—1）

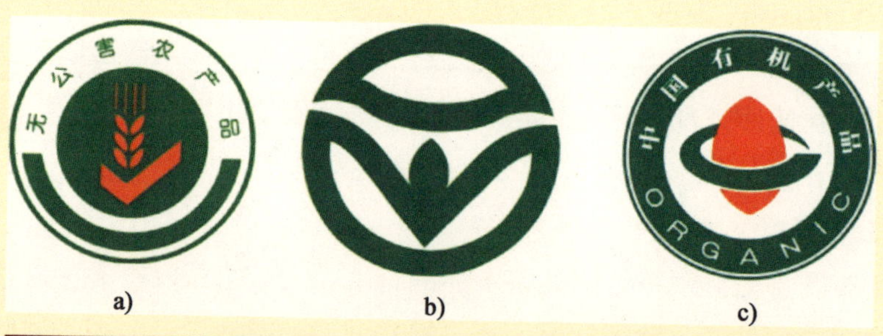

图 7—1 无公害茶标识、绿色食品茶标识、有机茶标识

a）无公害茶标识 b）绿色食品茶标识 c）有机茶标识

4. 无公害茶叶的卫生指标

（1）根据中华人民共和国农业部行业标准（NY5244—2004），各类无公害茶叶的卫生指标应符合规定，见表 7—1。

表 7—1 无公害茶叶卫生指标表

项目	指标（mg/kg）	项目	指标（mg/kg）
铅（以 PB 计）	≤5	溴氰菊酯（deCamethrin）	≤5
铜（以 Cu 计）	≤60	甲胺磷（methamidophos）	≤0.1
六六六（BHC）	≤0.2	乙酰甲胺磷（aCephate）	≤0.1
滴滴涕（DDT）	≤0.2	乐果（dimethoate）	≤1
三氯杀螨醇（diCofol）	≤0.1	敌敌畏（diChlorvos）	≤0.1
氰戊菊酯（fenvalerate）	≤0.1	杀螟硫磷（fenitrothion）	≤0.5
联苯菊酯（Biphenthrin）	≤5	喹硫磷（quinalphos）	≤0.2
氯氰菊酯（Cypermethrin）	≤0.5		

（2）茶叶的 QS 认证。QS 是食品“质量安全”（Quality Safety）的英文缩写，带有 QS 标识的食品就代表着经过国家的批准。所有的食品生产企业必须经过强制性检验合格，且在最小销售单元的食品包装上标注食品生产许可证编号并加印食品质量安全市场准入标识（QS 标识）后才能出厂销售。自 2004 年 1 月 1 日起，我国首先在大米、食用油、小麦粉、酱油和醋五类食品行业中实行食品质量安全准入制度。从 2007 年起，茶叶也实行质量安全准入制。

对茶叶产品进行 QS 认证管理后，绝大多数企业都面临整改。茶叶产业分工更细，鲜茶叶的生产、初加工、精加工和品牌开发、市场营销等各个环节由不同的企业分别经营。公司 + 基地 + 农户的茶叶生产经营模式将更有效地推动茶叶产业的发展。对于那些集鲜茶叶生产、茶叶初制和精制于一体，自营自销，生产经营规模小而全的小型茶场，已不再适应新的形势发展需要。因此，QS 认证在给茶叶产业的发展带来积极影响的同时，也将给茶叶产业带来巨大挑战。

第2节 茶馆的经营策略

对茶馆来说是否具有足够的客源至关重要。茶馆都希望有充足和理想的客源，但是由于客人千差万别，不同类型的客人需求存在很大的差异，而茶馆又由于种种客观条件所致，不可能适应所有的客人，当然也不可能去占领所有的市场。因此，茶馆必须在调查研究的基础上选择明确的目标市场，以便把有限的资金和人力集中招徕最能增加营业收入和利润的客人群体。

塑造良好的形象，对个人来说非常重要，对企业来说也越来越重要。企业形象是一种宝贵的无形资产，是企业争取持续竞争优势的基本前提，是企业获取利润、提高企业绩效的重要手段。合理的企业形象策划直接影响企业的成败，树立良好的企业形象是现代企业必然引起重视的发展途径。良好的企业形象是联系企业与消费者之间的桥梁。茶馆企业的形象同样需要包装，需要化妆，需要整容，需要一套优秀的、独特的企业形象来吸引自己的消费群体。

茶馆企业形象建设是经营策略中的重要方面。茶馆经营，只有注重形象的设计创建，形成具有自己独特的个性，才能在市场中赢得众多消费者的青睐。

一、突出茶文化主题，树立良好的茶馆形象

1. 体现文化品位，形成雅化标识

“茶”本身包含很深的文化底蕴。随着社会经济的发展，人们对茶馆的需求由简单的解渴、休闲逐渐发展到高层次的文化享受和心理上的满足。所以，茶馆之间的竞争也由低层次的价格竞争逐步走向高层次的质量和企业文化的竞争。因此，这就必然使茶馆的业务经营呈现明显的文化特征。茶馆这种文化特性主要体现在有形的物质文化和无形的精神文化两个方面。有形的物质文化主要表现在建筑造型、功能设计、装饰风格、环境烘托等文化艺术氛围。如茶席展示、茶艺演示、书画布置、精品摆设、古琴演奏等。茶馆作为人们品茗、休闲的场所，应处处体现出一定的文化品位。茶馆在装潢设计或环境布置、茶具器皿、衣着服饰等方面，都应突出以“茶”为主题，以传统的中华民俗文化为基调，融合美学、建筑学、民俗学，创

造一个具有强烈的文化品位、形成茶馆雅化的标识。如为突出茶馆的中国特色，茶馆服务员所穿着的服装，一般以中国传统的民族服饰为主调。例如，女士可身着滚边的大襟服饰，前面系个蓝印花布的小肚兜；男士可身着滚边的对襟服，下身穿与上身颜色相匹配的裤子，脚穿布鞋等。茶馆的经营包含很深的文化内涵，茶馆文化品位体现得如何，对树立茶楼的形象有重要影响。

2. 体现多种功能，满足消费情趣

茶馆在保留传统风格和面貌的基础上，还要同时结合现代人生活的特点，尽可能体现茶馆的多功能性，使茶馆成为能更好地适应不同层次，具有不同爱好、不同需求的消费者的场所。茶馆在提供各种茶水、饮料、茶食的同时，如有条件也可以提供各类食品，使茶馆不仅有休闲、解渴的功能，而且有就餐的功能。

茶馆的包房可根据各种娱乐活动的特点进行布置，一般茶馆的包房可设六种类型。

（1）普通包房（见图 7—2）。一般茶馆均有这类包房，小的设 1～2 张桌子，大一点的设 3～4 张或 7～8 张桌子，适用于不同的人数在单独的范围品茶或作为议事的场所。

图 7—2 普通包房

（2）茶艺室。设有专门泡茶的泡茶台和品茶的桌子，由茶艺小姐（先生）在泡茶的同时进行讲解和演示，并可对茶客进行泡茶指导。

（3）情侣座。内设几张火车厢式的座椅，一般座椅靠背较高，便于情侣们窃窃私语。

（4）陶艺室。备有陶土及专制陶土器皿的桌子和各种工具，并配有一个制陶老师，讲解和辅导制陶的技巧。

（5）KTV 室。内设卡拉 OK 音响设备，茶客在品茗的同时，也可高歌低吟，自娱自乐，KTV 室的隔音装置效果一定要好，以不影响他人品茶。

（6）棋牌室。备有麻将、扑克、象棋、围棋等，供茶客娱乐（严禁赌博）。

茶馆的装饰布局还可根据茶馆本身所处的环境而定。

二、注重饮茶时尚潮流，体现茶馆个性特色

根据目前茶馆的经营特色来看，主要有三种类型。

1. 传统茶馆

传统茶馆（见图 7—3）普遍重视体现传统文化。在装饰布置、服装器皿中，处处显示中国茶馆特有的风貌。在所供应的茶品中，传统茶馆均有高档的龙井、碧螺春、毛峰、铁观音、茉莉花茶、祁门红茶等各类名茶。特别是一些高层次的茶馆，还有陈年的古树普洱、老白茶、武夷山的名枞岩茶等市场上较为稀缺的私藏茶。传统特色的茶馆还特别讲究对各类名茶的水质、水温、茶具的选择，以及冲泡程序等，使茶客在幽雅的环境中，能品尝到色、香、味、形俱佳的香茗。传统茶馆

图 7—3 传统茶馆

既保持了传统的茶馆建筑风格，又在经营中体现了高雅的文化品位。既适应了现代人的饮茶时尚，又体现了中华传统文化的特征。

2. 时尚茶馆

除了传统茶馆外，目前市场上还有一定数量的时尚茶馆。和传统茶馆不同的是，时尚茶馆既保留了传统茶馆的风格，又融合了现代的时尚潮流；既体现了东方的韵味，又融合了西方的情调，时尚茶馆供应的饮料一般以中国茶叶冲泡后加入各种辅料而制成。如红茶中加入牛奶和“黑珍珠”等辅料制成一杯可口的珍珠奶茶；加入冰块，放入调酒器内，通过充分摇动融化，可调制成一杯清凉爽口的泡沫红茶；加入柠檬和糖，又制成了一杯香甜的柠檬红茶。在茶具使用上一改传统茶馆的紫砂壶和盖碗杯，而是使用如意壶或各式造型别致的玻璃杯。品饮时，不是用小口慢慢品尝，而是用吸管细细吸吮。比起传统茶馆，时尚茶馆的娱乐性功能更加显现。有的把座位设计成吊椅，并提供象棋、扑克等，有的在墙上还装了飞镖靶、小篮球架等，茶客在喝茶的同时可以进行各种娱乐活动，使品茶过程充满轻松、快乐和浪漫的情趣。与传统茶馆形成鲜明对照的是，时尚茶馆由于符合现代时尚潮流而受到越来越多年轻人的喜爱。

3. 自助式茶馆

自助式茶馆（见图 7—4）借鉴了传统茶馆的装饰风格，茶客在品饮各类名茶的同时，可自由选取摆放在茶馆自取食品区域内的各种干果、水果及各色小吃和主食。这类茶馆一般还提供棋牌等娱乐项目。许多茶客往往在茶馆“泡”上几个小

图 7—4 自助式茶馆

时，即使不爱喝茶的顾客也有可能因为喜欢吃小吃或水果，并同时能休闲而来消费。对客人来说，既能喝茶休闲，又能大饱口福，何乐而不为。自助式茶馆有较庞大的客户群体，雅俗共赏，消费诱惑力较大，容易培养人气，也容易树立茶馆品牌，发展空间大。

第3节　茶馆的经营管理

茶馆的经营管理是对茶馆企业整个生产经营活动进行决策，计划、组织、控制、协调，并对企业成员进行激励，以实现其任务和目标一系列工作的总称。经营管理的基本任务是指茶馆企业内，生产、营业、劳动力、财务等各种业务，能按经营目的顺利执行、有效调整而进行的系列管理、运营活动。

一、茶馆的市场营销

营销是指茶馆经营者为了使消费者满意，并为实现经营目标而开展的一系列有计划、有组织的活动。其活动的基本内容一般包括：分析确定客人的需求；设计或调整茶馆的经营内容；让客人了解并吸引他们购买茶馆的服务产品；通过客人对茶馆服务产品满意程度的信息反馈，进一步确定客人的需求，并调整和改善茶馆的服务产品。要使茶馆在当前市场经济条件下健康发展，必须按照茶馆经营的要求，重视茶馆的市场营销，根据市场状况的变化，不断推出茶馆新的营销策略，保证在经营活动中不断取得良好的业绩。

传统营销是以利润为中心，以经济交易为导向，其关注的焦点是产品和服务的销售业绩和利润的收获。它将企业和消费者之间的关系看作是一种纯粹的经济交易关系。传统营销的特点是一切工作围绕产品的销售。

现代营销是最大限度满足消费者需求和实现茶馆最大的利润目标有机地结合起来。它包括企业对客人的忠诚，“以关系为中心”“以承诺和信赖为基础”。关注的焦点是客人的满意度和忠诚度。现代营销的特点是一切工作围绕客人的需求和满意度。

营销活动包括和市场有关的整个经营活动过程。茶馆的市场营销以满足顾客为中心，以市场需求为出发点，组织营销活动时要正确确定目标市场的需求和欲望，把“我有什么，你要什么”变成“你要什么，我有什么”。茶馆可以有针对性地开展一些营销活动。

1. 营销活动的基本概念

茶馆营销活动是围绕市场展开的，其基本环节为了解市场、适应市场、占领市场、创造市场。

（1）了解市场。茶馆营销活动要成功开展，首先必须了解茶馆的市场状况及发展变化趋势，即了解市场营销环境。茶馆市场营销环境主要指茶馆在目标市场上开展销售活动的社会力量的总和。市场营销环境包括微观环境和宏观环境。

微观环境是指茶馆企业本身及与其市场经营渠道有直接关系的消费者、竞争者、公众及各种局部性的社会自然客观条件。根据茶馆周边的环境，在积极保证目前比较稳定的客源的基础上，分析、掌握周边地区客源的消费习惯、消费动机、消费差别、消费原因以及本茶馆的产品综合比较和竞争对手差别等，以更完美的服务和产品争取更多的潜在客源。

宏观环境是指一定时期社会经济、政治和自然带有全局性的客观因素，包括人口环境、经济环境、自然环境、政治法律环境和社会文化环境等。

（2）适应市场。茶馆要根据市场需求、发展变化以及发展趋势，及时调整经营策略，设计并提供客人喜欢、满意的产品。如茶馆提供的茶叶等产品在保证质量的基础上绝无假冒伪劣产品，根据客人的需要，调整和完善服务项目，如提供茶餐、茶点、茶食等。还可增加一些和茶相关的配套产品，如茶具、茶书、茶礼品等的销售、提供书籍的阅览。根据经营要求，配置和改造一定的设施、设备，调整和完备服务项目，设计和提供服务活动，如茶艺演示，到产茶区采茶、品茶，举办茶文化、茶知识讲座等活动。在销售方式和手段上也可进行一些必要的调整，如买卡优惠、刷卡销售、自助服务等。其宗旨在于使自己的服务和产品能适应市场需求和提高顾客满意度。

（3）占领市场。占领市场就是茶馆通过制定正确的营销策略来开展有效的促销活动，以扩大茶馆的销售额，提高茶馆的市场占有率。一般而言，茶馆吸引消费的途径有：研究客人需求，设计比竞争对手更优质的服务产品来招徕客人。如开展节庆销售、茶会活动销售、团体销售、连环销售、培训销售，采用不同的价格优惠、开展各种不同的促销活动来吸引消费，刺激消费，扩大销售，扩大茶馆的影响，提高茶馆的美誉度，从而不断建立和发展一批又一批稳固的客源网络。

（4）创造市场。茶馆的经营业务应该以市场需求为出发点，但这并不等于茶馆只有被动适应市场需求，而应该主动引导客人去消费，以创造新的市场需求。如将茶馆的经营融入茶文化的内涵，宣传饮茶的保健养身功能，饮茶可以修身养性、陶冶情操。通过宣传，倡导饮茶的好处，把潜在的客人变为现实的客人。还可以增加新的服务设施和项目，如提供就餐服务、配有会务设施等，以扩大消费者选择的范围，从而创造新的市场需求。

2. 茶馆市场细分

众所周知，不同的年龄、不同的性别、不同的职业、不同的经济收入、不同的消费习惯的客人的需求是不同的。根据茶馆所处的地理位置，茶馆可按以下方法对周边潜在的消费群体进行细分：

（1）地理因素细分法。了解茶馆周边的商业网点、娱乐场所、旅游景点、商务楼、学校（大学、中小学）、居民居住区、医院等设施，包括有无茶馆同行以及这些设施和茶馆的距离。

（2）人口统计特征细分法。观测附近商业网点、娱乐场所、旅游景点的人流量，商务楼、居民小区有多少人口。观测根据的是不同人口的不同特征，如年龄、性别、职业、收入、教育程度、婚姻状况等。一般而言，客人的各种需求、偏爱，以及对茶的兴趣等与人口特征因素密切相关，这些因素对茶馆的促销手段、服务设计和提供有十分重要的意义。

（3）茶馆消费行为细分法。依据消费者的爱好、使用的程度、平均支付能力等行为因素细分消费行为。如20～70岁的年龄是到茶馆消费的主要年龄段；地处商业网点、旅游景点客人应该也是茶馆的主要客源，而且这些客人的消费特点往往是，走累了，喝杯茶，解解渴，接接力，在茶馆逗留时间不长；而商务楼、居民小区的客人又往往是茶馆的常客；大学附近的茶馆的茶价不能过高，因为大学生的支付能力相对有限。消费行为市场的细分，对茶馆产品的设计和营销主题、价格策略的制定是至关重要的。

3. 宣传措施

茶馆要尽量利用各种手段、各种方法宣传自己的企业形象，宣传自己的茶品，提高自己的知名度。茶馆一般有三种宣传措施。

（1）广告宣传。广告是茶馆针对潜在客人进行推销或宣传的一种营销工具。广告的作用在于：第一，宣传或树立茶馆的良好形象。第二，介绍茶馆产品，引起消费兴趣，刺激消费需求并抵消竞争对手的广告宣传。

广告分为硬广告和软广告两种。硬广告是通过出资在一些媒体上宣传企业的形象和产品。硬广告宣传覆盖面主要取决于该媒体宣传的范围。硬广告在资金上一般投入较多，但效果较好。由于绝大多数茶馆的经营规模较小，做这类广告费用较高，因此，对一般茶馆来说，可以利用软广告的形式宣传自己的茶馆。通过举办一些有特色的创意活动，在媒体上报道，从而引起公众的关注。除了媒体广告外，茶馆还可利用自己的门面、附近的街头进行宣传，或用发放宣传品、赠送礼品等方法，以及在网络上进行宣传。

（2）文化宣传。茶文化有深厚的文化底蕴。茶馆应充分利用茶文化这一珍贵资源，举办各类与茶文化相关的促销活动，如开展茶文化知识讲座、举办专题茶会、名茶品尝、茶艺演示等活动。也可发放一些茶馆的宣传资料或带有茶馆标识的小礼品。通过文化宣传，使更多公众了解茶馆，提高知名度。

（3）促销活动。开展促销的目的是引起公众注意，从而刺激消费。如店庆活动打折优惠，举办龙井茶专题茶会时对龙井茶实行买一送一，发放贵宾卡，消费满一定金额赠送礼品等。

4. 营销策略

（1）关系营销。关系营销是茶馆把营销活动看成是茶馆与消费者、供应商、竞争对手、团体机构及其他公众发生互动作用的过程，其目的在于建立并发展与公众的良好关系。

茶馆应注重与客人的长期交往，尽力将一般客人转化为关系客人。在日常经营活动中，为一些常客提供竞争对手不易模仿的服务，使茶馆对这些常客有更多的吸引力。茶馆应备有顾客消费档案，对一些重要的客人、经常来消费的客人或者对整个茶馆在经营和活动中有过帮助或有贡献的关系客人，逢年过节进行慰问、上门拜访或者以后举办茶会、联谊会等活动作为邀请对象。实现茶馆与客人的双向忠诚，相互依赖，相互获利，达到不能分离的地步。

（2）网络营销。网络营销就是借助互联网来实现营销目标的一种营销方式。随着互联网技术设施的快速发展，计算机普及率的不断提高，通信技术及相应软件的不断升级，电子交易和支付手段的日益成熟和应用，将为茶馆的营销提供更大的市场空间。同时也为茶馆提供了崭新的高效率、低成本的市场销售和调研的途径，为茶馆建立和客人双向沟通的机制奠定基础；此外，还为茶馆的无纸化促销创造了条件，网络上发布赠券、折扣券、奖券、团购等优惠形式的网络传递将深入到整个市场。随着互联网用户的迅速增长，茶馆要充分利用互联网，并将网络营销作为一种重要的营销模式。

（3）绿色营销。绿色营销是适应21世纪的消费需求而产生的一种新型营销理念。茶馆绿色营销是将客人的利益、社会利益和茶馆自身的利益有机统一的基础上，通过提供绿色产品，倡导绿色消费等措施，满足客人的绿色需求，实现茶馆营销目标的一种营销方式。茶馆在营销活动中要顺应时代可持续发展战略的要求，对茶品和服务进行构思、设计、销售，强调注重地球生态环境保护和人类资源的节约，销售有利于环保、有利于健康的绿色产品或提供绿色服务。

茶馆绿色营销的基础是提供绿色产品，随着生态环境污染日益加重，食品质量下降，消费者的观念与行为也发生了变化，特别是对茶叶质量的要求越来越高，开始从有茶喝向纯天然、富营养、高质量的方向发展。近年来，无公害茶、绿色食品茶、有机茶的开发生产，符合当今人们日益增强的卫生保健的消费意识。茶馆推出的绿色消费是一种以“绿色、自然、和谐、健康”为宗旨的、有利于人体健康和社会环境的消费方式。茶馆推出绿色销售，提供绿色产品，让客人在消费过程中，融入自然，享受一种有益健康、清心舒心的品茗环境。同时通过绿色营销活动的推广，树立茶馆良好的绿色形象。由此可见，绿色营销是以满足消费者和经营者的共同利益为目的的社会绿色需求，以保护生态环境为宗旨的绿色市场营销模式。

（4）一对一营销。一对一营销是茶馆针对每一位客人的不同需求，区别对待，针对性满足的营销策略。这里的“一”，可以是个人，也可以是一类人；可以是一个单位，也可以是一次活动，一对一营销的核心是“特别的爱献给特别的您”。目的在于创造茶馆的忠实顾客。茶馆忠实顾客的创造，关键在于识别、信任、友情三个方面。

1）识别。每一位顾客的详细资料对茶馆来说相当关键。营销者对顾客资料要有深入细致的调查和了解。对于准备实行一对一营销的茶馆来讲，关键的第一步就是能直接挖掘一定数量的企业顾客，而且大部分是具有较高服务价值的企业顾客，建立自己的顾客库，除了知道顾客的名字、住址、电话号码是远远不够的，企业必须掌握包括消费习惯、个人偏好在内的其他尽可能多的信息资料。企业可以将自己与顾客发生的每一次联系都记录下来，如顾客在茶馆的消费特点、喜爱的茶品、消费的频率、购买的数量、价格、特定的需要、业余爱好、家庭成员的名字和生日等。在此基础上，与顾客库中的每一位顾客建立良好的关系，以最大限度提高每位顾客的服务价值。

2）信任。客人对茶馆的信任主要有：一是确实能够满足消费需要的信任；二是确实能够在消费中得到尊重，获得愉悦的信任；三是确实能够在消费中获得利益的信任。

3）友情。茶馆热情、亲切地接待每一位顾客，把顾客招待好，最简单、最直接的方法就是记住顾客的个人的消费习惯，如喜欢的茶品、喜欢的座位、冲泡的要求等，而不必烦劳他们再次说明。让顾客到茶馆有宾至如归的感觉。茶馆以诚待客，以情感人，必然带来客人对茶馆的忠诚回报。

（5）店外营销。店外营销就是茶馆把自己的营业场所向社会扩展的一种营销策略。如外卖茶叶、茶具和一些工艺礼品；对外提供会务、茶艺演示、茶知识、茶艺等服务。店外营销可以不用或少用茶馆有限的经营场所，利用自己的品牌优势和综合实力，实现名利双收。

二、茶馆的市场定位

茶馆的市场定位是指茶馆针对潜在顾客的心理进行设计，创立产品、品牌或企业在目标客户心目中的某种形象或某种个性特征，保留深刻的印象和独特的位置，从而取得竞争优势。

茶馆在正确选择目标市场的基础上，更重要的是设计富有个性的茶馆产品去适应和占领目标市场。茶馆可根据所处区域的地段层次、周边的业态结构、人流量、人员特征及年龄结构来进行市场定位。

茶馆可对自己的产品和经营进行设计定位。如以经营特色定位，主要品尝和供应普洱茶或乌龙茶；以茶品质量和服务定位；以特定的人群定位，在社区针对退休老人聊天，消磨时光可供应廉价的低档茶水，在高档休闲区开设高档的茶馆会所，以优质的茶点、幽雅的环境、高档的服务来吸引一批高收入者。

准确的市场定位是茶馆开展经营活动得以顺利进行的重要因素。

1. 茶馆的品牌定位

茶馆品牌一般是指为了识别与其他茶馆或产品，并区别于其他竞争者所用的一种具有显著特征的标记。品牌的外显要素通常由名称、标志和商标组成，其表现形式为文字、图形或两者的有机结合。而品牌的内在要素则是茶馆经营管理的理念、经营方针、经营方式、服务理念、服务特色、服务质量等方面的有机组合。所以，品牌实际上是客人心目中茶馆形象的具体化。

（1）茶馆品牌的特征

1）非实体性。品牌本身是无形的，不具有独立的物质载体，不占有空间，它必须通过一定直接或间接的物质载体表现其自身。品牌只有在茶馆服务产品不相分离时才存在，才有生命力。

2）效用性。品牌是茶馆一种重要的无形资产，并且对茶馆的业务经营能够较长期地发挥资产作用。一些品牌茶品的特许经营权就是佐证。

3）排他性。茶馆品牌是用来表现茶馆个性的重要工具，具有独特性，而这种独特性茶馆可以通过名称、商标注册即专利的申请等办法来达到独特性和专用性，使其他茶馆不能抄袭和模仿。

4）心理性。优良的品牌可以激发人们的购买欲望，茶馆的品牌大多是以自己的文化特征、服务方式或产品特色来吸引消费者。如上海大拇指广场的“幽篁大红袍私房茶空间”就是一家专门以品尝正宗的武夷山正岩茶、正山茶为主的茶庄。茶庄泡茶所用的水是来自武夷山的山泉水，茶庄内的墙上挂有武夷茶叶标本，特别是大红袍、铁罗汉、水金龟、白鸡冠、半天夭等奇种名丛。茶庄为客人冲泡时还真实讲述武夷山名岩名丛的“岩骨花香”和私房岩茶的独特泡饮方法。再如杭州的“太极茶道苑”，客人进门就有头戴瓜皮帽、身着印有“太极”图案长袍的店小二热情的招呼，还有专业的“茶博士”泡茶。形成了独特的“太极”文化的特色品牌。

（2）茶馆品牌功能

1）识别功能。品牌是茶馆产品的标志，是茶馆企业的代号，是一种以最精炼的方式向消费者传递有关服务产品信息的一种重要识别工具。它有助于消费者识别，并选择自己所喜爱的茶馆和所需要的茶馆产品。

2）促销功能。品牌是茶馆整体形象和产品品质的标志，良好的品牌能深入人心，引起消费者的关注，唤起消费者的消费欲望，从而取得促进销售的效果。

3）竞争功能。品牌使一家茶馆与其竞争对手之间自然形成差异，消费者往往会选择购买其认为声誉更好的品牌，即使该茶馆的价格高于其他茶馆。说明茶馆的品牌形象在客人的心目中具有一定的不可替代性。因此，茶馆良好的品牌可以在激烈的市场竞争中取得不可估量的优势。

4）增值功能。品牌是茶馆的一种无形资产，它本身可以作为商品被买卖。谁拥有一个知名品牌，就等于拥有取之不尽、用之不竭的宝藏。当然，其前提必须是用心维护品牌、保持品牌并努力提升品牌。

茶馆的品牌定位是茶馆产品、服务和目标群体沟通的核心价值所在。品牌定位能够精确反映消费者和产品之间最重要的交易关系，而这种关系还要和竞争品牌有明显的差异性。必须明确的是，茶馆品牌定位并不作用于茶馆提供的产品和服务，而是作用于消费者的心理。

（3）努力培养品牌员工。服务品质是茶馆品牌的核心，是茶馆品牌赖以建立的基础。茶馆为了切实保证服务品质，就必须高度重视茶馆品质的决定者——员工，通过培养品牌员工来保证茶馆的服务品质。

培养品牌员工，关键是茶馆必须把茶馆内部看作内部市场，将茶馆员工看作茶馆的内部顾客，并把茶馆的培训费用和工资支出看作投资，而不是成本，做到尊重员工、关心员工、发展员工、激励员工，以造就一支高素质的员工队伍，在造就满意员工的基础上创造满意的顾客，从而维护茶馆品牌的稳定。

2. 茶馆的定价策略

价格是调节茶馆产品供求的主要杠杆。按照价格理论，影响茶馆企业定价的因素主要有三方面，即成本、需求和竞争。

成本是茶馆产品价值的基础组成部分，它决定茶馆产品价格的最低界限。市场需求影响客人对茶馆产品价值的认识，进而决定茶馆产品价格的上限。市场竞争状况则调节价格在上限和下限之间不断波动并最终确定茶馆产品的市场价格。

价格策略必须以价值为基础。茶馆服务作为一种特殊商品，其价值构成较为复杂。茶馆服务商品的价值一般由三部分组成：一是物化的劳动价值，即茶馆的设施设备、用品及物质产品的价值。二是活劳动力的价值，即茶馆的服务价值。三是观念价值，即茶馆的名声、牌子等。茶馆必须正确计算和评估服务商品的价值，以保证物有所值，茶馆有理想的利润。

茶馆是以服务为主的行业，其价格的制定很大程度上要取决于茶馆的原料成本和经营成本以及毛利率的高低。要运用价格这一杠杆，制定能适应各类消费层次的合理价格，真正实现“物有所值”“质价相符”，就要在制定价格时把握好以下几个方面：

（1）按成本因素定价。茶馆的成本主要包括原料成本和经营成本。按原料成本定价是制定价格的基本依据，必须首先考虑毛利率的高低，茶馆的消费特点是时间比较长，消费者往往一坐就是几个小时，不仅影响座位的周转率，而且提供的服务量也比较多，因此，茶馆毛利率也比较高。

茶馆毛利率的制定，除了原料成本外，还应考虑经营成本的因素。即硬件设施的价值和活劳动（即茶馆服务）的价值。设施豪华、服务周全的，毛利率可相应提高；反之，毛利率则应相应降低。

（2）按地段因素定价。根据茶馆所处地段人流量多少，是否为旅游风景区或商业区等因素，决定了地价的高低。地价高的地段，经营成本较高，茶品的价格也应较高，如果按正常经营，那么所产生的经济效益也较好；反之，偏僻的地段，地价成本较低，销售价格也应降低。

（3）按营业时间定价。在一天中不同的时间段，可以制定不同的消费价格。晚上是一天中的黄金消费时间，因此，茶馆可以把晚上这段时间的价格定得最高。其次是下午和深夜，而早晨和上午这段时间的价格是最低的，不少老年人早晨运动后喜欢去茶馆，这部分人大多消费能力有限，但其中不少人是常年光顾的老茶客，采取低价销售可使早晨的茶馆显得特别热闹，虽然价格低，但薄利多销，也略有盈利。

此外，茶馆还可根据实际情况，按不同的消费对象制定价格。如对单位团体、旅行社、老茶客等给予不同的优惠。在价格制定上要充分利用价格这一杠杆对市场进行调节，作为参与市场竞争的手段来赢得市场，争取更多的消费对象。

第4节　消费需求

茶馆是品茗、休闲、社交、娱乐的场所，到茶馆消费，主要是满足人们的心理需要和精神需要。茶馆的经营活动，要尽量从消费者的利益考虑，分析和了解消费者的消费心理，才能有针对性地开展各项经营活动，迎合消费者的需要，把茶馆的经营工作做得更好。

一、按不同类型的消费需求

根据茶馆档次高低，其消费对象也有所不同。一些低档茶馆设备简陋，由于价格便宜，其消费者群体一般在文化水平和社会层次上都比较低，其中不少人是每天光顾茶馆的“老茶客”，这部分人有充足的时间，来茶馆的目的除了解渴，主要是以聊天或消遣来消磨时光。相反，高档茶馆由于价格较高，限制了一部分低收入者，其消费对象往往在文化和社会层次上要高一些，到茶馆喝茶的消费者讲究茶馆的氛围和品位，人们在茶馆品茶的同时，可以欣赏到精美的字画、家具、茶具，细细品尝茶的幽香和韵味。

二、性格与爱好的差异

茶馆对以下性格与爱好的人特别有吸引力：

1. 不爱寂寞的人

有些人待在家中无事做，感到无聊，于是茶馆成为他们休闲和消磨时间最好的地方。

2. 爱说话聊天的人

不少人到茶馆喝茶，其实茶叶好坏对他们来说并不重要，在茶馆喝茶，主要目的是说话聊天，喝茶是一种衬托。和几个朋友一起天南地北、海阔天空聊个半天、一天特别有味。在四川成都，到茶馆喝茶被称为“摆龙门阵”，意思就是互相聊天。

3. 爱闹中取静的人

茶馆是个热闹的场所，而有些人则偏偏爱去热闹的场所中看书、写稿，思考问题或闭目养神。

4. 茶叶爱好者

喜欢茶的人对不同的茶的口味特点有兴趣，他们特别希望能品尝到各种高档的名茶的口味，因此，他们特别对传统茶馆的一整套茶艺以及高档的茶具、茶叶特别欣赏。

另外，因茶馆自身的特点不同，吸引着各种不同兴趣爱好的消费者，如有的茶馆有下棋、打牌或其他娱乐项目等。

三、年龄结构的差异

不同类型的茶馆，有着不同年龄结构的消费对象。中老年人喜欢在传统茶馆的环境中品饮乌龙、龙井、毛峰等传统茶，而年轻人则喜欢到现代的茶坊中品尝各种五彩缤纷、口味各异的饮料，茶坊轻松、活泼的氛围也更适合年轻人的特点。

四、男女性别的差异

一般而言，中国茶馆的消费对象，从男女性别上来看，受传统观念的影响，过去男性要多于女性，男性上茶馆喝茶很正常，而女性上茶馆喝茶会被人认为不正派，尤其是女性单独一人上茶馆，更会被人指指点点、说三道四。二是从男女的生活习惯来看，男性整天在外面的时间多，而待在家里的时间少；女性则待在家里的时间多，而且终日忙于家务，很少有外出喝茶的时间。由于时代不同，现在的女性到茶馆喝茶并不比男性少。由于女性性格细腻以及对茶艺的欣赏，不少女性喝茶比男性更讲究，除了讲究茶叶的质量、茶具的精美，并且对各类茶冲泡的水质、水温和冲泡方法均十分讲究。

五、风俗习惯上的差异

不同的风俗习惯会产生不同的消费行为。一般而言，中国人爱喝茶，外国人（特别是西方人）爱喝咖啡，茶馆在中国有很大的市场，而在西方国家，茶馆的市场可能很小。就个人生活习惯而言，有人平时生活喝惯了茶，却不爱喝咖啡；相反，有人一直喝咖啡，就不习惯喝茶，因此，茶馆对爱喝咖啡的人来说，没有吸引力。如果茶馆在供应茶的同时供应咖啡，一部分爱喝咖啡的消费者也可能会被吸引到茶馆。根据每人生活习惯的不同，茶馆应备有各种不同类型的茶叶，如绿茶、红茶、乌龙茶、普洱茶等。

另外，茶馆也可针对民间习俗，开发一些民俗消费，如新春佳节供应元宝茶，或供应闽式乌龙茶、西北地区的三炮台茶等。尽可能使供应品种符合消费需要和时代潮流。

1. 根据茶馆的经营特色不同，主要有哪几种类型的茶馆？
2. 传统营销和现代营销关注的焦点有什么不同之处？
3. 茶馆的市场营销主要包括哪些内容？
4. 茶馆可根据哪些方面进行市场定位？
5. 茶馆对哪些性格的人特别有吸引力？